한국 차문화 천년의 숨결

일·러·두·기

1. 이 책은 한국 차문화 천년의 자료를 한 권으로 묶어 한국 차문화의 복원을 목적으로 방대한 자료들을 토대로 재구성했다.

2. 김의정, 최석환의 편자로 출간한 이 책의 다음 항목을 집필진이 저술했다.
   최석환 1·2·3·5장, 김의정 4장, 부록 Ⅰ 명원 김미희 다화, Ⅱ 유양석, Ⅲ 징후이(淨慧)·센 소시쓰(千宗室)·쓰쿠다 잇카(佃一可)·상추 요(游祥洲)가 집필에 참가했다.

3. 한국 차문화사 연표는 신라·고려·조선 근현대사의 차문화사 연표를 최초로 일목요연하게 정리했다.

4. 부록으로는 명원 김미희 선생의 육필원고를 시작으로 명원 차정신과 해외 차인이 바라본 명원을 재구성했다.

한국 차문화 천년의 숨결

김의정 · 최석환 편저

茶의 세계

천년의 차맥이 담긴
《한국 차문화 천년의 숨결》

김의정 (명원문화재단 이사장)
(서울특별시 무형문화재 제27호 궁중다례의식 보유자)

천년간 이어온 한국의 차맥(茶脈)을《한국 차문화 천년의 숨결》에 담아 세상에 내놓았습니다. 이 땅에 차문화가 전래된 이래 많은 차인들이 한국 차문화의 숨결을 담아내려고 시도해왔으나 이제까지는 방대한 자료를 정리하기 어려워 제대로 시도하기 쉽지 않았습니다. 20년간 한국 차문화의 자취를 쫓아 국내는 물론 중국, 일본 등을 오가며《한국 차문화 천년의 숨결》을 완성해 낸《차의 세계》최석환 발행인에게 찬사를 보냅니다.

이 책에서는 차계(茶界)에 알려지지 않았던 신라 왕자 출신인 김지장(金地藏), 무상(無相) 선사를 전면 복원하면서 한국 차문화의 위상을 새롭게 했습니다. 또한 잊혀진 허황후를 소상히 밝혀 한국 차의 전래 시기를 가락국으로까지 거슬러 올라가 한국 차문화를 복원해 냈습니다.《한국 차문화 천년의 숨결》에는 한국 차의 최초 전래 시기부터 신라, 고려, 조선, 근·현대로 이어진 차맥을 짚고 있어 한국 차사(茶史)에서 주목할 만한 쾌거입니다. 더욱이 신라의 무상으로 시작하여 김지장, 허황후, 고려의 태고보우(太古普愚), 조선에 초암차를 전해 준 매월당(梅月

堂) 김시습(金時習), 조선 후기 초의선사와 근·현대로 이어진 명원(茗園) 선생까지 집대성하여 한국 차맥의 복원이라고 말할 수 있습니다.

　이 책 발간을 계기로 궁중다례(宮中茶禮)와 한국 차의 선구자로 평가받고 있는 명원 김미희(金美熙) 선생을 심도 있게 부각시키게 되어 기쁜 마음을 금할 수 없습니다. 명원 선생은 일본 차회에 참석했다가 '한국에 다도가 있느냐'는 질문을 받고 차문화 부흥에 앞장섰습니다. 명원 선생 탄신 100주년을 맞아 적·청·화·경(寂淸和敬) 정신으로 한국 차정신의 근간을 이룬 선생의 큰 뜻을 올곧게 부각시킬 수 있어 기쁜 마음 금할 수 없습니다. 《한국 차문화 천년의 숨결》에 담아낸 주옥같은 말씀들이 향기로운 차향처럼 오랫동안 차인들의 길잡이가 되길 바랍니다.

2020년 7월 신문로에서

한국의 차문화
천년의 숨결에 담다

한국의 차문화는 언제쯤 시작되었을까? 이같은 질문은 차를 이야기할 때마다 공공연하게 주고받는 대화(對話)이다. 그런데 언제부터인가 내 마음속에 한국에 차문화를 전해준 비조(鼻祖)가 누구였던가가 화두처럼 자리잡아 갔다. 한국 차문화의 전래에 대해 의문을 갖게 된 것은 대렴이 당나라에서 차씨를 가져와 지리산에 파종한 이래 한국 차문화가 싹을 틔웠다고 《삼국사기》에 기술되어 있다. 〈쌍계사 진감선사대공덕 탑비〉의 '한명(漢茗)'이란 말이 이를 말해주고 있다.

차에 대해 의문을 갖게 된 계기는 1993년 《육신보살지장법사》를 출간하면서 명 만력 년간에 편찬한 《구화산지(九華山志)》에 '김자장이 당나라로 들어갔을 때 차씨와 황립도, 오차송을 갖고 중국으로 들어가 구화산록에 심은 뒤 그 차가 구화불차가 되었다'는 기록을 보고 대렴(大廉)보다 100년 앞선 시기에 신라에 차문화가 흥성(興盛)되었다는 사실을 접하고 우리 차문화를 새롭게 규명하게 되었다.

이 책을 저술하게 된 배경은 신라왕자 출신인 무상(無相) 선사가 중국에 들어가 선차의 비조가 되었다는 사실을 접하면서이다. 김지장이 구화산에 들어가 신라의 차씨를 전파했다는 사실들이 하나씩 드러나면서 한국인으로 자부심을 느끼게 되었다. 그렇게 시작된 한국 차문화 천년의 숨결은 잊혀진 우리차 역사를 깨우려는 시도로 시작되었다.

차를 말할 때 대렴, 충담(忠談), 이규보(李奎報), 초의 의순(草衣意恂), 추사 김정희(秋史 金正喜), 다산 정약용(茶山 丁若鏞)을 거론하면서 다산의 '술을 마시는 민족은 망하고 차를 마시는 민족은 흥한다. 음주망국(飮酒亡國) 음다흥국(飮茶興國)'이란 말이 다산의 말로 오인되면서 차의 진실을 밝히려는 차원에서 이 책을 저술케 되었다.

구체적 저술 배경은 첫째, '해외 차인들로부터 대체 한국의 선차가 있느냐'는 질문을 자주 받아왔다. 두 번째는 '한국의 차문화에는 초의가 있고 일지암이 있다'는 공공연하게 회자되고 있다. 세 번째는 한국의 선차문화로 인해 해외 차인들로부터 한국의 차에 대한 위상이 높이 평가되고 있다는 점이다. 그같이 한국의 차문화는 해외 차인으로부터 높이 평가를 받고 있는데도 차사가 잘못 기술되면서 차의 역사가 많이 왜곡되어 갔다. 천 년간의 한국 차맥을 바로잡고자 하는 것이 이 책의 저술 동기이기도 하다.

이 책을 통해 그간 알려지지 않았던 신라의 무상선사, 김지장, 가야에 차씨를 전해 준 허황후, 조선 초기 함허득통, 매월당 김시습, 조선 후기의 초의선사, 근·현대로 이어진 명원 김미희 여사까지 잊혀진 한국 차문화를 하나씩 밝혀내면서 살아있는 숨결이 느껴졌다. 또한 고려의 궁중다례가 조선으로 이어지면서 한국 차문화의 역사성을 잇게 했다.

근·현대 한국 차문화를 이야기할 때 명원 김미희 여사는 빼놓을 수 없다. 1960년대 일본 교토의 차회에 참석했다가 '한국에 다도가 있느냐'는 말을 듣고 한국차를 부흥시키겠다는 의지를 불태우면서 한국 차문화가 꿈틀거리기 시작했다.

잊혀진 한국 차문화의 숨결을 저술하면서 해외 차인들로부터 선차문화로 인해 한국 차문화의 위상이 날로 높아지고 있다는 말을 들은 바 있다. 이 책이 나오게 된 것은 각별하다. 올해 명원 탄신 100주년을 맞아 명원의 차의 정신을 올곧게 부각할 수 있어 기쁜 마음을 금할 수 없다. 이 책이 나오기까지 명원 김미희 이후 2대를 이어가고 있는 김의정 이사장의 성원이 있었기에 가능한 일이었다. 우리 차문화 천년의 숨결 속에는 한국차의 정신과 대대로 이어져온 다맥이 담겨져 있다. 이 책을, 차를 위해 헌신한 수많은 차인들에게 바친다. 문자향서권기가 풍겨나는 묵향에 향기로운 차향을 담아 한국의 차문화가 세계로 퍼져나가길 염원한다.

2020년 곡우날 최석환

시작하는 말

천년간 이어져 온 한국의 차문화

20여 년 전 신라왕자 출신인 김지장(金地藏) 교각(喬覺) 스님의 행적을 추적하던 중, 신라로부터 가져간 김지장의 노차수가 그의 첫 고행처인 중국 구화산(九華山) 노호동(老虎洞) 동굴 위에서 편자에 의해 처음 발견되었다. 차나무는 높이가 230cm이고 둥치는 사람팔뚝보다 굵었다. 명 만력년간(萬曆年間)에 저술한 《구화산지(九華山志)》에서는 '나무줄기가 속이 비어 대나무 같다. 전하길 김지장이 신라에서 가져온 차씨였다(梗空如筱 相傳金地藏 携來種)'고 했다.

위의 기록을 통해 김지장 차가 역사적으로 고증되었다. 노호동에서 김지장 차수가 발견되면서 김지장 차의 전래설이 입증되었다. 그런데 한국 차문화의 전래설을 놓고 볼 때 의견이 분분한데 신라 흥덕왕(興德王) 때 왕명(王命)으로 사신으로 갔던 견당사 대렴(大廉)이 차씨를 당으로부터 가져와 지리산 자락에 파종하면서 한국의 차문화가 시작되었다고 일반적으로 보고 있다. 대렴보다 100년 앞선 시기 김지장이 신라에서 차씨를 가져가 구화산에 심게 되었는데 그 차씨가 구화산 노호동 바위틈에서 발견되었다.

그 차나무가 500년 동안 버텨온 김지장 노차수로 밝혀지면서 잘못 전래된 한국의 차문화를 다시 써야겠다는 강한 집념을 갖게 되었다. 그렇게 추적하기 시작한 한국의 차문화는 신라 구산선문(九山禪門)의 조사(祖師)를 통해 직간접적으로 선과 차가 신라로 들어왔던 사실들이 하나씩 밝혀지기 시작했다. 경주 남산 삼화령(三花嶺)에 삼월 삼짇날과 구중일에 충담(忠談) 선사가 앵통(櫻筒)을 짊어지고 미륵세존에게 차를 올린 이래 그 전통이 현대까지 이어져 왔다.

당시 경덕왕(景德王)은 충담선사를 귀정문(歸正門)에서 만났는데 백성(百姓)을 다스릴 노래를 왕명으로 청했다. 이에 충담은 안민가(安民歌)를 올렸는데 그 중에 '임금은 임금답게 백성은 백성답게'라는 구절이 있으며 경덕왕 때 비로소 차문화가 중흥기를 맞게 된다. 김지장은 경덕왕의 근친(近親)으로 719년 중국으로 들어갔을 때 차씨를 가져와 한중 차문화 교류사에 빼놓을 수 없는 인물이며 이 문제는 이 책을 저술하는 동기로 작용하기도 했다. 신라의 차문화 발전에 있어서 헌다공양은 충담선사 이래 급수봉다(汲水奉茶) 신앙으로 이어져 왔다.

남산 자락의 함월산(含月山) 기림사(祇林寺) 약사전에 헌다공양(獻茶供養) 벽화가 있다. 인도의 광유성인(光有聖人)이 개산한 기림사 약사전의 헌다공양상 앞에 대대로 헌다의식이 이루어져 왔는데 신라인의 다풍은 충담선사 이래 이어져 내려왔고 구산선문의 조사들에 의해 차와 선이 제창되었다. 또한 신라인들은 찻잎을 가루 내어 마시는 옥다법(沃茶法)을 즐겼다. 진감선사비(眞鑑禪師碑)에 누가 호향(胡香)을 보내오면 잿불에 올려놓고 환을 만들지 않고 불살랐다고 하였다. '나는 이것이 무슨 냄새인지 잘 모른다. 다만 마음만 경건히 할 뿐이다'라고 지감선사 비문에 전해져 온다. 신라의 차문화가 귀족과 승려들에 한정되어 발전된 것과 달리 고려의 다풍은 귀족에서부터 일반 백성까지 두루 차를 즐겼다. 고려인들에게는 음다(飲茶)가 단순한 기호가 아니라 중요한 예의요 의례(儀禮)였다. 이는 국제 관계의 외교적 관례이기도 했지만, 국내에서는 인간관계의 중요한 의식이기도 했다. 송과 고려 사이에 활발한 차문화 교류가 이루어진 것은, 문종의 아들인 대각국사 의천이 출가하여 송에 유학했는데, 당시 송나라에서 유행한 용단승설차(龍團勝雪茶)를 고려에 수입했고 고려의 뇌원차(腦原茶)는 송나라로 수출했다. 의천을 통해 송과 차무역이 실현되었다. 고려의 전통을 이어 조선이 말차도(抹茶道)를 실현함으로써 천년간 이어져온 차문화의 맥박이 되살아났다.

허황후 봉차의 길을 열다

한국의 차문화를 말할 때 가야 차는 역사 밖으로 사라지고 신라, 고려, 조선으로 이어지는 차맥이 거론된다. 그런데 허황옥(許黃玉)이 인도에서 가야로 시집오면서 차씨를 휴대하고 가야로 들어왔다. 이능화(李能和)의 《조선불교통사(朝鮮佛敎通史)》에서는 백월산(白月山)에 죽로차(竹露茶)가 있는데 허황후가 뿌린 차씨라고 전해지면서 한국의 차문화는 가락 시대로 거슬러 올라가야 한다는 주장이 이어졌다. 또한 허황옥이 가야로 시집올 때 쓰촨(四川) 안웨(安岳)가 귀향처로 알려졌다. 조선 후기 허황옥의 능 앞에 〈가락국 수로왕비 보주태후 허씨릉(駕洛國首露王妃普州太后許氏之陵)〉 비가 세워졌는데 보주는 안웨의 옛 지명으로 허황후가 인도에서 가야로 시집올 때 쓰촨 차를 갖고 가야로 건너왔을 가능성도 제기된다. 이 책에서는 차사를 통해 단편적으로 전해져오는 차의 기록들을 하나씩 찾아내 한국 차문화 천년의 숨결이 담긴 우리의 차사를 다시 새롭게 쓰고자 했다.

잊혀진 선차문화의 부활

한국 차문화를 바라볼 때 해외 차인들로부터 '한국의 선차(禪茶) 문화는 대체 무엇입니까'라는 소리를 심심치 않게 들을 수 있다. 한국이 발의한 세계선차문화교류대회를 계기로 세계 차인이 한국의 선차에 주목하게 되었기 때문이다. 한국은 선차의 중심축에 자리하고 있는데, 이는 2001년 중국 오백나한(五百羅漢) 중 455번째 조사에 오른 무상(無相) 선사의 존재가 세상에 다시 알려지면서 예견된 일이었다. 〈신선소각사지(新選昭覺寺志)〉에는 '청두 대자사의 당대(唐代) 조사는 신라왕자로서 출가한 무상선사이다. 참선, 품차(品茶)를 하는 기나긴 과정에서 "무상선차지법(無相禪茶之法)"을 개창했으며 선차문화에 매우 큰 공헌을 하였다'라고 기록되어 있다.

이 기록을 통해 세상에 재등장한 무상은 당대 선차문화를 주도해 나갔다. 2012년 서울에서 열린 〈제7차 세계 선차문화 교류대회〉의 발표자로 나선 따이은(大恩) 스님은 '무상선사는 조주(趙州) 선사가 끽다거(喫茶去) 공안을 퍼트리기 이전부터 선차지법(禪茶之法)으로 대중을 이끌었다'고 폭탄선언을 했다. 이렇게 무상선사에 의해 선차지법이 열리면서 선차문화는 중심이 일본류에서 한국류로 전환되었다. 2018년 서울에서 열린 〈제12차 세계 선차대회〉에서 한국의 무상선사, 중국의 조주선사, 일본의 무라타 주코(村田珠光, 1422~1502)를 삼국의 선차 비조(鼻祖)로 내세우면서 세계 차인이 지켜보는 가운데 공식 선언을 하게 되었다. 개막식을 지켜본 중국의 저명한 차학자인 위웨(余悅) 교수는 "삼국 선차조사에게 존경의 예를 올리고 차를 올리고 제를 올려 진심으로 감동시키고 미래에 깨달음을 주었다"고 말한 바 있다.

한국이 선차문화를 주도하게 된 데는 2001년 백림선사(栢林禪寺)에 세워진 〈조주고불선차 기념비〉로 인해서였다. 이 비에는 '한중의 불교는 한 뿌리이니 예로부터 한집안이며, 선풍을 함께 하니 법맥 또한 서로 전함이다. 정중무상(淨衆無相)은 일찍이 서촉 땅의 주인 되어 문하에 고족으로 마조도일(馬祖道一)이 있다. 마곡보철(麻谷寶徹)은 무염(無染)에게 인가하고 서당(西堂)은 도의(道義)에게 전하고 염관(鹽官)은 범일(梵日)을 배출하여 사자상승(師資相承) 법계를 이었다'라는 내용이 적혀 있다.

뒤늦게 〈조주고불선차 기념비〉 소식을 접한 일본 차계는 충격에 휩싸였다. 주변의 만류에도 〈조주고불선차 기념비〉 건립에 차계 대표로 참가한 명원문화재단의 김의정 이사장은 "'차나 한 잔 마시게'라는 화두는 천년간 우리 차인들에게 금과옥조로 전해져왔습니다"라고 말해 〈조주고불선차 기념비〉가 갖는 의미의 중요성을 더해주었다. 이렇게 무상과 구산선문 조사들을 현창함으로써 한국의 차문화에 세계 차계인들이 주목하게 되었다.

무상, 태고, 매월당, 초의, 명원까지 차인들을 집대성

우리 차문화를 일군 역사 속 차인들은 무수히 많다. 이 책에 등장하는 인물들 역시 역사에서 잊혀진 차인들을 복원하려 시도하였다. 신라 시기 당으로 유학한 김지장 스님은 '중국에 신라의 차씨를 전해 준 인물이다.' 무상선사는 중국에서 선차지법을 창안하여 중국 오백나한에 올랐지만, 그간 오래도록 잊혀진 인물이다. 이 책에서는 이제까지 단편적으로 알려져 온 허황옥에 상당한 비중을 두고 다루었다.

고려 시기 원나라로 유학한 태고보우(太古普愚)는 석옥청공(石屋淸珙)의 선맥뿐 아니라 차맥도 함께 이어왔다. 660년 전 고려 충목왕 3년(1347) 태고보우 국사는 뱃길을 따라 홀로 하무산 정상을 밟았다. 당시는 강호의 눈 밝은 선지식인 석옥청공 선사가 천호암(天湖庵)에 홀로 앉아 자연을 벗 삼아 살아갈 때이다. 그는 놀랍게도 임제종(臨濟宗)의 18대 손으로, 호구소륭(虎丘紹隆)에서 급암종신(及菴宗信)으로 이어지는 임제선법의 계승자이다. 태고보우는 당시 47세로 석옥청공과 맞닥뜨렸다. 석옥이 태고에게 인가하길 '태고는 법해 가운데서 그물을 뚫고 나오는 금린(太古法海中透網金鱗)'이라는 게송(偈頌)을 지어 태고보우에게 주었다. 그렇게 임제의 선이 고려로 전해졌다.

고려의 차문화를 조선으로 이어준 대표적 인물로 함허득통(涵虛得通)과 매월당(梅月堂) 김시습을 손꼽는다. 이 책에서는 매월당 김시습이 울산 연포의 불일암에 주석(駐錫)하고 있을 때 일본의 준장로(俊長老)가 찾아와 매월당의 초암차도를 일본에 전해주었다. 매월당 설잠선사(雪岑禪師)가 주석한 불일암은 그간 잊혔다가 편자가 2006년 불일암 옛터를 찾아내 세상에 공개하면서 알려지기 시작했다.

일본에 초암차를 전한 매월당은 일본 다도(茶道)를 정착시킨 무라타 주코가 초암다법(草庵茶法)을 창안하면서 그 정신을 다케노 조오(武野紹鷗, 1502~55)와 센 리큐(千利休, 1522~91)가 이어 와비차(侘茶)로 대성하면서 오늘날까지 그 정신이 이어지고 있다. 준장로를 통한 매월당 초암다도의 일본 전승은 한국 차문화를 새롭게 규명하는 값진 쾌거라고 할 수 있다. 이성계에 의해 조선이 건국되고 조선 후기와 일제 강점기를 거치면서 한국의 차문화는 잊혀져 갔다.

1945년 광복을 맞아 대한민국이 건국되고 근현대로 이어지는 한국의 차사를 되돌아봤을 때 명원 김미희(1920~81) 선생을 빼놓을 수 없다. 명원은 1960년대 일본차회에 참석했다가 일본 차인으로부터 '한국에도 다도가 있느냐'라는 질문을 받고 한국 차문화 중흥의 의지를 불태웠다. 일본에서 귀국한 이후 1960년 명원다회를 설립했고, 궁중다례(宮中茶禮), 사원다례(寺院茶禮), 생활다례(生活茶禮), 접빈다례(接賓茶禮)의 복원은 물론 초의선사(草衣禪師, 1786~1866)가 주석했던 일지암(一枝庵) 복원에도 앞장섰다. 1980년에는 한국 최초로 전통 다도 학술대회를 개최했으며 《다경(茶經)》, 《동다송(東茶頌)》, 《다신전(茶神傳)》을 영인하여 보급했다. 당시 차 불모지나 다름없던 시절에 이런 차고전을 간행하여 차에 대한 대중의 관심을 불러 일으켰다. 올해 명원 김미희 선생의 탄신 100주년을 맞아 그 자취를 되돌아봤을 때 고요하고(寂) 깨끗하며(清) 평화롭고(和) 경건한(敬) 정신을 강조한 명원을 우리 차의 선구자라고 말할 수 있다.

조선 후기 차문화를 주도한 초의차의 실체

1997년 문체부는 5월의 문화인물로 초의선사를 선정했다. 당시 다승(茶僧) 초의로는 주목받지 못했다.

정조 대왕의 사위인 홍현주의 부탁을 받고 《동다송》을 짓게 되면서[처음 '동다행(東茶行)'이었다가 후에 '동다송'으로 고침] 초의는 사문상(沙門像)보다는 한국 차문화를 정립한 다승으로 알려지기 시작했다. 초의가 교류한 인물들의 주류가 사대부였던 것만 봐도 짐작할 수 있다. 금석학의 대가 추사(秋史) 김정희(金正喜), 실학을 집대성한 다산(茶山)과 그의 아들 유산 정학연 등과의 교류를 통해 초의선사가 세상에 드러났다.

1830년 초의는 스승 완호(玩虎) 스님의 사리탑 기문을 받기 위해 그에 대한 보답으로 보림 백모차를 갖고 상경했다. 우연히 보림백모를 맛본 박영보가 〈남차병서(南茶幷序)〉을 지었다. 초의가 이에 회답함으로써 세상에 알려진 것이다. 초의는 남화로 일가를 이룬 소치 허련(小痴許鍊)과 인연이 깊다. 〈몽유록(夢遊錄)〉에 '1885(을미년)에 나는 대둔사(大芚寺)의 한 산전에 들어가 초의선사를 뵈었습니다. 선사는 나를 따뜻하게 대해주었고 골방을 빌려주며 거처하도록 했습니다. 그렇게 해서 수년 동안 왕래하다 보니 기질과 취미가 서로 동일하여 노년에 이르기까지 변하지 않았습니다'라고 기록하고 있다.

송광사(松廣寺) 다풍을 일으킨 금명보정(錦溟寶鼎) 선사의 전다(煎茶) 시에서는 '해남의 초의선사의 동다송을 진작 읽고 당나라 육우(陸羽)의 《다경》도 살피었네'라고 노래하고 있다. 그리고 마침내 초의의 《동다송》을 필사하여 〈백열록(栢悅錄)〉에 남겼다. 1866년 초의가 열반에 들자 일지암은 옛터가 되었고 다도정신도 잊혀져 갔다. 1956년 초의탑과 비가 언론에 소개되면서 세상에 드러났다. 1979년 차인들과 함께 명원 김미희 선생이 앞장서서 노력한 결과 1981년 일지암이 복원되었다. 그 후 2007년 대흥사 경내에 〈동다송 기념비〉가 세워져 초의차 정신을 후학들이 계승해갔다. '해외 차인들 사이에 한국의 차문화에 초의가 있고 일지암이 있다'고 공공연하게 말하고 있다.

차향이 배어 있는 천년의 숨결

천년간 이어져 온 차문화의 숨결을 온전히 복원하기란 간단한 일이 아니다. 무상과 지장을 통해 중국에 선과 차를 전해주었다는 사실에 한국인으로서 자부심을 느낀다. 한중 두 나라의 우호관계가 흐르는 물처럼 끊임없이 이어져 왔듯이 차맥 또한 계속 이어져 왔다.

이 책은 중국이 잊고 있던 끽다거를 찾아내 한국과 중국이 공동 발의하여 〈조주고불선차 기념비(趙州古佛禪茶紀念碑)〉를, 조주가 끽다거를 전해준 중국 백림선사에 세움으로써 동아시아에서 한국 차문화의 위상을 재정립했다는 데 의미가 있다. 추사가 23살 때 완원(阮元)의 태화쌍비지관(太華雙碑之館)을 방문하여 용단승설차를 맛보았는데, 고려 때 대각국사 의천을 통해 용단승설차가 고려로 유입되고 고려의 뇌원차가 송나라로 수출된 배경 등을 살폈다. 대렴의 차씨 전파지가 천태산 귀운동으로 밝혀짐이 큰 수확이라고 말할 수 있다. 끽다거로 유명한 조주의 다풍이 조선 후기로 이어졌고 경봉(鏡峰) 선사의 염다래(拈茶來), 금당의 끽다래(喫茶來)를 통해 한국 선차가 면면히 이어져 왔음이 드러났다. 무엇보다도 무상선사가 선차지법을 제정한 이래 차맥이 구산선문으로 이어져 선차의 비조에 이르게 되었다는 사실에 한국 차의 자부심이 느껴졌다. 이상은(李商隱)이 쓴 〈당 재주 혜의정사 남선원 사증당 비명(唐梓州慧義精舍南禪院四證堂碑銘)〉에서는 '나는 아노라, 대대로 인물이 있었다는 것을. 무상대사는 먼 해외의 나라 진한의 귀족이시다. 어려서부터 진기가 빼어났으며 황금 부처의 현몽하에 잉태하였다'라고 극찬했다. 이렇게 신라, 고려, 조선, 현대로 이어지는 천년의 숨결이 차향에 실려 만리 밖으로 여전히 퍼져 나가고 있다고 말할 수 있다.

한국 차문화
천년의 숨결

1장

천년의
한국 차문화
향기

01. 한국 차문화의 여명을 밝히다

　한국 차문화(茶文化)의 전래 시기를 놓고 의견이 분분하나, 삼한(三韓) 시대에 이미 백산차(白山茶)가 존재하여 차문화가 싹을 틔웠다고 하는 설이 있다. 한편, 인도 아유타국(阿踰陀國)의 공주인 허황옥(許黃玉, ?~188)이 혼인을 위해 가야로 건너왔을 때 인도에서 파사석탑(婆娑石塔)과 함께 차씨(茶種)를 배에 싣고 온 것이 차문화의 시초가 되었다는 설도 있다.

　또 다른 기록으로는 신라 흥덕왕(興德王) 3년(서기 828)에 "대렴(大廉)이 사신(使臣)으로 중국에 들어가 신라로 돌아오는 길에 차종(茶種)을 가지고 옴에 왕(王)이 차씨를 지리산(智異山)에 심게 하였다. 한국의 차문화는 선덕여왕(善德女王) 때 싹트기 시작하여 흥덕왕 시기 성행하게 되었다"라고 말하고 있다. 또한《삼국유사(三國遺事)》에 따르면 매년 삼월 삼짇날 삼화령(三花嶺)의 미륵 부처님께 차 공양을 올린 역사적 일화가 있다.

　신라 35대 경덕왕(景德王, 742~765)이 신하들을 거느리고 반월성(半月城) 귀정문(歸正門) 누(樓)에 올라 말했다.

　"누가 훌륭한 스님을 데려올 수 있겠는가."

　그때 옷을 잘 차려입은 스님이 귀정문 앞을 지나가자 신하들이 그를 데리고 왔다. 경덕왕은 스님을 보고 자신이 찾는 스님이 아니라며 물리쳤다. 얼마 후 한 승려가 장삼(長衫)을 걸친 채로 앵통(櫻筒)을 메고 남쪽에서 걸어왔다. 왕은 그를 누

대렴이 차씨를 전파
한 경남 화개지역의
차산지

위로 맞이하고 물었다.

"그대는 누구요."

"저는 충담(忠談)입니다."

"어디서 오는 길이요."

"소승은 해마다 삼월 삼짇날과 중구일(重九日)이면 삼화령의 미륵불께 차 공양을 합니다. 오늘도 차 공양을 마치고 돌아오는 길입니다."

"내게 차를 나누어 줄 수 있겠소."

충담은 자리를 펴고 앵통에 든 다구(茶具)를 꺼내 신비로운 향기로 가득한 차를 경덕왕에게 대접했다. 차를 나누어 마신 경덕왕이 충담에게 말하였다.

"내 들으니 스님이 지은 기파랑(耆婆郎)을 찬미한 사뇌가(詞腦歌)가 그 뜻이 놀랍다고 들었는데 과연 그러하오."

"그렇습니다."

"그렇다면 나를 위하여 백성을 다스릴 편안한 노래를 지어줄 수 있겠소."

충담은 경덕왕의 부탁에 노래를 한 수 읊어 내려갔다. 그것이 현대까지 전해지는 안민가(安民歌)다.

충담선사가 삼월 삼
짇날 미륵세존에게
차공양을 올린 경주
남산의 삼화령. 차인
들은 충담의 정신을
기리기 위해 해마다
차를 올리고 있다.

〈안민가(安民歌)〉

임금은 아비요	君隱父也
신하는 자애로운 어미요	臣隱愛賜尸母史也
백성은 어린아이라고 말하니	民焉狂尸恨阿孩古爲賜尸知
백성이 사랑을 알고 있도다.	民是愛尸知古如
중생을 구제할 수 있기에	窟理叱大 生以支所音物生
이를 배불리 하여 다스리라.	此惡支治良羅
이 땅을 버리고 어디로 가겠는가.	此地 捨遺只於冬是去於丁 爲尸知
이에 나라 보전할 것을 알리라.	國惡支持以支知古如
임금답게 신하답게 백성답게 한다면	後句 君如臣多支民隱如 爲內尸等焉
나라가 대대로 태평하리라.	國惡太平恨音叱如

충담 선사가 차를 올렸던 삼화령 미륵세존(彌勒世尊)이 남산(南山) 남동쪽의 미륵불(彌勒佛) 앞에 있던 대연화대좌(大蓮華臺座)인지 생의사(生義寺)에서 미륵 삼존이 출토된 자리인지는 규명되지 않았다. 신라향토사 연구가인 윤경렬(尹京烈) 선생은 남동쪽 대연화대좌를 삼화령 미륵세존의 자리로 주장했다. 매해 삼월 삼 짇날만 되면 차인들이 그 대좌 위에 헌다(獻茶)를 한다. 충담이 올렸던 한 잔의 차가 천 년 동안 유지되고 있다.

당시 충담 선사가 짊어지고 차를 올린 끽다용 다구 앵통을 보면, 한국 다도는 처음부터 중국이나 일본의 영향을 받지 않은 한국의 독자적 창안으로 보인다. 견당사(遣唐使) 대렴이 당에서 차종을 가져와 흥덕왕명으로 지리산에 심었다는 문헌기록이 전해지며, 일반적으로 이것을 한국 차문화의 시작으로 보고 있다.

하지만 그로부터 80년 전, 신라 왕손(王孫)인 지장법사(地藏法師, 696~794)가 중국으로 건너갈 때 차 씨앗 외에 황립도(黃粒稻)와 오차송(五茶松)을 가지고 갔다는 이야기가 있으며, 명조 만력(萬曆, 1573~1613)에 편찬한 《구화산지(九華山志)》에 따르면 속이 빈 대나무처럼 생긴 나무줄기가 김지장이 신라로부터 가져온 차씨(梗空如相傳金地藏 携來種)라고 전하는 기록도 있다. 또한 《전당시(全唐詩)》에 수록된 지장스님의 《송동자하산(送童子下山)》이라는 시에서도 차를 절절히 노래하는 대목이 있다.

한국 차의 전래사는 다양한데, 첫째는 중국으로부터 차종을 가져왔다는 설, 두 번째는 허황옥 왕비의 차 전래설, 세 번째는 신라로부터 차종을 중국에 전했다는 설 등이 있다. 이로 보아 최초에는 차가 궁중에서 사용되다가 점차 불교와 접목하면서 종교의식으로 발전되었음을 짐작할 수 있다.

이러한 흐름은 통일신라 말기 구산선문(九山禪門) 조사(祖師)들이 대거 당(唐)에 들어가 구법한 뒤, 차와 선을 들여오면서 절정기를 맞는다. 석도륜(昔度輪)이 쓴 《금당다화(錦堂茶話)》의 서문에 '나말려초(羅末麗初)의 다선 전성기에 해운거상(海運巨商) 장보고(張保皐)에 의해 촉(蜀)의 몽정차(蒙頂茶)를 무역했던 기억이 있다'라고 밝혔듯이 구산선문의 조사들이 장보고 선단을 통해 속속 귀국하니 그들이 자연히 다선(茶禪)을 일으키는 계기가 되었다. 특히 조주종심(趙州從諗, 778~891) 선사 법형제 되는 철감도윤(徹鑑道允, 798~868) 선사가 장보고 선단을 통해 무주로 귀국하니 바야흐로 다선의 전성기였다.

5천 년 전 신농씨(神農氏)가 차를 발견한 이래 처음에는 약용으로 사용되다 음료로 발전하여 문화와 예술에 접목되었다. 중국으로부터 전래된 한국의 차문화는 신라 시대 이후 오랜 세월을 거치면서 한국 차문화에 적지 않은 영향을 끼쳤다.

02. 허황후의 봉차 길을 연
망산도와 백월산

서기 48년 7월 27일 허황옥이 인도에서 뱃길로 와 닿았던 망산도(望山島)는 현재 뱃길이 아닌 작은 섬에 불과하다. 전설처럼 내려오는 유주암(維舟岩)도 사라졌다. 《삼국유사》〈기이(奇異)〉편에서는 김수로왕이 유천간(留天干)을 보내 망산도에서 허황후를 기다리게 했다. 인도 아유타국의 공주 허황옥을 태운 배 한 척이 붉은빛의 돛을 달고 붉은 기를 휘날리며 서남쪽에서 바다를 가로질러 진해 두동마을로 다가온다. 배가 보이자 유천간(留天干) 등이 먼저 횃불을 올리니 배는 드디어 망산도에 도착한다. 2,000년 전 이야기이지만 생생하게 머릿속에 그려진다.

가야차의 시발점이 바로 두동마을이다. 허황옥의 신행길은 망산도 → 두동 → 두동고개 → 배필전고개 → 명월산 → 곰티고개 → 장유사 → 무금티고개 → 태령고개 → 왕후사 → 봉황대로 이어진다. 그리고 마침내 수로왕의 영접을 받아 가락국의 왕비가 되었다. 허황옥은 머나먼 인도 땅에서 차 씨앗을 가져와 봉차(封茶)

허황옥이 인도에서 가져온 파사석탑

의 길을 열면서 가야에 차문화가 꽃필 수 있는 계기를 마련했다.

1. 망산도에서 차를 올리다

처음에는 망산도를 찾는 일이 그리 간단하지 않았다. 진해 사람들은 망산도가 일본인이 자주 찾던 용원동산의 작은 섬인데 문이 잠겨 출입이 어려울 것이라 말해주었다. 우리는 수소문 끝에 유주정을 찾았고 저 멀리 망산도 비각이 눈에 들어왔다.

망산도 앞에서 차를 올리려는 순간 백로가 망산도 앞으로 다가왔고, 하늘까지 맑아졌다. 망산도의 비석은 거북바위 위에 세워져 있었는데 주변의 바위들이 예사롭지 않았다. 2000년의 세월을 버텨 온 흔적이 바위마다 배어 있었고, 메아리처럼 허황후의 음성이 들려오는 듯했다.

"저는 아유타국의 공주입니다. 성은 허(許)씨라 하고 이름은 황옥(黃玉)이며 나이는 열여섯입니다. 본국(本國)에 있을 때 부왕과 모후께서 제게 말씀하시길 '우리 내외가 어젯밤 꿈에 하늘의 상제를 뵈오니 상제께서 가락국 왕 수로는

허황후가 뱃길로 가야에 처음 도착한 망산도에 차를 공차하고 있다.

이능화의 《조선불교통사》에 전재된 이래 허황후의 차씨 전래의 유력한 후보로 거론되고 있는 창원에 자리한 백월산

하늘에서 내려가 왕위에 오르게 했으니 신성한 분이란 이 사람이며 또 서로 나라를 다스림에 있어 아직 배필을 정하지 못하였으니 그대들은 공주를 보내어 배필을 삼게 하라' 하시고 말을 마치자 하늘로 올라가셨습니다. 꿈을 깨고 난 뒤에도 상제의 말씀이 오히려 귀에 생생합니다. '너는 이 자리에서 부모와 작별하고 가락국으로 향해 떠나라'고 하셨습니다."

그렇게 하여 김수로왕과 허황후의 국제결혼이 성사되었다.

2. 백월산에는
   죽로차가 왜 없나

허황후가 혼인을 위해 인도에서 가야로 건너오며 가져온 차씨를 처음 파종했다는 백월산(白月山)은 허황후가 처음 뱃길로 도착한 망산도(진해시 용원동산)와 가까운 거리에 있다. 백월산이 허황후의 차씨와 연관되어 있다는 설은 1918년 이능화가 《조선불교통사(朝鮮佛敎通史)》에서 처음 언급한 이후 끊임없이 제기되어 왔다.

駕洛國首露王妃
普州太后許氏陵

조선 후기 허황후릉
앞에 세운 보주태후
허황후릉 묘비

일연의 《삼국유사》 탑상편에는 노힐
부득(努肹夫得)과 달달박박(怛怛朴
朴)의 이야기가 등장한다. 두 사람은
3년 수행을 작정하고 노힐부득은 남
사에서 달달박박은 북암에서 수행을
했다. 3년째 접어든 어느 날 한 낭자
가 달달박박을 찾아왔다. 낭자는 교
태를 부리며 하룻밤을 묵어가길 청했
으나 달달박박은 수행 중이라는 이유
로 거절했다. 다시 낭자는 남쪽에 있
는 남암으로 찾아갔다. 노힐부득은
중생의 뜻에 따르는 것이 보살행이라
고 여겨 낭자의 청을 받아들여 함께
목욕했다. 그때 낭자는 자신이 관음
보살임을 밝혔고 목욕물이 금빛으로
변했다. 노힐부득은 낭자의 도움으로
성불을 해 미륵이 되었고 달달박박도
낭자의 도움으로 무량수불이 되었다
는 이야기다.

《삼국유사》에 '노힐부득과 달달박박
의 성불지'로도 알려진 백월산은 경남
창원시 북면 월백리에 있다. 늠름하며
기운찬 산세가 아름다운 영산으로, 감
로수가 흐르는 백월산(430m)은 두 마
리의 사자가 서로 머리를 맞대고 다정스

허황후가 처음 뱃길로 와닿은 진해 망산도에서 2018년 처음으로 다례제가 행해졌다.

럽게 이야기를 나누는 형상을 하고 있다. 이 거대한 산이 우리 차문화의 보고라고 말할 수 있다.

　허황후의 차 전래설은 백월산에서 시작된다. 이능화(1869~1943)의 《조선불교통사》에는 창원 백월산에 죽로차가 있다고 기록되어 있다. '세상에 전하기를 수로왕비 허씨가 인도로부터 가져온 차 씨앗이라고 한다(金海 昌元 白月山 有竹露茶世傳首露王妃許氏 白月陵 持來 之茶種)'는 부분이 그것이다.

　하륜의 기(記)에 이르기를, '김해는 옛 가락 땅이다. 신라와 함께 일어나서 수로왕의 탄생이 참으로 신기하고 그때 풍속이 아직 순박한 모습 그대로 남아 있다. 바라보는 미관(美觀)이 남방에서 으뜸이며 금강사(金剛社)의 소헌(小軒)이 제일이

하륜의 〈불훼루기〉에 등장하는 금강사에 자생하고 있는 차나무. 하륜의 기문에 충렬왕이 가마에서 내려 금강사의 산다수를 보고 장군처럼 생겼다고 말한 뒤 후대에 장군차가 되었다.

나 절 주위에 산다수가 있는데 전기에 충렬왕이 여기에서 가마를 멈추고 "장군차(將軍茶)"라는 이름을 내려 주니 부로(父老)들이 서로 미담으로 여겼다.'라고 한다.

충렬왕이 이름을 내렸을 때는 '장군'이었으나 뒷날 《김해읍지》가 편찬되면서 토산조에 "금강곡에서 황차가 나는데 일명 장군차라고 한다"라는 구절이 실려 장군차로 불리게 되는 이야기다.

3. 허황후의 죽로차 흔적이 남아있는 백월산

1997년 겨울, 죽로차의 자취를 찾기 위해 백월산으로 향했다. 백월산 남안에 위치한 백운사의 허관음심 보살을 만나 차나무의 흔적에 관해 묻자 듣지도 보지도 못했다는 대답이었다. 필자는 포기할 수 없어 백운사에서 백월산 상봉의 북암

허황후의 봉차 길

까지 샅샅이 뒤져 보았으나 바위로 이루어진 산에서는 흔적조차 발견할 수 없었다. 옛 기억을 더듬어 2013년 2월 27일 창원시 북면 월백리로 찾아들었더니 옛터에 백월산 남사(南寺)라는 절이 새로 들어서 있었다. 남사에서 산길로 200m 오르니 백운사라는 절이 나왔다. 1990년대 중반 백운사를 찾아갔을 때 폐사가 되어 나무 넝쿨이 대웅전을 휘감고 있었다.

허관음심 보살을 만났을 때 백운사는 노힐부득의 수행처로 유력해 보였다. 남사라고 새긴 와편을 보고 확신했다. 노힐부득이 수행했던 남사는 지금의 백운사로 추정되고 달달박박이 수행했던 남암은 백월산 사자바위 아래 판방(板傍)으로 추정된다. 설화의 배경으로 자주 등장한 백월산은 일찍이 영산(靈山)으로 알려져 세간의 주목을 받았다.

명원문화재단 김의정 이사장이 2007년 허황옥릉 앞에 헌다를 올리고 있다.

4. 보주태후 허씨에 담긴 의미

　　김해시를 찾게 되면 김수로왕릉(金首露王陵)과 허황후릉(許皇后陵)을 만날 수 있다. 조선 시대 허황후의 능(陵) 앞에 세운 능비에는 '가락국 수로왕비 보주태후 허씨릉(駕洛國 首露王妃 普州太后 許氏陵)'이라는 글씨가 보인다. 조선 전기에 세운 이 비석의 '보주태후'라는 부분이 눈길을 끈다. 수년 전 한양대 김병모 교수는 보주태후(普州太后)라는 글자의 실마리를 풀기 위해 여러 문헌을 뒤지던 중 그곳이 쓰촨성 안웨(安岳)를 나타내는 지명임을 확인했다. 허황후와 '보주태후' 관련설을 연구하는 김병모 교수는 다음과 같이 주장한 바 있다.

　　"왜 김해에 있는 허황후릉에 보주태후라고 쓰여 있는지 의문을 갖기 시작했다. 사실 가야사를 전공하는 학자나 그 여인의 후손들인 김해 김씨나 허씨 문중들은

허황후가 인도에서 차를 가야로 전해준 공덕으로 대대로 헌다의식을 올리고 있다.

누구도 이에 문제를 제기하지 않았다. 한국 고대사에서 왕의 부인들은 시호가 없거나 있으면 대개 '○○부인'이다. 예컨대 신라 박혁거세의 왕비는 알영부인(閼英夫人)이고 석해탈의 왕비는 아효부인(阿孝夫人)이다. 가락국이 가야로 발전하면서 계승된 후대당의 왕비 중 아무도 '○○태후'라는 시호가 없는데, 유독 허황옥에게만 만시호로서 보주태후라는 이름이 붙은 것은 매우 이례적이면서도 흥미 있는 내용이다. 어쩌면 허황옥 시대에는 시호라는 것이 없다가 후손들이 조상 할머니의 출신과 생전의 업적을 기리기 위하여 보주라는 시호를 주었는지 모를 일이다."

보주라는 지명에 허황후가 인도에서 가져온 차 씨앗의 비밀이 담겨 있다. 쓰촨성 안웨를 의미하는 지명, '보주'의 유래를 살펴보면 가야의 차가 인도가 아닌 중국 쓰촨 지방으로부터 왔을 가능성이 크다. 우연인지 몰라도 석도륜은 《금당다화》 서문에 이런 말을 남겼다. "신라 때 촉나라 몽정차가 장보고 선단을 통해 신라

금강사 옛터에서 내려다 본 김해시. 허황옥과 수로왕의 인연이 깊은 땅이다.

로 유입되었다는 사실을 들었다.”

　그처럼 중국의 차가 신라 때 이미 교류되었다는 것은 신라 사람들의 음다풍속 (飮茶風俗)에 허황후의 차풍과 맛과 향이 남았다는 이야기도 된다. 허황후가 가락으로 올 때 가져온 차는 인도 아유타국보다 허황후가 귀향한 중국 쓰촨의 차종자일 가능성이 크다.

　사실 허씨의 시조(始祖)를 김해 허씨로 따르는 것은 허황후가 인도 아유타국에서 가야로 건너와 김수로왕과 맺어지면서 이 땅에 뿌리를 내렸기 때문이다. 그러니 조선 전기에 세운 허황후릉비의 ‘보주태후’라는 글은 가야차의 비밀을 밝히는 첫단추이며, 이에 담긴 상징성이 크지 않을 수 없다.

5. 허황후릉에 차를 올리다

1) 다시 부활하는 가락의 차

봄이 다가오면 김해의 김수로왕릉과 허황후릉 앞에서 차인들은 햇차 한 잔을 올려 예를 다한다. 파사석탑과 차씨를 배에 싣고 바다 건너 가야로 건너온 허황후의 봉차길을 높이 받드는 것이다.

잊었던 가락의 차가 수로왕과 허황후의 위패가 모셔진 숭선전(崇善殿)의 제상에 오른 것은 1989년 11월 보름날이었다. 당시 수로왕릉 숭선전 참봉이었던 김용채 씨가 제문(祭文)을 통해 "그동안 시조 할아버지 각종 제례에 차를 올리지 못한 것에 용서를 고했다"고 말했다. 이후 역대 참봉에 의해 제사상에 차가 올라갔다. 2005년 7월 27일 숭선전으로 참봉 김상조 씨를 찾아갔을 때는 매년 제례마다 시조왕과 왕비릉에 차를 올린다면서 근년에도 각 차회에서 허황후릉에 헌다를 하는 사람이 늘어 우리 후손들로서는 매우 기쁘다고 말했다.

가락이 멸망한 뒤에도 사당에서 대대로 가락국의 역대 왕조를 추모했다. 가락국의 시조 수로왕과 허황후의 위패가 김수로왕릉의 숭선전에 모셔져 있는데 그 앞에서 김수로왕과 허황후의 후손들은 해마다 제사를 지내왔다. 그 내력은 일연이 쓴 《삼국유사》 권2 〈가락국기(駕洛國記)〉에 다음과 같이 전해온다.

"신라 30대 법민왕(法敏王, 문무왕)이 서기 661년에 명령을 내려 수로왕의 17대 손인 갱세급간(賡世級干)으로 하여금 거등왕 당시와 단술을 만들고 떡과 밥과 차를 제물로써 제사를 지내게 했다. 후손들은 위패가 모셔진 숭선전에 모여 매년 제사를 지냈다."

가락의 차가 발전한 이유 중 하나는 김해시 인근 부산항을 통해 일본의 차문화와 직간접적으로 교류가 있었기 때문이다. 오래전부터 차문화가 발달한 김해에서 다시 한 번 차가 주목받고 있다.

2) 신라의 물과 가야의 차가 만나다

2007년 7월 27일, 뜻깊은 일 하나가 우리를 놀라게 했다. 이른 아침 옛 신라 땅 토함산 석굴암 감로천(甘露泉)에서 길러온 물과 지리산 자락에서 만든 차를 합봉(合奉)하여 허황후릉에서 헌다의식을 치른 것이다. 김수로왕의 후예인 명원문화재단의 김의정 이사장이 마음을 담아 우려낸 차 한 잔을 올리자 허황후릉 사이로 차향이 퍼졌다. 신라와 가야가 차 한 잔으로 만나는 순간이었다.

김해시는 차문화의 중요성을 인식하고 장군차 부활에 나섰다. 2005년 10월 3일 가야세계문화축제 기간 중 김수로왕릉과 수로왕비릉 앞에서 가야차문화축제를 펼쳐 잊어버린 가야차의 명성을 되찾고자 했다. 허황후가 열었던 봉차의 길을 다시 회복시키자는 취지와 차문화를 일으켜 세우려는 김해시의 의지를 담아 전국 차인이 동참하여 헌다식과 두리차회를 치렀다.

가야차를 연구해온 허명철 씨는 "가야차의 부활은 후손으로서 벅찬 감격이 아닐 수 없다"고 말했다. 가야차의 맥을 잇겠다는 후예가 늘어나면서 김해시는 더욱 차문화를 부흥시켜 옛 전통을 회복하자는 의견을 보였고, 전략적으로 장군차를 특성화하고자 했다.

허황후릉에서 헌다의식을 올린 김의정 이사장은 가야차의 향기가 되살아나는 것 같다고 입을 열었다. 2007년 일본 황실과 치러질 한·일 차문화 교류 때 가야 차법을 크게 알리고 싶다고 말했다. 신라의 물과 지리산 가야의 차가 만나 허황후릉 앞에서의 헌다의식을 통해 가야의 차가 부활하고 있다.

그동안 가락은 신화 속 나라로 치부되었다. 대부분의 역사 사서(史書)들이 멸실

한 탓도 있거니와 가락국이 신라사에 편입되면서 가야사의 사서들이 많이 사라져 가락국의 역사가 드러나지 못한 탓도 있다. 그러나 다행히도 일연 선사가 쓴 《삼국유사》 〈가락국기〉를 통해 가야사의 일부나마 그 실체를 파악할 수 있게 된 것이다.

최근 한반도에 불어닥친 차문화 열풍에 힘입어 찬란한 금관가야의 실체가 부각되는 것 같아 그나마 다행이 아닐 수 없다. 2001년 봄, 일본 우라센케(裏千家)의 종가인 센 소시쓰(千宗室)가 김해시를 방문하여 《차의 세계》와 단독 인터뷰를 진행했는데 그중 "한국 땅을 밟은 이유는 선조의 자취를 찾기 위함이다. 선조 도공이 빚어낸 김해 찻사발을 보러왔다"라고 말한 바 있다.

선조 센 리큐(千利休)가 차를 정립하기 이전 김해 지역의 도공들이 대거 사카이(堺) 지역으로 몰려갔는데, 그때 차와 도자기의 접촉이 차문화에 상당한 영향을 주었다는 것이다. 그 흔적인 김해 고라이자완(고양이 발톱 할퀸 자국)을 찾아왔다고 센 소시쓰는 말했다. 이를 계기로 2,000년 전 성행했던 가락국의 차문화가 다시 일어났다.

일본 최고의 우라센케 종장(宗匠)에 의한 일본차가 조선의 영향을 받았다는 폭탄선언은 매우 충격적이었다. 오늘날 일본 차의 현실은 어떠한가. 일본에서는 거의 500년간 차의 유파가 형성되면서 크게 발전했는데 그 연원이 대부분 중국에서 왔다고 말한다. 에이사이(榮西) 선사가 중국에 유학을 떠났다가 차나무를 가지고 온 것이 일본차의 원조가 되었다는 것이다.

03. 가야 차향이 허황옥의 고향
　　쓰촨성 안웨까지 퍼지다

한 고고학자의 발굴 정신에 의해 허황옥의 실체가 알려진 것은 1987년 7월 이었다. 김병모 교수로, 김원룡 교수의 정년퇴임 논문집《가락국 허황옥의 출자(出自)》에서 허황옥이 인도에서 망명한 선조(先祖)들과 함께 중국 쓰촨성 안웨에 정착한 뒤 한족(漢族)의 박해로 다시 우한(武漢)으로 이주해 살다가 가락국으로 시집오게 되었다고 주장했다. 이로써 허황옥의 자취가 세상에 드러났다.

쓰촨 안웨의
보주 집성촌

허황옥의 귀향처가 쓰촨성 안웨라는 사실이 세상에 알려지면서 많은 사람이 몰려갔다. 허황옥의 후손이라는 양천허씨가 앞장서 찾아가 조배를 올렸는가 하면 김종필 전 자민련 총재 등 정·재계, 문화계 인사들, 무용가인 이애주 씨 또한 안웨를 찾았다. 더욱이 우리 민속춤 승무를 유일하게 보유한 무형문화재 이애주 씨는 안웨에서 살풀이춤을 선보여 보는 이들에게 감동을 주었다.

수많은 인사가 앞다투어 안웨를 찾자 쓰촨성 서운향(瑞雲鄉)의 현지인들은 부쩍 들떠 있었다. 중국 언론들도 안웨 허씨 마을의 태극 모양을 보고 한국의 태극기가 안웨에 전파되었다고 입을 모아 말했다. 전설에 수로왕비 허씨가 천축(天竺)으로부터 가져온 차씨라고 하는 대목 때문에 허황후의 차가 전래된 곳이 천축인가 중국 쓰촨성 안웨인가 하는 문제를 놓고 끊임없이 의문이 제기되었기 때문이다.

1. 안웨에는 허씨 관련 쌍어가 곳곳에

2013년 9월 29일부터 30일까지, 중국 쓰촨성 중칭(中慶) 동온천진(東溫泉鎭)에

서 열린 중화산수다도문화절(中華山水茶道文化節)을 맞아 선차문화 교류의 하나
로 필자가 한국 대표로 초대되었다. 행사가 끝난 후 중칭 동온천진에서 출발한 우
리 일행이 중칭시 안웨현 서운향에 도착했을 때는 어둠이 짙게 깔려 있었다. 마
을 사람들에게 허황옥의 고향을 물으니 단박에 "안웨에서 10km 정도 가면 서운
향이 있는데 그곳에 허씨 집성촌이 있으니 그곳으로 가보세요"라는 대답이 돌아
왔다. 허황옥의 후손들 덕분에 우리는 손쉽게 허황옥의 고향을 찾았다.

서운향에 이르니 마을 입구에 보주태후 허황옥의 고향이라는 돌비가 서 있었다.
허황옥과 김해의 연결고리는 김해 허황옥릉비에 새겨진 '가락국 수로왕비 보주태후
허씨릉(駕洛國 首露王碑 普州太后 許氏陵)'이라는 비문에서 확인할 수 있다. 조선
시대에 세운 이 돌비에 쓴 '보주태후'라는 글자 속 '보주'가 안웨현의 옛 이름과 같다
는 점에서 허황옥과 쓰촨성 안웨현의 연결점이 드러난다. 안웨현에 있는 신정기(神
井記)에는 '보주땅 동쪽 마을에 신령스러운 기운이 솟아 인걸(人傑)이 떨치고 영명
한 역사가 있다. 허씨족(許氏族)은 일찍부터 이곳에 살았는데 그 집 뒷산은 사자와

같고 앞뜰은 비단과 같았다. 바위 아래에 우물이 있어 맑은 물이 넘쳐흘러 긷는 즉시 가득 차 큰 가뭄에도 마르지 않았다'라고 기록되었다. 허씨 후손들은 선조의 얼을 후세에 남기기 위해 구전으로 전해온 사실을 2000년 초 서운향 마을 앞에 세우게 되었다.

2. 가야 차향이 안웨까지 퍼지다

서운향을 찾아갔을 땐 짙은 어둠이 깔려 있었고, 필자는 허씨족과 인연 깊은 사당으로 들어갔다. 사당은 팔순이 넘어 보이는 유소웅(柳小雄) 촌로가 지키고 있었다. 그는 필자를 맞이하며 2013년 6월에도 한국에서 양천허씨 문중들이 다녀갔는데 우리를 보니 고향 사람을 만난 것처럼 기쁘다고 말했다. 그리고 방 안으로 필자를 데리고 가 침대 위 나무에 있는 물고기를 가리키며 저 물고기가 한국과 관련이 있다고 말했다. 더욱 놀란 것은 '이 침대가 허황옥이 쓰던 침대'라고 말했다는 점이다. 얼마나 많은 한국인이 이곳을 찾았으면 촌로까지 전설 같은 말을 할까.

사당을 살피니 몇 해 전에 유명을 달리 한 허황옥의 35대인 허운화 씨의 영정이 있는데 그 옆에 한국의 이름 모를 차인이 봉차를 올린 족자가 걸려 있었고, '봉헌차 보주태주 허황옥신위'라고 쓰여 있었다. 가만히 생각해보니 2003년 3월 화정차회 김미자, 김혜영 다우가 말차(抹茶)로 차를 올렸던 장면이 떠올랐다. 그 밖에도 송은복 전 김해시장을 비롯해 수많은 사람이 안웨를 찾았다.

필자가 안웨에 찾아간 날 이 마을의 허 씨 청년은 허황후가 김해로 갔다는 말을 93년에 처음 들었다고 이야기했다. 허씨족과 혼인하여 이 마을에 온 그의 부인 유만용(劉晩蓉) 씨는 김병모 교수가 쓴 《쌍어의 비밀》을 들어 보였다. 이곳에 찾아온 수많은 한국인이 현지 사람들의 가슴을 얼마나 뛰게 했는지 실감할 수가 있었다.

04. 신라에서 가져간 구화불차

　안후이성(安徽省)의 명차(茗茶)로 자리 잡은 구화불차(九華佛茶)는 신라의 김지장(金地藏) 스님이 중국으로 건너갈 때 가지고 간 차로 알려졌다. 중화권의 학자들이 그 차는 신라에서 가져간 것이 아니라 안후이성 인근의 차라고 주장했으나 여전히 구화불차는 신라에서 가져간 차로 자리매김 되어 있다. 김지장은 왜 차씨를 가져갔을까. 대렴보다 100여 년 앞선 시기에 김지장 스님이 차씨를 가져간 것 자체가 하나의 사건이었다.

　당 숙종 황제가 내린 지장이성금인(地藏利成金印)이 공개된 후 그 신비로움에 감탄사가 절로 나왔다. 무엇보다도 어떻게 국가 1급 유물을 볼 수 있었는지 궁금해하는 사람이 많았다.

　2001년 봄, 지장이성금인의 친견 소식이 알려지자 한국의 차가, 불가 사람들은 여러 채널을 통해 금인을 보고 싶어 했다. 하지만 필자가 금인을 친견한 이후 누구도 금인을 본 사람이 없다. 당시 우호시 정부가 '선생이 처음이자 마지막으로 금인을 본 사람이 될 것'이라고 힘주어 말했던 기억이 난다.

　필자와 지장 스님의 인연은 1984년으로 거슬러 올라간다. 홍콩의 중앙 TV와 일본의 좌전기획이 김지장 일대기를 홍콩의 텔레비전을 통해 중화권에 소개했는데 당시 그것을 유심히 관찰한 이가 홍콩 홍범원장 석성우 스님이었다. 필자는 석성우 스님을 통해 영상을 입수하여 김지장 일대기를 비디오로 제작했다. 이 일을 계

구화산 노호동에 자생하고 있는 김지장 노차수.
1990년대 중반 발견되었다. 600년 된 것으로 추정하고 있다.

기로 김지장의 존재가 처음으로 국내에 알려지게 되었다.

사실 그 시기는 김지장 스님이 차씨를 전파했던 사실도 까맣게 잊고 있던 때였다. 김지장의 행보에 매료되었던 필자는 1993년 그와 관련한 자료를 묶어 《육신보살 지장법사(肉身菩薩 地藏法師)》를 출간하였고, 그 뒤 육신성도(肉身成道)를 이룩한 육신보살에 관한 내용을 담은 《살아 있는 부처》를 출간하면서 김지장의 업적을 밝혔다. 그 책에 다음과 같이 적었다.

지장법사가 75년간 구화산에서 머물면서 수행 정진한 후 99세에 열반에 드신 후 3년 만에 지장보살의 화신으로 드러났다. 그의 육신이 1,200년이 지난 오늘날에도 구화산 육신보전에 등신불이 되어 있다. 중국인들은 육도에 헤매는 중생들을 제도하기 위해 전생윤회한 것으로 믿고 있다.

이렇듯 구화산은 지장보살 성지로 알려지면서 세계인들의 관심을 끌고 있다.

금지차는 신라에서 가져온 차

김지장 스님이 신라에서 차나무를 가져갔다는 것은 설로만 떠들썩했다. 그러다가 필자의 성과로 1990년 말 구화산 노호동 정상에서 높이가 230cm나 되는 차나무를 발견하면서 김지장 차나무에 관한 논란에 종지부를 찍었다. 당시 구화산 방장 렌더(仁德) 스님은 김지장의 차씨가 구화산에 파종되었다는 설을 입증하는 결정적 단서를 찾았다고 기뻐했다. 그 전까지는 안후이농대 왕젠항(王鎭恒) 교수가 구화산 소천태(小天台)의 남대암(南台庵)에서 발견한 높이 160cm, 폭 130cm, 잎의 길이 11.5cm 되는 차나무가 김지장 차나무의 최고 기록이었다.

신라에서 가져왔다는 설은 명대(明代)에 편찬한 《구화산지》의 기록을 근거로 하고 있다. 《구화산지》에 따르면 '금지차(金地茶)'는 신라 때(당 영휘 4년, 서기 653년) 지장 스님이 신라에서 가지고 간 차 종자의 이름이다. 금지차는 신라에서 차를 최초로 중국에 전한 김대비의 차 종자보다 무려 80년을 앞선다. 신라 시대에 이미 차문화가 활발했음을 보여준다. 금지차는 대가 가늘고 잎이 뾰족하며 향기로운 냄새가 나는데 이 차를 오래 씹으면 피곤이 풀리고 정신이 맑아졌다고 기록되어 있다.

그 뒤 청나라 시기 1669년 유원장의 《차사(茶史)》의 공경차(空梗茶)를 입전(入電)시키면서 김지장차는 신라에서 가져간 차로 굳어졌다. 유원장 또한 《차사》에서는 '구화산에 공경차가 있는데 김지장 스님이 심었다고 한다. 그곳은 대개 안개와 구름이 자욱하고 날씨가 항상 온화하다. 다른 곳에 심은 것과 맛이 같지 않다'라고 적고 있다. 김지장 스님은 신라국 스님으로서 당 지덕 연간에 바다를 건너와 구화산에 머물면서 차를 심으며 농선(農禪) 생활을 하다가 99세에 앉은 채로 천화(遷化)하였다. 3년 뒤에 함을 열어 보니 얼굴빛이 살아있는 듯했으며 뼈마디가 모두 살아 움직이는 것 같았다고 말한다. 그밖에도 시인들이 김지장 차에 대해 찬미한 시를 남겼는데 그중 이지세(李之世)의 시는 다음과 같다.

백옥 같은 차싹이 무럭무럭 자라고	碧芽抽穎一叢叢
채다에서 풍기는 차향은 수행자의 공을 깨우쳐 주네	摘取淸芳悟苦空
누가 서역(신라)에서 전해온 선맛이 틀리다고 하나	不信西來禪味別
설산 중에서 차에 찻물을 가득 채우네.	醍醐灌頂雪山中

이 시의 서역(西域)이라고 하는 대목이 문제였다. 서역은 신라가 아니라는 문제제기가 뒤따르면서 논쟁이 끊이지 않았다. 김지장의 차는 신라에서 가져오지 않았다는 주장에 필자는 반박했고, 김지장의 연구로 중화권이 뜨겁게 달아올랐다. 2004년 구화산에서 열린 한·중 국제학술연토회에서 필자가 〈김지장의 연구와 그 과제〉라는 논문을 들고나가자 많은 이들이 놀랐다. 그중 한 대목을 살펴본다.

구화산 노호동
의 김지장 차
수 앞에서 바
라본 구화산록

　최근에 김지장에 관한 연구가 활발하게 이루어지고 있다. 당 지덕 2년
(757)에 당시 숙종 황제가 지장이성금인을 내렸는데 최근 그 금인이 공개되
었고, 다시 지장법사가 수행했던 노호동에서 지장불차수가 발견되는 등 지장
차 연구에 새바람을 불러왔다. 그 차가 WTO가 시작되는 2004년 고국으로
귀향한다는 설렘에 젖어 있다. 구화산 정부 관리처와 천방차가 주도하여 한
국인들에게 큰 기쁨을 주고 있다는 것이다.

　신라 땅에 차문화를 일으킨 왕은 신라 42대 흥덕왕이었다. 흥덕왕은 당나
라 사신으로 갔던 대렴이 가져온 차 종자를 지리산 자락에 심게 해 우리 차
문화의 일성을 열어 놓았다. 그런데 그 전에 이미 신라에 차가 있었으니 중
국 구화산에서 생산되고 있는 김지장차가 바로 그것이다. 지장 스님은 중국
에 갈 때 차 씨앗과 오차송, 황립도라는 벼 씨앗까지 가지고 갔고, 《전당시》
에 김지장의 시가 수록될 정도로 스님의 사상은 널리 유포되었다. 동국인(東
國人)으로는 최초의 율시(律詩)로서 〈송동자하산(送童子下山)〉이란 시에서
이렇게 묘사하고 있다.

절이 적막하니 너는 집 생각이 나겠구나	空門寂寞汝思家
승방에서 작별하고 구화산을 내려가려나	禮別雲房下九華
대난간에 죽마(竹馬) 타기 좋아했고	愛向竹欄騎竹馬
조용히 땅에 앉아 금모래도 모았었지	懶於金地聚金沙
돌샘물 길어서 달 보기도 이제 그만	瓶添澗低休招月
솥에 차를 끓이려 꽃에 장난치던 일도 그만두었네	烹茗甌中罷弄花
잘 가거라 부디 눈물일랑 지우지 말려무나	好去不須頻下淚
노승 곁에 노을과 산수(山水)가 있느니라.	老僧相伴有烟霞

이 시를 통해 지장 스님의 다선일미의 정신세계를 엿볼 수가 있다. 이뿐만 아니라《청양현지(靑陽縣誌)》에는 '금지차란 서역으로부터 가져온 차이다(金地茶不信西來禪味)'라고 기록되어 있고《구화산지》에서는 김지장 차를 '속이 빈 작은 대나무 같고 김지장이 가져다 심은 것(梗空如篠相傳金地藏攜來種)'으로 전한다. 또한 '구화산 신광령 이남에 심었는데 구름과 이슬을 받고 자란 것으로 차맛이 매우 훌륭했다'라고 실려 있다. 차의 전파 경로와 유래에 대해서는 김지장이 바다 동쪽 신라에서 가져온 차라고 밝혔다. 당시 구화산 국제학술연토회에 참가한 중국 베이징 사회과학원 황심천(黃心川) 교수는 필자에게 넌지시 김지장 차의 연구는 중요한 사건이며, 당 현종(玄宗)과 무상의 관계로 중한 불교사에 중요한 역할을 했다고 말한 뒤 기회가 닿으면 당 현종과 무상을 연구하고 싶다고 피력했다.

그 후 2008년 닝보(寧波) 국제해상차로연토회에서 필자는 논문을 통해 밝혔다.

〈중국 차문화를 한국에 전파한 주요 인물〉이란 논고에서 '한·중 차문화 교류사를 살필 때 빼놓을 수 없는 인물은 바로 김지장이다. 그는 신라 왕손으로 태어나 24살 때 중국 안후이성 구화산으로 들어가 열반한 뒤 지장보살의 화신이 되었다. 그가 신라에서 중국으로 갈 때 휴대하고 간 차가 김지장

九華山志卷八 十物產門 金地茶 閔園茶 五釵松 千秋 仙人燭

茶
金地茶梗空如篠相傳金地藏攜來種 ●李之世詩碧芽抽穎一叢叢摘取清芳悟苦空不信西來禪味別 醍醐灌頂雪山中
閔園茶 乃閔氏園所產名地源茶誤 根株頗碩生於陰谷春夏之交方發萌芽整條雖長族槍不展乍紫乍綠天聖初郡守李虛己太史梅詢試之以為建溪諸渚不及也

木
五釵松松子如小栗三角其中仁香美即五粒松實也蘇頌謂當作鬣謂之五鬣松者釵本雙股松葉皆雙故名而此松有五葉如釵有五股因名為五釵耳
千秋松長數寸即草本之卷柏生絕蠟之處人得之多置於盆山之上或置之乾燥處日久雖然枯瘁見水則依然蒼翠 此即俗所謂九死還草俗亦飾活也
仙人燭木似梧桐大可盈握長尺餘多津液逾年不枯每一枝可延數刻好事者多乘之以遊洞府 ●李之世詩梧心過露釀成涙竹幹迎風進作珠為惱世人多

명 만력 년간에 편찬한 〈구화산지〉에 김지장이 신라에서 차씨와 황립도, 오차송 등을 구화산에 가져왔다고 기술하고 있다.

차였다. 이는 대렴이 중국으로부터 차씨를 가져온 시기보다 100여 년 앞선다.

이 논문은 같은 해 《건축과 문화》(2008년 5월)에 소개되면서 중화권을 뜨겁게 달구었다.

이를 유심히 살핀 닝보 차문화촉진회 비서장인 주지파(竺濟法)는 《차주간(茶週刊)》(2008년 9월 16일)에 실린 〈김지장의 차와 구화산〉이란 글에서 《청양현지》의 금지차는 김지장이 서역에서 가져온 것이라고 전해지며 오늘날은 가지가 빈 통인 것이 전해진다며 이 기록을 문제 삼아 "전하다[傳]는 일반적으로 전설이나 입으로 전해지는 것으로 확실한 증거가 없다"라는 견해를 밝혔다.

안후이 농대 딩이쇼우(丁以壽)는 〈김지장과 구화차〉라는 글에서 '신라 제42대 흥덕왕 3년(828) 신라의 사신 대렴이 대당(大唐)에서 차씨를 얻어 돌아온 후 지리산에 심었다. 신라에서 차를 심기 시작한 것은 9세기 전기의 중당시기(中唐時期)이며 중국에서 씨를 가져왔다. 김교각(金喬覺: 김지장)은 개원 7년(719)의 당나라 흥성 시기 중국에서 왔는데 당시 신라에는 차나무가 없었다. 그래서 차 연구가들은 서역에도 차를 가져왔다는 이야기는 신화의 근거가 되기엔 부족하다고 주장을 폈다. 만약 구화차를 김교각이 가지고 왔다면 그것도 구화산 부근 지역에서 가져온 것이니 중국 차씨이다라고 단정지어 논란을 야기했다.

그러나 중국 정보에 어두운 한국은 중국이 벌이는 차의 동북공정 작업을 정확히 파악하지 못하였는데 필자가 〈김지장 차의 뿌리 신라인가 중국인가〉(《차의 세계》, 2010년 11월)라는 기사를 통해 이를 낱낱이 해부했다. 1990년까지 구화산 스님과 사람들이 구화불차는 김지장 스님이 신라에서 가져온 차라고 믿어 왔는데 1990년대 중화권에서 김지장 연구가 활발하게 일어나자 중화권 학자들이 반기를 들고 일어나면서 벌어진 이슈였다. 여러 자료를 검토해 본 결과 구화불차는 천 년 전 김지장 스님이 신라에서 가져온 차씨라는 사실이 분명하다고 말할 수 있었다. 2010년 필자는 안후이성 청양(靑陽) 현을 찾게 되었는데 거리마다 구화불차라고 써 붙이고 차를 팔고 있었다.

당 숙종 황제가 내린 지장 이성금인

김지장이 수행했던 구자암반 타석 옆의 한 다관(茶館)에 들러 구화불차를 앞에 놓고 차를 품다(品茶)했는데 다관에 커다랗게 '불차'라고 쓰여 있었다. 그 집주인에게 이 불차는 어디에서 왔느냐고 물었다. "구화불차는 구화산을 개산(開山)한 김지장 스님이 신라에서 구화산으로 가져온 차입니다"라는 답이 돌아왔다. 그 말에 눈이 번쩍 뜨이고 방금 마신 차향이 입안에 가득 감돌았다.

신라에서 가져간 구화불차는 안후이성 명차로 천년을 이어왔다. 신라의 후예들은 김지장 스님의 육신을 보존하고 있는 육신보전(肉身寶殿)에서 신라의 차를 올려 김지장의 큰 가르침을 가슴에 담았다. 천 년 전과 마찬가지로 여전히 감미로운 차향이 느껴지는 듯했다.

05. 2천 년간 이어진
기림사 급수봉다 신앙

함월산(含月山) 기림사(祇林寺)에는 품천가(品泉家)들이 최고로 여기는 오종수(五種水)와 부처님께 차를 올리는 약사전(藥師殿) '헌다공양벽화(獻茶供養壁畵)'가 잘 보존되어 있으나 그간 단절의 역사로 인해 모든 것이 잊혀 왔다. 홍덕왕 3년(828) 대렴이 당나라에 사신으로 갔다가 차씨를 가져와 지리산에 심은 연대보다 109년 앞서서 김지장(교각) 스님이 중국 구화산에 신라의 차씨[金地茶]를 가져가 심은 기록이 있다. 당시 신라의 차문화가 기림사를 중심으로 융성한 것 기원년 전후 인도에서 전래된 정토불교사상과 더불어 급수봉다(汲水奉茶)의 차문화 유입이 기림사의 창건 역사이기에 가능했으리라 생각된다. 이는 한국 차문화 전래 시기를 2000년으로 증명하는 기록이다. 그간 기림사의 차 역사가 세월 속에 묻혀 있다가 지난 해 4월 6일 청명 날 경학의 명안조사이신 불국사 승가대학장 일해(一海) 덕민(德旻) 대강백(大講伯)께서 기림사 주지로 취임하시어 〈기림사 사적기〉를 열람하시니 그동안 묻혀 있던 기림사의 숨겨진 차사(茶史)를 세상에 드러내 놓으셨다.

스님께서 기림사에 오시던 날은 필자가 경주 남산 칠불암의 마애불 앞에 평화의 다례를 올리던 바로 그날이었다. 그렇게 기림사의 차문화의 대한 기록들이 세상에 드러났다. 스님께서 기림사 주지로 취임한 지 7개월 뒤 특별히 스님의 초청

약사전 벽화. 부처님께 차를 공양하는 진귀한 기록이다.

을 받고 기림사를 찾게 되면서 기림사 차사에 관한 이야기를 세상에 알려야겠다고 결심했다.

1. 오종수를 머금은 기림사의 차향(茶香)

3개월 전 기림사를 찾던 날 기림사의 부주지 운암(雲嵓) 스님께서 말차를 대접해 주셨다. 차선(茶禪)을 잡고 격불(擊拂)하는 솜씨가 예사롭지 않으니 숨은 차인(茶人)인 듯해 보였다. 조선시대에 끊어진 말차 문화를 일본의 말차에만 의존해 유지하는 요즈음 기림사에서 나는 찻잎을 적취(摘取)하여 직접 제다(製茶)한 말차를 점다(點茶)하여 주시니 뜻밖이었다.

차선으로 말차를 격불하는 광경을 보고 필자는 신기수가 《조선통신사 왕래》에 고려 시대 유행하던 말차 중심의 음다(飮茶) 풍습이 산차(散茶)의 음용으로 바뀐 것은 조선왕조 건국이 불교문화의 말살(抹殺)을 획책(劃策)하던 시기였다고 술회(述懷)한 바 있음을 상기(想起)했다.

덕민 대강백께서는 기림사의 말차 재현은 신라 말차의 재현이라고 말씀하셨다. 이런저런 다담이 오간 뒤 스님께선 〈기림사 사적기〉에 적힌 내용을 설명해 주었다. 기림사는 기원전 인도 광유 화상이 창건한 사찰로서 당시 인도의 정토 불교가 차의 문화와 함께 이 땅에 유입된 기록으로 기림사 창건 설화를 담은 《안락국태자경》이 있다고 설명해 주시고 도량에는 오백의 만다라가 만발하고 서방(西方) 계곡에는 차수(茶樹)가 번창하며 오방에 오종수의 명수(名水)가 있다는 내용을 펼쳐보여 주셨다. 당시 해양 강국 신라가 일찍이 해양실크로드를 통해 서역과 교역(交易)하며 우리의 생각보다 훨씬 글로벌한 국가였으리라 말씀하시며 그러한 흔적이 신라 문화 곳곳에 남아있다 하셨다. 게다가 기림사는 당시 인도 범마라국의 광유성인께서 신령스러운 거북이가 물을 마시는 형국 위에 임정사(林井寺)라는 이름으로 개산(開山)하시어 급수봉다와 급수양화(汲水養

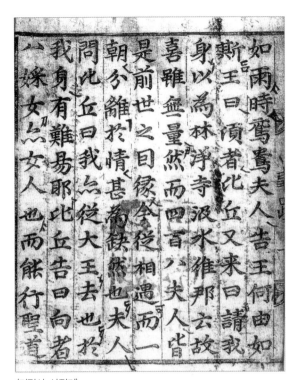

〈기림사 사적기〉
에 전하는 급수
봉다의 기록.
기림사는 한국
최고의 차의 성
지로 자리매김
되었다.

花)로 수행법을 삼고 원왕생(願往生)의 게송으로 수행하니 훗날 신라 향가의 정신적 뿌리가 되며 한국 최초의 차문화가 여실히 살아있는 보고(寶庫)라고 말씀하셨다.

더욱이 약사전의 헌다벽화(獻茶壁畵)는 국내 유일의 가장 오랜 헌다벽화로서 희유(稀有)한 가치를 지니고 있으며 기림사의 역사가 한국 차의 역사임을 피력(披瀝)했다.

2. 차(茶)의 성지로 깨어나는 기림사

2015년 4월 6일 기림사 주지로 취임하신 덕민 대강백께서는 불국총림율원, 불국금강학림 선포식 및 현판식을 봉행하였다. 스님께선 선포사에서 "월산 큰스님께서 진작하신 선풍의 씨앗을 기림사 도량에서 살리고 전통의 교육법이 시대의 대안"이라 밝히셨다. 기림사가 깨어나고 있는 데에는 주지스님의 차에 대한 철학이 한몫을 했다. 쌍계사 강주 시절부터 인연이 있던 필자는 스님을 뵐 때마다 스님의 남다른 차에 대한 철학을 느낄 때가 많았다. 언젠가 송나라 때 황산곡이 지었다는 〈정좌처다반향초(靜坐處茶半香初)〉를 추사가 언급하면서 회자하게 되었는데 그 뜻이 제대로 해석되지 않자 스님께서 그 뜻을 제대로 풀이해 준 바 있다.

"고요히 앉아 있는 곳에 차는 반잔을 먹었는데 향기는 처음과 같고, 미묘한 작

기림사에 조성
된 차밭

용이 일어날 때는 물이 흐르고 꽃이 피네"라고 풀이 하는데 나는 이렇게 생각해
요. 뒷구의 '수류(水流)'라는 말과 대구(對句)가 되려면 이렇게 해석하면 안 됩니
다. 여기서 '반(半)'이란 것은 반일창이란 공간을 이야기 합니다. 반나절 창문. 차
를 먹고 반나절이나 시간이 흐르도록 선방에 앉아 있는데, 그 충족된 삼매의 경
지는 처음이나 지금이나 똑 같다는 말입니다. 부처님께서 설산에 6년 고행한 그
모습이고, 달마 대사가 소림에 면벽한 바로 그 모습을 이렇게 표현한 것이죠.

반나절이 하루가 될 수 있고, 하루가 1년이 될 수 있고, 1년은 그저 법으
로 시작하며 삼아승지겁도 될 수 있지요. 시간과 공간을 뚫고 있는 것이 한
모습의 경계라는 것을 깨달아야 성불할 수 있지요. 묘용시수류화개는 곧 진
공의 진리가 현실에 묻어나올 때에는 물이 흐르고 꽃이 피듯이 그렇게 수행

又自日本駕祥鷁而来歸、抑豈非從無示有使之體

終而自達於離有無之全體歟、越明年七月之幾望、

忽遇焚輪一船漂奔於東洋之外、豈復卽有而示無

林、始役於仲秋訖功於孟冬、分載兩舩、回至蔚山房、

風征居外六年之丁丑秋七月由漢陽祇東京之祇

초의가 쓴 대둔산 대흥사 〈중조성천불기 (重造成千佛記)〉에는 초의 스님이 기림사에 와서 천불을 조성했다는 기록이 남아 있다.

을 해야 한다는 의미입니다. 다반향초의 뜻을 깨닫지 못하면 진정한 차도인(茶道人)이 될 수 없어요. 대부분 문장체로만 해석하기에 황산곡이 의도한 뜻을 제대로 풀어내지 못하는 것이지요."

이처럼 고전을 정확히 꿰뚫어볼 수 있는 스님의 안목에 놀라웠다. 기림사를 찾아올 때마다 우리 차를 사랑했던 매월당 김시습과 초의선사의 흔적이 살아있는데도 그것을 제대로 조명하지 않는 것이 안타까웠다. 그래서 필자는 2012년 5월 기림사 매월당 영당을 찾아 헌다 의식을 올리면서부터 기림사에 관한 관심을 갖게 되었다. 3개월 전 부주지 운암 스님과 기림사 경내를 걷다가 다시금 오종수(다섯 종류의 샘물)의 중요성을 깨닫게 되었다. 스님은 일제 때 장군이 태어날까 두려워 물길을 막아 버렸다는 장군수(將軍水)를 비롯한 명안수(明眼水), 화정수(華井水), 오탁수(烏啄水), 감로수(甘露水)의 자리를 일일이 확인시켜 주시며 오종수 복원의 중요성을 역설하셨다. 또한 기림사 내에 임정선농원(林井禪農園)를 설립하여

기림사에 남겨진 오종수. 웅진전 앞에 있는 삼층석탑 아래에 장로수가 흐르고 있다.

기림성차(祇林聖茶)를 재현하고 신라의 차문화가 국제적으로 선양되길 기획하고 계셨다. 주지스님의 뜻을 받들어 2017년 한국에서 열리게 될 제13차 세계선차문화교류대회 폐막식을 기림사에서 개최하여 세계 차인을 초대하는 백가(百家) 찻자리가 마련되도록 힘을 써 보이기로 했다.

3. 가장 오래된 헌다벽화

기림사의 차 유적 중 다섯 종류의 물맛인 오종수와 약사전내에 부처님께 차를 공양하는 벽화를 통해 기림사를 창건한 인도의 광유성인으로부터 헌다 공양 전통이 전해져 왔음을 추측해 볼 수 있다.

이 벽화는 모든 중생을 병고에서 구하고 깨달음으로 인도한다는 약사전 내에 있으며 1991년 9월 6일 경상북도 문화자료 252호로 지정되었다. 신라 선덕여왕 시기 원효 스님과 고려의 각유 스님, 조선의 매월당 김시습, 초의 스님, 근자에는 종단의 대강백이신 일해덕민 스님에 이르기까지 약사전에 차를 공양하여 그 맥이 오늘날까지 이어져 기림사의 차사를 빛내고 있다.

기림사 창건기에 의하면 급수봉다의 수행을 하는 사라수왕이 급수유나의 소임을 맡아 광유성인께 헌다하는 모습이라고 한다(좌측부터 사라수왕, 광유성인, 승열바라문).

광유성인의 기림사 창건은 기원전 후 인도의 정토신앙이 중국을 거치지 않고 해양실크로드를 통해 곧바로 전해졌음이 드러나고 있다.

당시 김해 지역에 인도의 아유타국의 허황옥과 장유 화상이 입성한 시기와 비근하다. 이능화의 《조선불교통사》에 허황옥이 백월산에 죽로차(竹露茶)를 심었다고 전해 온다. 허황옥과 김수로왕의 혼인은 많은 것을 시사한다. 북쪽을 머리삼아 바라보던 사대주의적 역사관에서 남쪽을 교두보로 삼아 세계와 교역하던 우리의 선조를 바르게 조명하여 우리의 문화사가 새롭게 정립되어야 할 시기이다.

4. 근대로 이어진 기림사 차맥의 부활

역사적으로 살펴볼 때 신라 경덕왕 때 충담 선사가 삼월 삼짇날 삼화령에 차를 공양했다. 그처럼 경주는 오래 전부터 신라의 차향이 묻어 있는 곳이기도 하다. 3년 전 기림사의 매월당 영당에 차를 공양한 것이 씨앗이 되어 묻혀 있던 기림사의 차사가 되살아나는 것 같다. 얼마나 많은 사람들이 다섯 가지 물맛인 오종수를 찾아 기림사에 와 닿았던가. 우리는 매월당 김시습의 영당에서 매월당의 초암차(草庵茶) 정신을 느낀다. 초암차는 울산 불일암과 용장사 그리고 기림사의 삼각 구도로 연결되어 뒷날 준장로(俊長老)를 통해 일본에 초암차가 전래된 계기가 되기도 했다.

기림사는 조선 후기 우리 차를 중흥시킨 초의의순 스님과도 인연이 있다. 초의 스님께서 기림사에 천불을 조성했던 역사적 기록이 남아 있으니 스님은 천불을 조성하고자 오종의 물을 길어 대적광전의 비로자나부처님께 조석(朝夕)으로 헌다 하였으리. 초의 스님과 매월당 같은 차인이 한국 최고의 차문화 성지 기림사와 인연 지음이 이 어찌 필연적 귀결이 아니겠는가.

대강백 덕민 스님께서는 기림사가 차의 성지로서 위상을 되찾기를 바라는 마음과 당신이 60년을 익혀 온 절집 전통의 원전 강독이 당대의 디지털 문화에 의해 쇠락해 감에 대한 안타까움을 담아 불전학림을 개설하시어 한국불교 전통의 강맥이 면면히 이어지길 염원하시며 지식의 홍수 속에서 원전을 통해 지혜를 체득하는 전통 교육법이 결코 뒤지지 않는 시대의 대안임을 강조하셨다.

첨앙(瞻仰)하는 우리가 어찌 기쁘지 아니하겠는가.

06. 신라인의 다풍

1. 견당사 대렴이 지리산에 차씨를 심다

신라 흥덕왕 때 대렴이 당에서 차종을 가져와 왕명으로 지리산에 심은 일이 우리나라 차문화의 시초였다. 대렴은 차종자를 지닌 채 닝보(寧波: 옛 밍저우) 항을 통해 한국의 최남단 전남 완도의 청해진으로 도착했을 가능성이 높다.

대렴이 가지고 온 차종(茶鍾)의 연원을 찾아내는 것이 주된 관심사였다. 차 연구가들은 쓰촨성(四川省) 몽정산(蒙頂山)과 저장성(浙江省) 천태산(天台山) 두 곳을 놓고 추측했는데, 1999년 5월 절강대 유학생 이은경(李恩京) 씨가 퉁치칭(童啓慶) 교수의 지도를 받아 〈생물유전학과 비교형태학을 통해 중국 천태산과 한국 지리산 차수(茶樹) 비교 연구〉라는 논문을 통해 대렴이 가져온 차종의 연원이 저장성 천태산 귀운동(歸云洞)임을 밝혀냈다.

사실 천태산 차의 전래에 대한 기록은 한국보다는 일본이 앞섰다. 729년 천태산에서 유학한 에이사이(米西) 선사가 차종을 일본으로 가져간 것은 일찍부터 학계에 공인된 사실이다. 중국 송나라로 유학한 에이사이 선사가 일본에 차씨를 전래하면서 천태산은 일본 차문화의 메카가 되면서, 한국 차와 연관성이 없다고 여겼다. 하지만 1990년대 말 이은경 저장대(浙江大) 유학생이 생물유전학적 분석으로 밝혀내면서 중국 천태산 귀운동의 차수는 한국에 전래된 시원지(始原地)로 여

흥덕왕릉. 흥덕왕은 사신으로 갔던 견당사 대렴에게 당나라로부터 차종을
가져오게 하여 지리산에 파종한 이후 한국의 차문화가 싹트게 되었다.

대렴이 사신으로 갔을 때 당으로부터 가져온 차씨의 근원지가 저장성 천태산 귀운동으로 밝혀졌다.

겨지게 되었다.

1999년 초, 항저우 저장대의 화가지(華家池) 캠퍼스에서 차학 박사과정을 이수 중이던 한 유학생의 끈질긴 노력으로 생각이 바뀌기 시작했다. 저장의 천태산 차와 지리산 차를 생물유전학적으로 연구한 결과, 놀랍게도 두 찻잎이 동일 품종임을 입증한 것이다. 이후 이은경 씨는 자신의 연구 결과를 한국과 일본의 학술토론회에서 동시에 발표했는데, 그때 한국 차 연구가로부터 질타를 받았다고 필자에게 고백했다. '당신이 연구한 것은 과학적인 접근 방식이지 역사와는 무관하다'라는 게 이유였다. 이후 이은경 씨는 차학 연구를 접었고, 다른 분야에서 활동하고 있다.

그러던 중 2006년 6월 초 필자는 천태산 화정봉(華頂峰) 귀운동 일대를 조사하다 한나라 때 갈현(葛玄) 선사가 심었다고 전해지는 차나무를 보고 화들짝 놀랐다.

귀운동에 이르며 중국 국제차문화연구회 왕지아양(王家陽) 회장의 갈현다포(葛玄茗圃) 돌비 뒷면 비문은 이렇게 시작한다.

갈현다포는 삼국(三國) 오(吳)나라 때 높은
덕을 갖춘 도사 갈현이 산에 머물면서 수련할
때 차를 심은 밭이다. 천태산 연화봉(蓮花峰)
남록(南麓) 귀운동 앞이다. 도처가 일 년 내내
운무에 덮여 있고, 안개가 짙어 수풀을 따라
운금(雲錦)에 덮이는 기간이 많은 그곳의 차
는 매우 훌륭하다. 역대 현자, 학사, 시인들이
많은 찬사를 보냈다. 시에서 '신선의 꽃송이가
찻그릇에 피어나네(仙葩發茗碗)', '안개 속 새
싹이 향룡지를 가득 마시네(霧芽吸盡香龍脂)'
라고 하였다. 수(隋)나라 때 고승 지자(智者)
대사가 연회에 꼭대기에 앉아 깨끗함을 지키

진감선사비에
기록된 '한명
(漢茗)'

며 차를 부처님에게 바치고 다선일미(茶禪一味)를 깊이 깨달았다. 해외에까
지 전해져 동쪽바다로 다도의 서막이 열렸다. '부처의 우로(雨露), 황제의 정
원, 신선의 술'이라고 찬양하였다. 귀운동 입구에는 차숲이 있는데 진화형 고
차수(古茶樹)에 속하고 갈현이 직접 심은 것이라 전해진다. 그는 선산(仙山)
천태(天台)에 남긴 유적이 많지만 이곳도 그중 하나다.

대렴이 당에서 가져온 차종의 원류를 추적하던 중 그 차가 천태산 차임을
밝혀낸 이은경 씨의 연구 성과를 떠올리며 역사는 끝없는 수레바퀴처럼 윤회
한다는 사실을 깨우치게 되었다.
다음 해인 2007년 7월 초 한국 차학의 등용문으로 알려진 저장대 차학과의 차
다분의 권위자 왕웨페이(王岳飛) 교수로부터 놀라운 말을 들었다. "한국차의 뿌리

경주 안압지에서 출토한 정언영다완(貞言榮茶碗)에 차(茶) 자가 새겨져 있다.

가 천태에 있습니다. 주목해 주십시오"라고 이야기한 것이다. 왕 교수는 천태현(天台縣)이 고향인 까닭에 천태현 창산의 유기농 차밭을 한국인이 경영하도록 주선했던 인물로 남달리 한국 차연(茶緣)에 애정이 깊다. 그뿐만 아니라 천태현 농업국의 차엽 연구가인 쑤리안 밍(許廉明)과 퉁치칭(童啓慶) 교수, 천태현의 차상(茶商) 모두가 한국차의 연원은 저장차(折江茶)로부터 시작되었다고 말한다.

2. 선종차의 전래

차가 중국을 거쳐 한국과 일본으로 세력을 넓혀갔다는 주장이 일반적인 시각이다. 우리 차를 말할 때 천 년의 역사를 지녔다고 자랑한다. 그러나 정작 차의 연원을 대라고 하면 신라 흥덕왕 때 대렴이 사신으로 중국에 가서 갖고 온 차씨를 지리산 자락에 심은 이후 차문화가 크게 발전되었다고 말한다. 그 밖에 최치원의 《진감국사비명(眞監國師碑銘)》 '한명(漢茗: 한나라 차)' 정도를 언급한다. 한국의 차문화를 회고해 보면 천 년의 역사에 비해 자료가 빈약한 것이 현실이다. 그런데 신라 말 입당 구법승이 대거 귀국하여 구산선문을 개창(開倉)하고 조사들로부터

신라 흥덕왕 때 대렴의 차씨가 지리산에 파종된 이후 차문화가 형성되었다.

차(茶)와 선(禪)을 전파하면서 신라에 차문화가 널리 퍼졌다.

중국의 차인을 만날 때마다 "차나 한 잔 마시러 갑시다"라고 인사한다. 그 원류 (原流)는 조주의 끽다거로부터 시작된다. 중국 다도의 조정이 되어버린 백림선사 (柏林禅寺)는 조주선사와 법형제간인 신라의 철감선사와는 인연이 깊다.

불교춘추사는 2001년 10월 21일 옛 조주 관음원인 백림선사에 조주선사 기념 비를 세워 일본보다 먼저 조주차의 정신을 잇는 발판을 마련했다. 제막식날 징후 이(淨慧) 스님은 다음과 같이 피력했다.

"한국과 중국은 한 뿌리이니 여기부터 한집안이며 선종과 법맥 또한 서로 전함 이로다(韓中連體 千古休戚 禪風與共 法脈相襲)."

징후이 스님은 조주선사 기념비 제막식에 한국과 중국의 선맥을 두고 무상의 법맥이 마조(馬祖)로 이어졌고 마조 선맥은 중국에 입당한 구산선문의 조사로 이 어졌다고 분명하게 밝혔다. 천 년이 지난 지금, 일본보다 먼저 우리의 전통 차맥을 조주 백림선사에 복원하게 된 것은 상징적 의미가 크다. 허베이성(河北省) 자오현 (趙縣) 백림선사에 〈조주고불선차 기념비〉가 건립되면서 일본류 중심에 있던 다선 의 정통을 한국류로 뒤바꾸는 계기가 되었다.

한국 선종과 중국 선차(禪茶)의 관계는 당대(唐代) 중국 초기 선종사에 있어서 일가를 이룬 정중종(淨衆宗)의 개조 무상선사(無相禪師)로부터 시작하여 철감도 윤, 범일(梵日), 혜철(蕙哲), 홍척(洪陟) 등 구산선문의 조사들이 선맥뿐 아니라 차 맥(茶脈)까지 이어 왔고 신라 왕자 출신의 고승 지장법사는 중국으로 건너가 지장 불차의 명성을 이었다.

송대(宋代)로 접어들어 의천대각(義天大覺) 국사가 송나라로 가서 그곳에서 유 행했던 다풍(茶風)을 고려로 들여왔다. 이때 고려에서 유행했던 뇌원차(腦原茶) 를 송나라로 수출했고 송나라 왕실 어전차(御前茶)인 용봉단차(龍鳳團茶)를 고려 로 수입하는 등 활발한 교류가 이루어졌다. 이어 원대로 접어들면서 원대의 임제 종을 크게 떨친 석옥청공(石屋淸珙, 1272~1352) 선사로부터 태고보우(太古普愚,

1301~1382) 선사가 들어가 임제의 선맥뿐 아니라 차맥까지 이어 오기에 이른다.

3. 신라인의 다풍

한국인들은 예부터 차를 탕환고(湯丸膏)처럼 마셔왔는데 이는 잘못된 관습이라고 다산 정약용(茶山 丁若鏞, 1762~1836)은 《아언각비(雅言覺非)》에서 지적하고 있다.

'우리나라 사람들은 다(茶) 자를 탕환고처럼 마시는 것으로 인식하여 무릇 약물을 단조롭게 달이는 것은 이를 다(茶, 차)라고 말하여 강다(薑茶, 생강차), 귤피다(橘皮茶, 귤차), 모과다(木果茶, 모과차), 상지다(桑枝茶, 뽕차), 송절다(松節茶, 송지차), 오과다(五果茶, 오과차)라고 하여 관습적으로 항상 쓰는 말로 삼는데, 이는 잘못이다.'

커피나 쌍화차, 율무차 등을 차라고 부르는데 이는 음료로 불러야지 차에 포함되어서는 안 된다. 찻잎이 들어가지 않는 것은 차로 볼 수 없다고 다산은 말했다.

육우(陸羽)가 《다경(茶經)》을 저술하면서 사람들은 갖가지 궁리를 하기 시작했다. 서한 말 왕포(王褒)의 화양국지(華陽國志)에 차를 끓이고 다구를 씻는 대목이 나오는데 이때부터 팽다(烹茶)의 기나긴 역사가 시작되었을 것으로 추측한다.

신라인들은 찻잎을 가루 내어 마시는 옥차법(沃茶法)을 즐겼다. 진감선사비(眞鑑禪師碑)에 누가 호향(胡香)을 보내오면 잿불에 올려놓고 환을 만들지 않고 불살랐다고 하였다. '나는 이것이 무슨 냄새인지 잘 모른다. 다만 마음만 경건히 할 뿐이다.'

또 누군가 한나라 차를 진공(進供)하는 이가 있으며 땔나무로 돌가마솥에 불을 지피고 가루로 만들지 않고 끓이면서 말하였다. '나는 이 맛이 어떤 맛인지 분별하지 못한다. 다만 뱃속을 적실 뿐이다.' 신라인들은 차 가루를 솥에 넣고 끓여 마시는 자다법(煮茶法) 점다(點茶)를 동시에 사용한 것으로 보인다.

차를 두 손으로 받들었다는 의미의 '다향수'라는
글씨를 《성주사 사적기》에서 찾을 수 있다.

차가 중국에서 도입되었듯 당나라 시기 유행한 옥차법 또한 신라 시대에 그대로 활용했음을 알 수 있다. 16탕품(十六湯品)에 "오직 찻가루에 끓인 물을 부어 마시는 방법을 말한다. 차를 마시는 사람들에게도 법도가 있는데 오직 탕병의 주구(注口)에서 흘러나오는 물줄기의 강약과 완급을 팔의 힘으로써 조절해가며 마시는 것을 말한다"라고 했다.

위와 같이 신라인들은 찻잎을 가루 내어 마시는 음차법이 널리 유행했으며 토산차(土産茶)와 중국 차를 마신 듯하다.

신라 사람들은 부처에게 다가가서 헌다를 올렸다. 충담 선사가 삼월 삼짇날 끽다용 앵통을 짊어지고 미륵보살에게 차를 공양한 것은 신라 차문화의 극치를 보여주는 대목이다. 신라의 음다 발전은 사원에서 기원해 승려들에게 퍼지며 널리 전해졌다. 특히 입당구법승이 대거 귀국하여 구산선문을 개창해 차와 선을 이끌어갔다.

김립지(金立之)가 저술한 《성주사 사적기(聖住寺事蹟記)》에 '차향수(茶香手)'가 나온다. 풀이해 보면 성주사 낙성법회가 성대히 열릴 때 차와 향을 두 손으로 높이 받들었다는 기록이다. 이 같은 내용은 신라 차문화의 전성기를 말해준다. 그뿐만 아니라 고운 최치원(崔致遠)이 쓴 '낭혜화상비문(郎慧和尚碑文)'에 나오는 '명발(茗馞)'도 풀이해 보면 향(香)과 차를 올렸음을 의미한다. 김립지가 쓴 성주사 사적기와 일치하는 부분이다. 《백장청규(百丈淸規)》에도 점다 탕법이 나오는데 신라 때에는 전다법(煎茶法)보다 점다법(點茶法)이 유행했다는 것을 알 수 있다.

07. 고려 시대의 차문화

태조 왕건(太祖 王建)이 건국(918
년)한 고려에 의해 신라의 차문화가
계승·발전되었다고 해도 과언이 아니
다. 왕건은 도선(道詵) 국사의 풍수지리설에
근거해 훈요 10조(訓要十條)를 발표했듯이 선종 구
산선문과도 밀접한 연관을 맺고 있다. 또한 고려 시대
에는 차를 관장하는 다촌(茶村)과 다방(茶房)이 있었다.
문일평의 〈다고사(茶故事)〉에서는 고려 시대의 다풍을 다음과 같이 말한다.

고려청자
상감국화문 탁잔

　다촌은 사원(寺院)에 공급하는 차를 가꾸던 촌락이었음에 대하여 다방은
궁정에 공급하는 차를 차지하던 관사(官司)이었다.
　물론 다방이 그 자체의 성질상 차 이외에 주과(酒果) 같은 것도 맡았겠다.
궁중에 큰 연회가 있을 때 다주(茶酒)와 다과(茶果)를 차려놓는 것은 이 다방
의 임무이었다.

고려 때에는 팔관회(八關會), 연등회(燃燈會) 등과 진다의식(進茶儀式)이 있었
으며, 국왕이 차와 향을 내려 공덕을 쌓았다. 왕자 책봉식에도 반드시 차가 등장

다이도쿠지(大德寺)에 있는
일본 중요문화재 〈오백나한도〉. 그림에는
동자가 노승에게 차를 올리고 있다.

했다. 또 차를 전문적으로 관장했던 다방과 다촌은 고려 시대의 차문화가 얼마나 화려했는지를 보여준다.

이런 풍속은 오래 가지 않았다. 고려가 조선으로 개국하면서 말차 중심에서 잎차 중심 차문화로 바뀌었고, 화려했던 차문화가 쇠퇴하기 시작한 것이다.

한편 고려 차문화는 가야, 백제, 고려, 조선과 근대로 이어지는 한국 차문화의 부흥에 그 틀을 마련했다.

1. 왜 고려차인가

우리 차문화사에 화려하게 꽃피었던 고려 차문화의 다례 복원은 700년간 단절되었던 우리 차문화의 회복이다. 지금도 일본에서 행해지는 건인사(建仁寺)의 사두다례(四頭茶禮)와 국내에서 행해지던 각종 고려차 행다례가 그 예이다. 이런 시도가 고려차를 이해하는 데 좋은 선례가 되길 기대한다.

2004년 봄, 타이베이(台北市)에서 만난 다선 반연구 선생에게 들은 이야기는 충격적이었다. 타이베이 사회에 말차로 차를 우려 마시는 차인은 자신뿐이라는 것이다. 타이완에서 말차를 잊고 있으나, 한국 차회에 말차 행다례는 빠지지 않고 등장한다. 우리 차계에서 말차도는 격조 높은 다도로 알려져 있다.

고려 시대는 찻잎을 가루로 내어 마시는 문화였다. 원행 스님은 "많은 사람이 가루차는 일본차라는 고정 관념이 있는데 가루차는 일본 차이기 이전에 한·중·일 삼국이 공통으로 가지고 있었던 차문화다"라고 말했다. 말차 부흥을 위한 우리 차계의 눈물겨운 노력도 간과해서는 안 될 일이다. 말차가 차의 격을 높여주는 차문화로 자리한 것은 1980년대 말 한국에서 말차를 본격적으로 생산하기 시작하면서부터이다.

2. 고려 시대의 다풍

신라의 차문화가 귀족과 승려들에 의해 계승·발전되었다면, 고려 시대의 음다풍(飲茶風)은 귀족 및 일반 백성들까지 모두가 차를 즐기는 문화였다. 고려 때에는 차를 다루는 관청인 다방과 차를 재배하는 다소촌(茶所村), 백성을 위한 다점(茶店)이 성행했다.

이처럼 고려 시대는 차문화의 르네상스라고 해도 과언이 아니다. 연등회와 팔관회 때 진다 예식이 빠지지 않은 것도 그만큼 고려 시대에 차가 성행하였다는 증거다. 진다란 주과식선(酒果食膳)을 올리기 전에 임금께서 먼저 차를 명하시면 시신(侍臣)이 곧 차를 올리는 것을 말한다. 이때 접례관이 전(殿)을 향하여 잡수십사하고 권한다. 이때 임금께서는 반드시 태자(太子) 이하 시신에게 차를 하사하심이 정례가 되었다.

차가 성행할 당시 사원에는 물(水)과 차(茶)에 밝은 승려도 있었다. 이규보의 시(詩)에서 '노승들 일도 많다오. 차와 물맛을 평하려 하니'라는 구절이 이를 말해준다. 특히 고승이 입적하면 임금이 그 덕을 기리면서 차와 향을 내려 위로했다는 기록이 금석문(金石文) 도처에 나온 것을 보아 당시 차문화가 적지 않은 영향을 끼쳤을 것으로 보인다.

또한 고려청자의 발달과 송의 천목다완(天目茶宛) 등장, 고려 문종(文宗)의 아들인 대각국사(大覺國師) 의천(義天)을 통해 송나라와 고려의 차문화 교류가 활발하게 이루어진다. 송은 용봉(龍鳳)단차를 수입했고 고려는 뇌원차(腦原茶)를 송나라로 수출하는데 그 산파역을 했던 의천 대각국사에게 요나라 황제가 제자의 인연을 맺었던 사실이 밝혀졌다. 경기도 풍덕군 덕적산 흥왕사 터에서 발견된 〈대각국사 묘지명〉에는 이런 말이 있다. '요나라 천우황제가 재자 경책과 차향과 급백 등을 보내와 국사와 스승과 제자의 인연을 맺었다.'

송(宋)나라 휘종(徽宗)의 《대관다론(大觀茶論)》에서 용단용병은 천하에 으뜸간다고 칭송할 정도였다. 서긍(徐兢, 1091~1153)이 남긴 《선화봉사 고려도경(宣和奉使 高麗圖經)》이라는 책의 〈차조(茶組)〉편에 '토산차는 맛이 쓰고 떫어 입에 넣을 수 없다'고 고려차를 폄하한 글이 실려 있다. 또 그는 고려인은 오직 중국의 납차(臘茶)와 용봉사단을 귀하게 여겨 송나라에서 구입하는 사람이 많다고 기록했다. 그 차가 의천을 통해 고려에 성행했으니 의천은 고려 차문화 부흥에 산파역을 했음이 분명하다. 그의 스승에게 차를 준 것에 대한 화답의 시가 다음과 같다.

북쪽 동산에서 새로 말린 차	北苑移新焙
동림에 계신 스님에서 선물했네	東林贈進僧
한가히 차 달일 날을 미리 알고	預知閑煮日
찬 얼음 깨고 샘 줄기 찾네	泉脈冷高永

의천은 송나라 황실로부터 극진한 예우를 받은 뒤 송에서 유학을 마치고 귀국해 고려에 천태종을 부활시키고 선과 천태사상의 진리 속에 다선삼매의 정신세계를 연다. 이처럼 의천은 송나라와의 차문화 교류에 상당한 영향을 끼쳤다.

고려 인종(仁宗) 원년(1123)에 송나라 사적단으로 고려에 왔던 그는 다시 나가 다구를 적어 놓았는데 '근래에 고려인들은 차 마시기를 기뻐하며 더욱 다구를 다스려 금화오잔(황금의 검은 잔)과 비색소구(靑磁茶碗)와 은로(銀爐)와 물 끓이는 소부가 모두 중국제를 본떴다'라고 하였다. 비색소구와 금화오잔 등의 다구 발달이 고려자기 발달에 촉진제가 된 것으로 보인다. 고려청자의 탄생이 고려차 문화의 발달에 기인했음을 알 수 있다.

3. 고려인의 음다문화

고려 시대의 음차는 신라 시대보다 한층 발전되었다. 음차와 뇌원차, 어린싹을 채취하여 만든 조아차 등이 고려 시대에 유행했다. 특히 고려 시대 차문화는 왕실과 승려 문인을 중심으로 발전되었다. 궁중에서 중요한 의식이 있을 때마다 차를 마시는 진다의식이 행해졌고, 외국의 사신 앞에 차를 예술로 이용하기도 했으며 궁중 연회마다 차가 빠지지 않았다.

고려 시대는 불교를 숭상하면서 차의 전성기를 맞이했다. 고려 차문화를 살펴볼 때 송나라에 유학한 문종의 아들 대각국사 의천을 빼놓을 수 없다. 의천을 통해 송나라의 단차가 고려로 수입되었고 고려의 뇌원차는 송으로 수출되었다. 고려 정종 연간엔 뇌원차를 거란에 예물로 보내고 성종 때에는 최승로의 부의에 사용된 사실이 《고려사(高麗史)》에 전한다.

성종(性宗) 8년에 (최승로가) 죽으니 나이 63살이었다. 왕은 몹시 슬퍼하고 하교하여 그의 공과 덕을 표창하고, 태사(太師)를 추증(追贈)했으며, 베 1천 필, 밀가루 300석(碩), 멥쌀 500석, 유향(乳香) 100근, 뇌원차 200각(角), 대차(大茶) 10근을 부조했다.

고려 정종 연간(926)에 발해를 멸망시키고 요(僚)나라를 세운 거란에 정종

(923~949)이 예물로 뇌원차를 보내기도 했고, 요의 천우(天佑) 황제는 의천을 차의 스승으로 받들었으니 둘 사이가 차로 이어진 예사롭지 않은 인연이었던 셈이다. 요나라와 송에 수출되었던 뇌원차가 후난흑차 중의 복전차와 혈연관계가 있음을 밝히는 과제 또한 뇌원차의 비밀을 푸는 열쇠이기도 하다. 송은 뇌원차를, 고려는 용봉차(龍鳳茶)를 선호했다는 것은 흥미로운 사실이 아닐 수 없다.

송나라 시기 유행한 점다법은 고려에도 전해졌다. 고려 때 음다 풍습이 성행함에 따라 온갖 다구들이 만들었는데 특히 고려인들이 사용한 비색소구와 금화오잔(金花烏盞) 등은 고려자기의 발전에 촉진제가 되었다. 또한 송나라에서 만든 하늘의 별빛이 담긴 천목다완 등이 일본으로까지 전해지면서 송나라 다도의 극치를 이루었다.

이규보(李奎報)의 시 〈사인증다마(謝人贈茶磨)〉에서도 송나라와 고려의 활발한 차문화를 살필 수가 있다.

돌을 쪼아 둥글게 바퀴를 만들어 가지고,   琢石作弧輪
수고로이 한 팔로 돌린다.   廻旋煩一臂

점다법은 송과 고려에서 활발하게 꽃을 피웠다. 일본의 유학승이 경산다연(經山茶演)을 가지고 일본으로 건너갔다. 송대 점다는 일본의 말차 문화로 발전했다.

4. 《고려도경》에서 보는 고려의 차 문화

고려에 대한 사료는 그리 많지 않다. 《고려사》와 《고려사절요(高麗史節要)》, 《동국통감(東國通鑑)》이 가장 기본이다. 여기에 《고려도경(高麗圖經)》은 고려의 차문화를 알려주는 가장 중요한 자료다. 정확한 책이름은 《선화봉사고려도경(宣和奉使高麗圖經)》이다.

《고려도경》은 1123년 선화 5년 고려 인종 원년에 고려를 방문한 송나라 사신 서긍(徐兢)이 기록한 고려국 견문기다. 그는 정사(正使)나 부사(副使) 혹은 서장관 (書狀官)이 아니라 선예물관(船禮物官)이었으나 자세한 고려견문기를 기록하여 황제에게 바쳤다. 송 황제 휘종(徽宗)은 고려국왕 예종(睿宗)이 세상을 떠나자 전례에 따라 조위사절을 보냈다. 서긍은 고려에 머문 한 달 동안 고려를 상세히 살펴보고 간결한 문체로 요점을 추려 모두 40권으로 만들어 선화 6년 황제에게 보고했다.

고려의 차문화는 이《고려도경》제32권 기명(器皿)3 다조(茶俎)에서 대략적으로나마 살펴볼 수 있다.

토산차는 맛이 쓰고 떫어 입에 넣기가 어렵다. 오직 귀하게 여기는 것은 중국 납차와 용봉사단이다. 하사받은 차로부터 상인들이 파는 것도 있다. 근래에 음차를 즐기는 일이 빈번하고 다구(茶具)도 잘 갖추었다. 금화오잔, 비색소구, 은화탕정 모두 몰래 중국제도를 따랐다. 연회가 열리면 뜰 가운데서 차를 끓여서 은하로 덮어 서서히 나아가 '차를 두루 드십시오'라고 말한다. 아직까지 냉차를 마시지 않은 적이 없다. 관중에는 홍사(紅紗)에다 다구를 진열하고 홍사포를 덮고 하루에 세 번 공다(供茶)를 맛보며 즉 탕으로 계속된다. 고려인은 탕을 약으로 삼는다. 사행온 이가 다 마시는 것을 보고는 기뻐하고 혹 다 마시지 못하면 나를 업수이 여기며 반드시 원망하며 가는 까닭에 늘 노력해서 마시도록 했다. (土産茶, 味苦澀不可入口. 惟貴中國臘茶幷龍鳳賜團. 自錫賚之外 商賈亦通販 故邇來頗喜飮茶. 益治茶具 金花烏盞 翡色小甌 銀爐湯鼎 皆窃效中國制度. 凡宴則烹於庭中 覆以銀荷 徐步而進 候贊者云 茶遍乃得飮 未嘗不飮冷茶矣 館中以紅俎布列茶具於其中 而以紅紗巾羃之 日嘗三供茶而繼之以湯 麗人謂湯爲藥 每見使人飮盡必喜 或不能盡以爲慢已 必快快而去 故常勉强爲之啜也)

서긍이 쓴 《고려도경》에
차에 대한 기록이 많이 전한다.

짧은 글이지만 이를 통해 우리는 고려의 차와 고려인의 차생활 모습을 대강 엿볼 수 있다. 첫째로 알 수 있는 것은 고려에는 토산차가 있었고 중국차 선호 풍조도 있었다는 점이다. 서긍은 고려의 토산차가 맛이 쓰고 떫어서 입에 넣을 수 없었다, 폄하하고 대신 고려인들이 중국의 납차와 용봉사단을 귀하게 여긴다며 송 조정의 하사품뿐만 아니라 상거래 되는 실상을 지적하기도 한다. 둘째로 서긍은 이 시대에 고려는 음다를 즐기는 일이 빈번하고 다구를 잘 갖추기도 했는데 이는 중국 제도를 도용한 것이라 보았다. 셋째는 연회 중에 음다 절차가 매우 엄격하다는 점이다. 마당에서 차를 끓여 연꽃 모양의 은판으로 덮어 좌중에 전부 돌린 후에 마신다든가 홍조에 다구를 포열 한다거나 붉은 천으로 덮개를 삼아야 하고 매일 세 번 공다를 맛보아야 한다. 붉은 천으로 다구를 덮는 절차는 오늘날 일본 다도에서 엿볼 수 있다. 넷째는 탕을 약으로 보아 객이 남기지 않아야 좋아했다고 한다. 그들의 독특한 음다 관습이 돋보인다.

하지만 고려인들이 중국의 납차나 용봉사단을 귀히 여기는 것과는 별개로 고려의 토산차 역시 좋아했다는 점을 간과할 수 없다. 《고려사》를 보면 고려의 토산차가 '뇌원차'로 명명되어 있다. 왜 그렇게 이름이 붙었는지 현재로서는 알 수 없지만 차의 골수, 즉 핵심을 뜻하는 것이 아닌가 추론한다. 향을 넣어서 만든 송대의 중국차에 비해 고려차는 아무것도 섞지 않은 순수한 차라는 의미를 부각해서 '뇌원차'가 되었다는 해석도 있다.

김파망(金巴望)은 고려의 뇌원차가 조선왕조 시대에는 '작설차(雀舌茶)'라고 불린 상급차가 된 것으로 보고 있다. 작설차가 바로 뇌원차의 다른 이름일 수 있다는 것이다.

또 서긍이 고려차를 쓰고 떫다고 평가 절하했지만, 이는 단지 고려차와 송나라 차의 제조상의 차이를 반영한 것에 불과한 것이라는 해석도 나온다. 중국 푸젠(福建) 건안(建安)에서 나오는 납차는 납면차(臘面茶)로도 불리는데 차를 떡처럼 굳혀 그 표면에 납유(臘油)를 바른 것이다. 또 황족용 차인 용봉차나 황제가 하사한 사단(賜團) 등이 모두 송대 말차법(沫茶法) 곧 점차로 유명한 차인데 이것을 고려인들이 좋아했다. 고려에 점차법 곧 말차법이 풍미(風靡)한 이유이기도 했다. 하지만 고려인들은 당시에 필경 토산차인 뇌원차의 가치를 간과하지 않았다고 하겠다.

고려인들에게는 음다가 단순한 기호(嗜好)만이 아니라 중요한 예의요 의례(儀禮)였다. 이는 국제 관계의 외교적 관례이기도 했지만, 국내에서는 인간관계의 중요한 절차이기도 했다. 중국 통일 후 송은 이웃 나라들과 외교 관계를 맺으면서 반드시 용봉차를 주었다. 중국 역사에서 이렇게 황제가 외국 왕에게 차를 하사한 예는 송이 처음이었다. 그 때문에 고려 역시 송의 사자가 오면 차를 내어서 점다하여 대접했다. 다구가 다양하게 준비되어야 했고 고려의 비색자기(翡色磁器)가 발전하는 계기도 되었다. 고려에서는 다른 사람에게 차를 권하는 것이 예의 상도라는 의미가 커서 주인은 손님에게 차를 권해 모두 마시면 기뻐하고 남기면 호의를 무시하는 행동으로 인식하는 것이 정착되었을 정도이다. 차의 작법과 관습이 예의에 기반을 두게 된 근본적인 이유이기도 하다.

고려시대에 유행한 정병

08. 조선왕조의 건국과 고려차의 부활

100년 전까지만 해도 조선은 바깥 세계에서 봤을 때 철저하게 감추어진 은둔의 나라였다. 서양인들의 뇌리에는 판문점이나 북조선과 남조선 정도로 기억되었다. 그러나 한류(韓流) 덕택에 이성계(李成桂)가 없애버린 한국의 옛 이름, 고려가 다시 떠오르게 되었다.

예로부터 한국인을 백의민족이라고 했다. 하얀 옷을 입고 물 한 그릇을 떠 놓고 치성을 드리는 할머니를 보아 왔다. 이성계는 그런 모습을 보고 백자의 혼을 불러 일으켜 역성혁명(易姓革命)을 이룬 뒤 조선을 개국하기에 이르렀다. 그런데 500년이 지나서 한류 다도에 의해 고려라는 옛 이름이 되살아난 연유는 무엇일까.

1. 이성계 발원사리함에 담긴 역성혁명

1932년 10월이었다. 희양군청 직원들이 내금강 주민들과 산불 방지를 위해 방화선 개척 공사를 하던 중 금강산 월출봉 아래에서 사리함(舍利函)을 발견했다. 사리함에는 월출봉 아래에서 태조 이성계가 역성혁명의 성공을 기원했던 발원문이 담겨 있었다. 그 글을 살피기 전 이성계가 역성혁명을 꿈꾼 배경을 살펴보자. 《설봉산 석왕사기(雪峰山 釋王寺記)》에 따르면 이성계가 왕이 될 것을 예견하였다.

고려 우왕(禑王) 10년(1384) 무학(無學) 대사가 설봉산 석왕사 토굴에서 은거하고 있을 때였다. 이성계는 전북 사람으로 함경도 학성 지방에 살았다. 당시 청년이던 이성계는 어느 날 이상한 꿈을 꾸었다. 꿈이 하도 신기해 이웃에 사는 노파를 찾아가 해몽을 부탁했더니 그 노파는 정중히 사양하며 설봉산 토굴에 사는 어느 별난 스님을 소개했다. 그가 바로 무학 대사였다. 이성계는 허름한 복장을 하고 설봉산 토굴로 무학 대사를 찾아가 엎드려 절하며 물었다.

조선을 건국한
태조 이성계

"풀집에 사는 진세의 사람으로서 의심나는 것이 있어 왔습니다. 자비를 베풀어 주옵소서."

"무슨 일입니까?"

"지난밤에 꿈을 꾸었는데 1만 집에서 닭이 우는 것을 보았고 또한 1천 집의 방아 찧는 소리를 들었으며 또 꽃이 떨어짐을 보았고 거울이 깨어지는 것을 보았으며 또 이 몸이 불타는 집에 들어가서 서까래 셋을 짊어지고 나왔습니다. 이러한 꿈들은 장차 어떠한 징험이 있겠습니까?"

무학 대사는 얼굴을 고치며 말했다.

"이 꿈은 장차 임금이 될 좋은 꿈입니다. 보통 꿈이 아닙니다. 공의 얼굴에 가득히 임금의 귀상이 있습니다. 그러나 오늘의 일은 감추어서 말하지 마십시오. 발설을 하면 역적으로 몰릴 것입니다. 이 일을 위해 이곳에 절을 지으시어 절 이름을 석왕사(釋王寺)로 하시고 또 불교의 아라한(阿羅漢)이 매우 영험하니 하루 한 분씩 모시어 치성을 드려 영험을 보십시오."

강원도 양주
지역에서 만
든 백자다완

"스님의 가르침대로 하겠습니다."

태조는 무학 대사의 뜻을 받들어
석왕사를 지었고 3년 안에 오백 아라
한(五百阿羅漢)을 조성했다.

그 뒤였다. 고려 우왕 14년(1388)이
되던 해 장군으로 임명된 이성계는 요
동 땅을 정벌하라는 명을 받았다. 이
후 넉 달째에 접어든 어느 날 드디어
이성계는 군사를 이끌고 의주에 도착

했다. 그리고 다음 달 압록강을 건너 위화도에 도착했다. 위화도에 이른 이성계는
넓은 중원 땅을 바라보면서 중국과 같은 거대한 땅을 선제공격한다는 것은 사리
에 맞지 않는다고 생각해 군사를 이끌고 다시 고려로 회군했다. 그리고 최영 장군
을 추방하고 우왕을 폐하여 창왕을 즉위시킨 뒤 곧바로 역성혁명을 일으켜 임신
년(홍무제 25년, 1392년) 왕위에 올랐다.

왕위에 오르기 직전 이성계는 지지자들과 함께 역성혁명의 성공을 기원하는 발
원문을 새겼다. 1932년 10월 그 발원문이 발견되지 않았더라면 이성계가 불력(佛
力)에 힘입어 역성혁명을 이룩하게 된 내력은 까마득히 잊었을 것이다. 발원문에
는 '신미년(1381) 4월 이성계와 일만 명은 미륵님께서 중생구제를 위해 내려와 주
시길 기원하며 깊은 계곡에 함께 그릇을 만들어 금강산에 소중히 봉안하면서 발
원하나니 이 소원의 확고함은 불조(佛祖)가 증명할 것이다'라고 적혀 있다. 즉 역
성혁명의 성공을 기원하는 발원문이었다. 이성계가 발원했을 때 만 명을 운집하
게 한 내력은 《설봉산 석왕사기》의 이성계의 꿈해몽과 연관이 있다.

발원문을 담은 그 백자는 강원도 양구의 방산사기장(方山砂器匠) 심의(沈意)가
만든 것으로 밝혀졌다.

백자를 통해 역성혁명을 꿈꾼 이성계의 사리함은 2009년 국립춘천박물관의 특별전시공간에서 행해진 〈강원으로 돌아온 태조 이성계의 염원 - 이성계 발원 사리구〉 특별전을 통해 전격 공개되어 비상한 관심을 끌었다.

게다가 2008년 양구 방산자기 가마터를 발굴 조사하는 등 이성계의 발원이 담긴 백자의 중심이 양구라

고려시대 유행한 점다도 중 말차도

는 데에 강한 자부심을 느낀 강원도는 그 정신을 잇고자 방산자기 가마터를 복원하는 등 발 빠른 움직임을 보이고 있다.

2. 조선 시대에 말차가 사라진 까닭

이성계는 역성혁명을 일으킨 뒤 국호를 조선으로 개칭하고 고려의 풍속을 없애 버렸다. 특히 혁명을 위해 이성계는 황산벌 전투에서 대승을 거둔 여세를 몰아 역성혁명을 일으킨 은혜의 땅 남원 운봉에서 유행하고 있던 고려의 명차인 유차(孺茶)를 과감하게 버렸고, 한양으로 천도한 뒤에는 고려에서 유행한 단차까지 과감히 버렸다. 명나라와 밀월 관계에 있던 조선으로서는 1368년 명나라를 건국한 주원장의 비위를 거스를 필요가 없다는 데서 나온 행동으로 보인다.

주원장은 백성의 고통을 덜어 주기 위해 찻잎을 가루 내어 마시는 덩이차에서 잎차로 바꾸었다. 그 시기 송나라에서 유행하던 천목다완 또한 음다의 변화와 더불어 자사호(紫沙壺)로 바뀌었다.

불덕(佛德)에 힘입어 건국한 조선은 건국이념을 유교로 함으로써 불교와 인연이

깊은 차문화 또한 자연스럽게 쇠퇴기를 맞았다. 문일평의 《다고사》에도 '조선 중엽 이후가 되면 민속(民俗)과 물명(物名)으로만 전할 뿐 차라는 것은 자취를 감추어 버렸다'고 언급되어 있다.

고려 때에는 송대 유행한 용봉사단을 중히 여길 정도로 송과 긴밀한 차문화 교류가 이루어졌고 차를 전문적으로 만들던 다촌과 다방이 있었으며 연등회나 팔관회 때 진다 예식이 행하여지는 등 차 행사가 국가적으로 중요한 행사였다. 그러나 이성계는 백성들의 동요를 막고자 고려 때 유행하던 차문화를 먼저 차단해 버렸다. 그 중요한 단서는 신기수(辛基秀)에도 시대 260년의 평화와 우의를 상징하는 《조선통신사왕래(朝鮮通信使往來)》에도 드러나 있다.

이성계는 1392년 조선을 건국한 이후 고려에서 유행한 말차를 금지하고 찻잎을 우려 마시는 잎차로 바꾸었다. 이는 이성계의 정치 노선과 연결된다. 조선 땅에서 없어진 말차가 일본 다도에서는 주류가 되어 버렸다.

이에 대해 우라센케의 종장인 센 겐시쓰는 "한국의 차문화는 전차입니다. 전차는 찻종에 물을 부어 찻잎을 우려 마시는 것입니다. 그것은 다도에서 말하는 차가 아닙니다. 오직 다도는 말차여야만 합니다"라고 기회 있을 때마다 말한다.

일본인들은 일본 다도만 말차를 고수하고 있어 자부심이 대단한 것 같다. 말차가 생산되지 않자 조선의 백성들에게는 송화(松花)를 우려 마시는 풍습이 생겨났다. 이에 대해 길영수, 박성준이 공저한 《차완(茶碗)의 비(秘)와 미(美)》에는 손님이 찾아오면 송화분말차를 내놓는 집도 종종 눈에 띄었다. 송화차(松花茶)는 분말차이지만 제분(製粉)이 번거롭지 않고 쉽게 손에 넣을 수 있는 말차이다'라고 적고 있다. 즉 고려 때 유행한 말차가 조선 민중들 사이에서도 쉽게 사그라지지 않아 생산되지 않는 말차 대신 송홧가루로 만든 분말을 말차처럼 마셨다는 것이다.

말차는 차문화의 꽃으로 여전히 변함없다. 이성계가 없애버린 말차는 차인들의 손끝으로 부활되어 갔다. 말차도의 상징으로 여겨왔던 고려다완(高麗茶碗)이란 명칭 또한 이성계가 조선을 건국한 1,114년 뒤의 일이다. 1500년경에 비로소 그렇게도 그리워한 고려라는 명칭을 쓸 수 있었다.

조선왕조가 얼마나 차를 도외시했는지를 임진왜란 시기 선조대왕(1552~1608)과 명나라 장수 양호의 대화에서 알 수 있다.

양호가 남원에서 가져온 토산차 작설차를 앞에 두고 선조대왕에게 여쭈었다. "귀국에도 차가 있는데 왜 채취하지 않습니까?" 선조대왕이 말했다. "조선 습속에는 차를 마시지 않소." 양호가 다시 선조대왕에게 여쭈길 "조선인들은 인삼차를 즐겨 마시는데 그것은 차가 아니고 탕이외다. 인삼탕을 마시면 속이 번열하여 차를 마시듯 깊이 상쾌하지 못합니다"라고 말했다.

이성계가 조선 땅에서 금기시한 차문화는 선조 때에도 드러난다. 그러나 1506년 고려다완이란 명칭이 부여된 뒤 차문화는 급속도로 발전하였다. 기자에몽 이도(喜左衛門 井戸)라는 명칭이 차회에 등장한 시기도 1578년경이다. 한류 덕에 고려라는 이름이 다시 떠오르면서 이성계 사후 거의 114년 만에 고려다완이란 명칭이 등장한 것처럼 조선 땅에서 차문화는 가시밭길이었다. 그러나 조선통신사를 통해 일본의 학자 그룹이 본 조선의 차에 대한 열정은 꺼지지 않는 불꽃과 같았다.

이성계가 없애버린 말차는 일본 다도의 주류가 되었고 조선인들은 금기에도 불구하고 차에 대한 불씨를 꺼뜨리지 않아 고려라는 이름이 차에 힘입어 되살아났다. 말차 문화는 차문화의 정점에 올라 100년 뒤에야 고려다완이란 명칭이 부여된 뒤 일본 다도의 주류뿐 아니라 한국 차문화의 꽃으로 자리매김해 갔다. 백의민족의 상징인 백자의 발원으로 되살아난 고려라는 말이 친근하게 다가온 까닭은 바로 차가 맺어 준 인연이라고 생각해 봤다. 조선 차문화는 궁중의 오례의식 중 빈례와 길례의식 중 차를 준비하고 올리는 다례의식으로 진행되었다. 다례라는 용어가 국내에서 처음 사용된 것도 궁중으로 태종 즉위년(1401) 명나라 사신과 다례를 행하였다는 《조선왕조실록》의 기록이 있다. 조선후기 다산 정약용, 추사 김정희, 다성 초의선사, 매월 김시습 등 여러 선비들은 조선 시대를 대표하는 다인(茶人)들이다.

09. 현대로 이어진
100년 전 조선의 차문화

1. 새롭게 드러난 근현대의 차문화

100년 전(1920년)의 조선은 일본의 식민지로 황국 신민화(皇國臣民化) 과정을 거쳐 1945년 광복을 맞을 때까지 그야말로 주권이 완전히 말살되었다.

일본은 조선을 황국 신민화하기 위해 초등학교에서 다도 교육을 실시하기도 했다. 그처럼 일본은 조선의 차에 큰 관심이 있었다. 《조선의 차와 선》을 저술한 모로오카 다모쓰(諸岡存) 박사는 "조선의 차가 예로부터 선문(禪門)의 사원과 승려들에 의해 계승되어 왔다"라고 밝히며 이어서 "조선의 차도 개발하면 식산 산업으로 발전하여 세계적 상품이 될 것이다"라고 말한 바 있다.

초의선사가 타계한 이후 구한말, 일제 강점기, 광복, 근대로 이어진 한국의 차문화는 수많은 파편으로 이루어졌다. 그런데 구한말을 거쳐 일본이 조선을 식민지화하고 황국 신민화(1937~1945)하면서 조선의 차문화는 하나씩 잊혀져 갔다. 조선총독부 학무국(學務局)이 이화여전 등 47개교에서 다도를 가르쳤던 사실도 드러났다. 1920년대 이천공립보통학교 소학교 학생들의 다례 장면이 담긴 한 장의 사진이 공개되면서 파란을 일으켰다. 한국학연구소의 김선근 소장이 공개한 다례 장면은 조선총독부가 황국신민화 운동(1937~1945)의

1940년대 위경규 씨
가 소장했던 청태전과
약탕기

하나로 초등학생에게까지 다도 교육을 시켰다는 사실을 말해준다. 이를 접한
필자는 매우 충격을 받았다.

그런 어려운 시기에도 장흥과 강진 지역을 중심으로 민간에 전승되어온 돈차류
가 그나마 명맥을 지켜오고 있었다.

일본은 조선 다도를 일본화하려고 몸부림쳤던 것이다. 그런데 1990년 중반 한류
다도 바람에 힘입어 중국의 입식(立式) 다도가 좌식(坐式)으로 바뀌면서 일본 다도
계에 충격을 던져주었다.

그뿐만이 아니다. 2001년 10월 조주의 끽다거로 유명한 백림선사에 〈조주고불
선차 기념비〉를 세우면서 또다시 일본 다도계를 놀라게 했다. 당시 우라센케 종장

1920년대 이
천공립보통학
교에서 황국
신민화 정책
으로 행한 다
례 모습

인 센 겐시쓰(千玄室)는 일본 다도의 뿌리가 백림선사에 있다고 밝히기도 했다. 백
림선사의 선차기념비를 볼 때마다 '일본이 끽다거의 원조인데 한국에 선차의 맥을
빼앗겨 버렸다'고 한다는 일본 다도계의 말도 종종 들려오는데 여전히 충격에서
벗어나지 못한 것으로 보인다.

우리의 차문화는 일제시대 이래 해방공간을 거쳐 1970년대에 이르는 긴 세월
동안 단절 인멸의 위기에서 벗어나지 못하다가 산사의 스님들과 언론인, 다인들의
노력으로 오늘날 다시 회생할 수 있는 계기가 마련되었다.

2. 100년 전 호남 지역 돈차의 흔적들

2020년 경자년(庚子年) 새해 돈차의 발원지(發源地)인 장흥 일대를 찾아갔다. 100년 전 돈차의 흔적이 남아있는 천관산(天冠山) 자락의 방촌(坊村)마을을 찾아간 까닭은 반계(磻溪) 위정명(魏廷鳴, 1589~1642)의 종손(宗孫)인 위성택(魏聖卓, 86세) 씨를 만나 돈차의 내력을 듣고 싶었기 때문이다. 그런데 90대의 노령인 위성탁 씨는 양로원에 가 있어 만날 수가 없었다. 옛 기억을 떠올려 위성탁 씨의 육성을 생생히 복원해 본다.

다음은 2012년 겨울, 위성탁 씨를 만났을 때 그가 엽전 모양을 가리키며 80여 년 전 돈차의 내역에 관해 들려준 이야기이다.

"내가 7살 때 장천재(長川齋)의 서당(書堂)에 다닐 때 훈장님께서 손님이 오시면 꼭 차를 내어놓았습니다. 곡우 전에 학생들을 시켜 찻잎을 따게 하고 그것을 가마솥에 덖어낸 뒤 엽전 모양으로 차를 만들었죠. 그리고 구멍이 뚫린 곳에 한지로 만든 끈을 꿰서 처마 밑에 걸어두고 숙성시켰죠. 내 나이가 87살이니까 지금으로부터 80년 전의 일입니다."

1938년 11월 모로오카 박사가 보림사(寶林寺) 부근의 위경규(魏璟圭) 씨를 찾아갔을 때 그는 돈차를 청태전(靑苔錢)이라고 언급했다. 그 이후 돈차는 흔적없이 사라지고 청태전으로 바뀐 것 같다.

1930년 조선총독부 문화재과의 호소다(細田) 씨와 일본 도쿄대(東京大)의 모 교수가 이에이리 가즈오(家入一雄) 씨의 안내로 불회사(佛會寺)를 찾아갔을 때 당시의 불회사 주지는 돈차가 아니라 단차라고 밝힌 바 있다. 이학치 스님의 증언에 따르면 단차를 만드는 시기는 대략 5월경인데 과정을 살펴보면 다음과 같다.

"우선 맑은 날 찻잎을 따서 절구통에 넣고 흐물흐물할 때까지 찧는다. 찐 차를 가마에 넣고 불로 굽는데 이때 조금 큰 젓가락을 두 손에 하나씩 들고 서로 번갈아 가며 젓는다. 그리고 절구에 넣고 손공이로 찧어서 떡처럼 만들어 햇볕을 쬐어 말린다. 직사광선이 충분치 못하면 온돌방에 말린다. 하루를 꼬박 온돌에서 말린 뒤 노끈으로 꿰어서 매달아 놓았다."

〈천년전다의 비밀〉이라는 제목으로 1938년 11월 17일 《광주일보》와 《경성일보》에 크게 보도된 내용이다. 이같이 이학치 스님이 조선에서는 단차를 즐겨 마셨다고 분명하게 밝혔는데 왜 모로오카의 《조선의 차와 선》에는 청태전으로 썼을까? 일본이 조선을 식민지화했던 시기에 창덕궁을 비원(秘苑)으로 비하하여 쓴 것처럼 돈차 또한 일본이 조선의 정신을 말살하려는 의도로 그와 같은 명칭을 썼다고 볼 수 있다.

초의선사가 극찬했던 보림 백모차 또한 보림사를 중심으로 장흥이 복원해내야 할 의무가 있다. 예전에 보림사 사하촌에 거주하던 이정애 할머니가 만든 보림차의 맛이 푸젠성(福建省) 화엄사의 차맛과 일치하여 한·중 차문화의 메신저가 되었던 것이 떠오른다. 그처럼 장흥은 이제 돈차의 회복이 절실하다.

100여 년 전 정읍에서 교편을 잡았던 오가와(小川) 여사가 천원차(川原茶)를 재배하면서 오차(お茶)가 세상에 드러났다. 2002년 《차의 세계》를 창간하며 천원차를 세상에 알렸고 대상그룹의 전신 미원그룹이 차에 손대려 했던 비화도 공개했다. 천원차가 세상에 알려지고 천원차밭 엽서까지 공개되면서 신선한 충격을 주기도 했다.

3. 광복 이후의 차문화

한국의 차문화(1920~2020) 100년의 뒤안길을 돌아볼 때 일본의 조선 차문화

일본 강점시기인 1941년 일본의 경성화학 주식회사가 6만 평을 일군 차밭.
해방이 되자 버려진 차밭을 인수한 고 장영섭 대표가 성장시킨 대한 다업차밭.

말살에도 불구하고 선고 다인들의 눈물겨운 노력으로 한국의 차문화가 되살아날 수 있었던 것은 다행스런 일이다. 고려와 조선, 광복으로 이어진 한국의 차문화에서 산사를 중심으로 선차를 이끌었던 다승들과 차를 만들었던 제다인 등 선고 다인들이 있었기에 우리는 해방 이후에도 한국 차문화를 이야기할 수 있다. 또한 해방 이후 차에 관심이 있던 언론인을 통해 차문화가 세상에 알려지기 시작했다.

언론인 위암 장지연(韋庵 張志淵, 1864~1921)은 《농학신서(農學新書)》에 차나무 품종과 재배 차의 음용에 관한 소중한 기록을 남겨 우리 차사에 **빼놓을** 수 없는 다인이 되었다. 그는 일제 강점기를 살다간 언론인으로서 일본이 조선 차문화를 없애고 식민화를 시도했던 민감한 시기에 경봉(鏡峰) 선사와의 교류

등을 통해 차에 간접적으로 빠져들지 않았나 생각된다.

근현대의 차와 사람을 이야기할 때 차의 선구자로 평가받고 있는 명원 김미희 선생을 빼놓을 수 없다. 명원이 초의가 머물렀던 일지암의 복원에 앞장서면서 한국 차문화는 부흥기를 맞이했다.

일본의 센 리큐처럼 한국에서는 천관우, 천승복의 역할이 컸다. 한국에서 고래로 전해져 온 다법(茶法)이 사라졌다고 신문에 소개되자 제일 먼저 달려온 사람은 언론인 천승복 씨였다. 그는 천관우를 만난 자리에서 그가 쓴 글을 읽고 공감하는 바가 크다고 말했다. 천관우 씨가 〈대흥사의 차〉를 기고한 지 1년 뒤 천승복 씨는 초의선사의 《다신전(茶神傳)》에 기록된 19가지 다법을 들고 나왔는데 이로써 탕관에 차를 끓여 마셨던 풍습이 다도의 격을 갖추며 서서히 꿈틀대기 시작했다.

4. 70년대 말, 한국차의 태동기

1971년 2월, 이우성(李佑成) 교수가 이끄는 성균관대 학술조사단은 강진과 해남 일대를 답사하고 돌아와 다산학(茶山學)의 새 면모를 보여주는 자료를 공개했다. 그중 중요한 것은 다산 정약용이 18년간 유배 생활을 한 곳에서 그간 알려지지 않았던 몇 가지 저작을 찾아내고 대흥사에 보관되던 팔폭병풍이 그의 유묵(遺墨)임을 확인한 것이다.

그때 새로 나온 다산의 저술이 《대동선교고(大東禪教攷)》와 《다경》이었고, 병풍은 다산이 대흥사의 초의선사를 위해 직접 써준 것으로 밝혀졌다. 초의선사가 《동다송(東茶頌)》을 쓰고 《다신전》을 폈다는 이야기가 전설처럼 들리던 시기였다. 유교학자인 다산이 초의선사와의 교분 때문에 《대흥사지(大興寺誌)》를 손수 썼으며 심지어 불교연구서인 《대동선교고》를 쓰다니 놀라운 일이 아닐 수 없었다.

차에 관심이 있는 사람이라면 다산의 《다경》이란 어떤 책인가 궁금할 수밖에 없다. 하지만 실상 당시에는 변변히 다인이라고 할 수 있는 사람이 없었고 사회적

한국 최초로 우이동 쌍용 연수원에서 명원다회가 주최한 '한국전통학술발표회'에서 인사말을 하고 있는 명원 김미희 (1979.9)

관심도 부족해 그런 문제는 학계에서 차츰 밝혀주겠거니 여기며 흘려보냈다. 이후 다산의 《다경》에 대한 언급은 거의 없었고 기껏 육우의 《다경》을 옮긴 것이 아닌가 하는 추측이 있을 뿐이다.

결국 다산의 자료들은 어디까지나 다산 정약용의 학문적 업적일 뿐이라는 인식으로 인해 그와 교유하던 초의선사나 선사의 차에 관한 이야기는 그다지 관심을 받지 못했다. 우리의 차문화는 일제시대 이래 해방 공간을 거쳐 1970년대에 이르는 긴 세월 동안 단절의 위기에서 벗어나지 못하고 있었다.

수천 년 동안 한국인들에게 전해져 온 다례가 새로운 태동기를 맞은 것은 그후 70년대 초반 차문화가 모습을 드러내면서부터이다. 삼국 시대에 헌다의식, 고려 시대에 전다의식. 조선 시대에는 다례의식으로 전개되었다. 다례는 일제가 조선을 지배했던 황국신민화 시기에 자취를 감추어 버렸지만, 해방을 맞아 조금씩 모습을 드러냈다.

1979년 1월 20일에는 서울무역회관에서 50여 명의 동호인들이 모여 한국차인회를 발족했다. 회장에 식물학자 이덕봉 씨, 부회장에 박종한, 김미희 씨가 선임되었고 정학래 씨는 상임이사로 운영을 맡았다. 사회적으로 공인받은 첫 차문화 동호회였다. 한국차인회는 결성과 동시에 첫 사업으로 일지암 복원을 추진했고, 그해 곧바로 일지암 복원추진위원회를 결성했다.

79년 9월, 우이동 쌍용연수원에서는 명원다회의 김미희 여사의 주최로 국내 최초의 차학술 발표회 〈한국 전통다도 학술발표회〉가 열렸다. 6개월 후, 무역회관에서 차학술 발표회를 열었다. 고유의 전통다도를 오늘의 현대 생활에 전승·재현하기 위한 한국 다도 학술발표회와 생활다도 정립 발표회가 바로 그것이다. 서정주(시인, 작고)의 〈다경과 동다송 연구〉, 김명배(한국차학회 고문)의 〈한국차문화사〉, 류승국(전 학술원 원장)의 〈한국의 다도정신〉, 김운학(스님, 작고)의 〈한국의 차의식 전통문제〉 등에 대한 주제 발표가 있었다.

서정주 시인은 "한국 다도의 진미는 자유인으로서의 훈훈한 인정을 풍미하는 데 있다"라고 말했다. 김명배 선생은 한국 다도의 성립연대를 고찰했는데, 특히 화랑 한국 다도는 육우의 《다경》에서 비롯되는 중국의 다도 성립 연대보다 앞선 것이며 최초의 한국차는 고대에 제유용(祭儒用)으로 쓰였으며 인도에서 전래된 죽로차라고 밝힌 바 있다. 당시 언론들은 〈자연스러운 정이 담긴 한국의 다도〉라는 제목으로 신문마다 크게 소개하기도 했다.

80년 4월 15일 일지암이 복원되던 무렵, 한창기 씨는 월간 잡지 《뿌리 깊은 나무》를 통해 녹차와 다기 보급 운동을 벌였는데, 이렇게 우리 차문화 보급을 위해 노력한 그의 공로는 절대 간과되어서는 안 된다. 1980년 9월에는 한국차인회가 주최한 차문화발표회가 한국정신문화원 강당에서 열리기도 했다. 한국 최초의 전통 다례발표회는 1980년 12월 3일 세종문화회관에서 개최된 〈한국전통의식다례 발표회〉이다. 명원다회 김미희 선생의 주최로 개최된 발표회에 궁중다례, 사원다례, 사당다례, 접빈다례, 생활다례가 발표되었다.

또 하나 주목할 것은 효당(曉堂)의 《한국의 다도》와 금당 최규용(崔圭用)의 《금당다화(錦堂茶話)이다. 《금당다화》에서 최규용 씨는 '소설가 월탄 박종화(朴鍾和) 가 일찍이 차에 눈을 떴고 우리나라 현대시 중 작설차로 시를 지은 지식인은 그 당시 월탄뿐이었다'라고 회고했다.

언론인으로서 우리나라 차 보급에 일조한 사람은 호암 문일평(1888~1939)과 예용해(1929~1995) 등이 일조했다. 예용해 선생은 1963년 〈차를 찾아서〉와 1993년 〈차를 따라서〉 등《한국일보》에 연재한 글을 모아 1997년 《차를 찾아서》를 발간했다. 예용해의 〈우전차〉는 83년 《차를 찾아서》에 실린 글로, 우리 차사(茶史)에서 잊혀가던 초의 법손 화중 스님을 발굴해냈다.

천 년간 이어진 한국의 차문화는 선차로 인해 동아시아의 우뚝 선 봉우리로 자리 잡아갈 수 있었다.

©선암 석인철

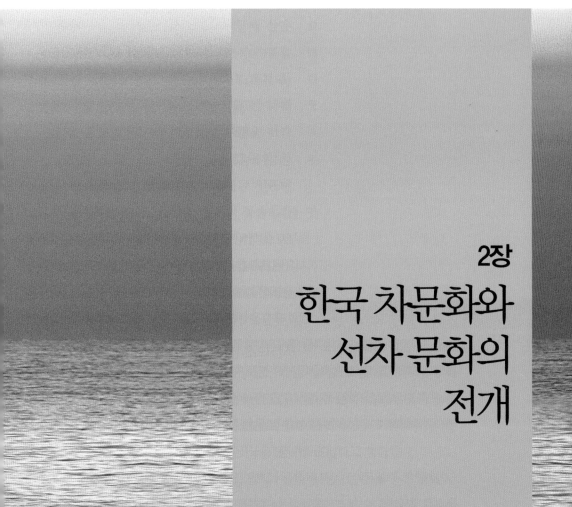

2장

한국 차문화와
선차 문화의
전개

01. 중국 오백나한에 오른 무상선사 선차지법의 비조로 추앙

1. 선차의 비조에 오른 무상선사

당대 초기 선불교(禪佛敎)를 달마(達摩)에 버금가는 선풍으로 주도해온 신라의 구법승(求法僧) 무상(無相, 684~762) 선사는 출가하여 중국 쓰촨성(四川省)에서 정중종(淨衆宗)을 열고 남종(南宗)과 북종(北宗) 어디에도 속하지 않는 인성염불(引聲念佛)이라는 독특한 수행법으로 대중을 이끌었다. 그동안 천 년의 세월 속에 묻혀 있던 무상선사가 뒤늦게 불교 연구가인 필자의 노력으로, 2001년 여름 쓰촨성 나한사(羅漢寺), 항저우(杭州) 영은사(靈隱寺), 윈난성(雲南省) 공죽사(筇竹寺), 베이징(北京) 벽운사(碧云寺) 등을 답사하는 과정에서 중국 오백나한(五百羅漢) 중 455번째 무상공존자(無相空尊者)로 오른 사실이 밝혀지면서 비로소 세상 밖으로 그 모습을 드러내게 되었다.

그중 한국 불교의 총 본산격인 조계사(曹溪寺) 내의 한국불교역사문화기념관의 공연장에서 제7차 세계선차문화교류대회(2012년 10월 18일~20일)가 개최되던 날 중국 쓰촨성 대자사(大慈寺) 방장(方丈)인 쓰따이은(釋大恩) 스님이 단상 위로 올라가, 무상선사는 조주 선사가 끽다거(喫茶去) 공안(公案)을 퍼뜨리기 이전부터 선차지법(禪茶之法)으로 대중을 이끌었다고 폭탄선언을 하였다. 강당을 가득 메운 청중들은 끽다거가 선차문화의 시작으로 알고 있었기에 이 말에 모두 어리둥절해했다. 하

중국 오백나한도 중 455번째 조사에 오른
무상선사가 2001년 처음 발견되어 세상에 드러났다.

오백나한에 오른 무상선사를 발견한 후 2004년 쓰촨 대자사에 무상 영당을 세우고 한·중이 공동으로 무상선사 영정 앞에 처음으로 무상선사 추모 의식을 집전하고 있다.

지만 신라 무상선사의 선차지법을 거쳐 조주종심(趙州從諗, 778~897)의 끽다거가 송나라 때 원오극근(圓悟克勤, 1063~1135)의 다선일미(茶禪一味)를 들고 나와 일본에까지 전파된 사실을 밝히자 청중들은 경악했다. 그 광경을 유심히 지켜본 불교계의 한 기자는 선차의 비조(鼻祖) 무상선사는 조주 선사의 끽다거보다 앞섰다는 기사를 대대적으로 보도했다. 더 나아가 대자사 방장 따이은 스님의 발표 논문을 인용해 '신라 무상선사가 대자사에서 처음 선차를 전파했으며 그때부터 차의 생산과 판매를 여러 사찰에서 나누어 관리하면서 차가 발전되었다'고 적었다.

따이은 스님은 다름 아닌 무상선사가 중창한 대자사의 방장으로 그의 말 한마디에 힘이 있었다. 이렇듯 고국에서 잃어버린 조사를 중국 스님이 일깨워 준 것은 한국인으로 부끄러운 일이었다.

뒤늦게 무상선사의 중요성을 깨달은 한·중·일 차계는 차를 일으킨 무상선사 현창(顯彰) 운동이 시작되었다. 간간히 선차지법을 창안한 무상선사의 다법이 무대예술로 드러나 승화된 적은 있으나 세계의 차인이 지켜보는 가운데 무상선사를 선차의 비조(鼻祖)로 공식화한 것은 세상을 놀라게 했다.

그 후 7년 뒤인 2018년 10월, 서울역사박물관 강당에서 한국의 무상선사, 중국의 조주 선사, 일본의 무라타 주코(村田珠光, 1422~1502)를 선차의 비조로 모시고 헌다의식이 거행되면서 또 한 번 한국 선종계는 직격탄을 맞았다. 그 광경을 지켜본 중국의 저명한 차학자 위웨(余悅) 교수가 말했다.

"선차조사(禪茶祖師)에게 제를 올리고 조상의 은혜를 신중히 여겨 제사를 정성껏 올리며 미래를 보여주었다. 한 · 중 · 일 삼국의 선차 문화는 기원을 같이하는 동족이며 동시에 '동방 차 문화권'에 속한다. 중국은 세계 선차문화의 발상지로서 역사상 중국 선차문화를 한국과 일본에 전했다. 그리고 전파와 발전과정 중에서 한국 차례, 일본 다도를 형성하였다. 중국의 조주종심 선사와 일본의 무라타 주코 선사, 한국의 무상선사는 차 마시기를 좋아했을 뿐 아니라 차를 깨달음을 얻는 보조적인 수행으로 삼았다. 또한 스스로 깨달은 선을 한 사발의 차와 융합하여 은은한 차향 속에서 선문의 오묘한 뜻을 깨닫게 하였다. 자국 내의 선차종풍(禪茶宗風)을 열어 널리 알리고 교류하며 서로 본받아 학습하였다. 세 선사는 삼국의 선차조사가 되었으며, 세계 선차문화에 대해 불후의 공헌을 하였다. 개막식에서 삼국 선차조사의 초상화를 걸고, 한 · 중 · 일 선차일맥을 이어받는 뛰어난 법맥과 진한 법의(法誼)를 나타냈다. 한 · 중 · 일 삼국을 대표하여 선차조사에게 존경의 예를 올리고 차를 올리며 제를 올려 진심으로 감동시키고 미래에 깨달음을 주었다."

이렇게 무상선사는 세계의 차인이 지켜보는 가운데 선차의 비조로 공식 컴백했다.

2004년 대자사에서 거행한 중한선차문화교류회에서 명원문화재단 유양석 고문이 무상헌다례를 시연해 보이고 있다.

2. 무상선사는 누구인가

쓰촨성에서 정중종을 열었던 신라 성덕왕(聖德王)의 셋째 왕자인 무상선사는 남종(南宗)에도 북종(北宗)에도 속하지 않고 독특한 수행법인 인성염불을 통해 당대 선불교(禪佛敎)를 주도했다. 1200년간의 망각 속에서 되살아난 그는 한류(韓流)의 상징적 인물로 떠오르고 있다.

무상은 중국 불교의 성자로 추앙받고 있는 오백나한의 성인(聖人) 반열에 오른 사실 또한 까마득히 모르고 있다가 2001년 10월 불교연구가의 노력에 힘입어 중국 오백나한 중 455번째 조사인 무상공존자로 모셔진 사실이 밝혀지면서 세상에 드러났다.

신라 구법승 출신인 무상은 쓰촨성에 들어가 인성염불과 삼구(三句)인 무억(無

憶), 무념(無念), 막망(莫忘)의 수행법을 통해 정중종을 열었고 당 현종(玄宗)의 극진한 예우를 받았으며 티베트에까지 불교와 차를 전파했다. 또한 무상은 신라 구산선문(九山禪門)으로 거슬러 올라가는 한국불교 법맥의 중요한 열쇠를 쥐고 있는 인물임에도 그에 대한 연구는 미진했었다.

그러나 놀랍게도 당말 중국 선종(禪宗)은 남종선으로 천하통일을 이룬 걸출한 인물인 마조도일(馬祖道一, 709~788) 선사가 무상의 제자이다. 무상은 중국 초기 선종과 한국 선종의 전래의 첫 줄기인 신라 구산선문의 대부였다. 그런데 고국보다 중국에서 성자로 추앙받고 있는 무상의 자취를 살펴본다.

만당의 시인 이상은(李商隱)이 찬한 〈당재주혜의정사남선원사증당비명(唐梓州慧義精舍南禪院四證堂碑銘)〉에 "광효 황제폐하가 즉위한 지 7년 만에 상서하동공이 재주혜의정사에 사증당(四證堂)을 세우고 익주정무상대사(益州靜無相大師), 보당무주대사(保唐無住大師), 홍주도일대사(洪州道一大師), 서당지장대사(西堂智藏大師) 4분의 용모를 사증당 벽면 위에 그려 두었다." 〈사증당비〉에 따르면 혜의정사에 무상의 영당을 세우고 진영을 모신 사실이 전당문에 기록되었다.

이상은은 남조 법(깨달음)의 화신인 삼휴각(三休閣)이라 하였고 동촉(東蜀)에 닿은 꽃다운 발길이어서 사증당이라 하였다. 〈사증당비〉에 무상의 약전을 이렇게 전한다.

무상선사를 적극 지원했던 당 현종. 안사의 난이 일어나서 쓰촨으로 피신갔을 때 무상선사는 성군이 될 수 있는 길을 일깨워 주었다. 그리고 안사의 난이 평정되자 장안으로 들어간 당 현종은 대성자사가 중창되자 칙명으로 무상을 주지로 모셔왔다.

"나는 아노라, 대대로 인물이 있었다는 것을. 무상대사는 먼 해외의 나라 진한의 귀족이시다. 어려서부터 진기가 빼어났으며 황금 부처의 현몽하에 잉태하였고 보배로운 칼로 얼굴을 다치셨다. 대사께서는 상행(上行)을 얻으심으로 도를 깨치셨다."

이상은은 사증당 비명에 사증당이 영원히 현양(顯揚)토록 하라고 말했다.

3. 당 현종과의 만남

《역대법보기(歷代法寶記)》에 "무상의 속성은 김씨요 신라 성덕왕의 셋째 왕자로 태어났다. 그가 신라에 있을 때 막내 누이동생이 있었는데 결혼을 강요당하자 칼로 자기 얼굴에 상처를 내는 것을 보고 출가를 결심케 되었다. 무상은 그때 마음속으로 다짐했다. "가냘픈 여인일망정 절조를 알고 있는데 하물며 굳센 남성인 내가 어찌 가만히 있겠는가"라고 말한 뒤 출가하였다.

그 뒤 무상은 당나라 수도인 장안으로 들어간다. 당나라 시기 수많은 입당구법승들이 장안을 찾는다. 원광도 그러했고 의상도 그 길을 따라간다. 무상도 그중 하나였다. 《송고승전(宋高僧傳)》에서는 "무상이 장안에 도착하자 당나라 현종 황제가 그를 불러서 선정사(禪定寺)에 머물게 한다"라고 기술되어 있다.

무상은 강을 건너 촉나라로 들어갔다. 쓰촨 청두(成都) 지역의 절도사인 장구겸경(章仇兼瓊)과 마주친다. 장구겸경은 무상의 큰 인물됨을 간파하고 제자의 예로 무상을 맞으니 그로부터 무상은 대중교화를 결심하게 되었다. 또 775년 안록산의 난이 일어나자 현종 황제는 쓰촨에 머물게 되었는데 그때 현종은 무상으로부터 제왕으로 선정을 베푸는 선법(禪法)을 듣게 된다.

무상과 현종은 안록산의 난 이후 관계가 두터워져 칙명으로 대자사를 건립할 때 그 공역(公役)을 주관하는 등 전력을 다했다. 대자사가 완성되자 현종은 무상을 대자사 주지로 임명하는 등 현종은 무상에게 극진한 예우를 아끼지 않았다.

4. 중국의 오백나한 중 455번째 무상공존자

무상의 선사상(禪思想)이 중국을 뒤덮고 있을 때 오백나한 신앙이 선종과 절묘하게 만나면서 무상을 오백 조사 중 455번째 조사의 반열로 입전시켰다. 윈난성에 있는 공죽사의 오백나한상(五百羅漢像)은 이를 뒷받침하고 있다.

윈난 공죽사의 오백나한당(五百羅漢堂)에서는 불조 석가모니를 비롯해 500번째 제공(濟公) 선사까지 갖가지 표정의 조각상들이 모셔지고 있다. 그중 455번째 무상공존자(無相空尊者)가 신라왕자 무상이다.

윈난은 지공(地空) 선사의 활동무대로 우리나라 불교와 관련이 깊다. 이런 까닭으로 공죽사 오백나한의 상징성은 매우 크다. 공죽사는 곤명시(昆明市) 서북 10km 지점에 옥안산(玉案山) 산록에 자리 잡고 있는데, 이 절은 대리국(大理國) 시대 유력씨족인 고씨가 세운 것으로 전해진다. 그 후 이곳은 한무제(漢武帝) 시대 중국에서 티베트로 들어갈 때 반드

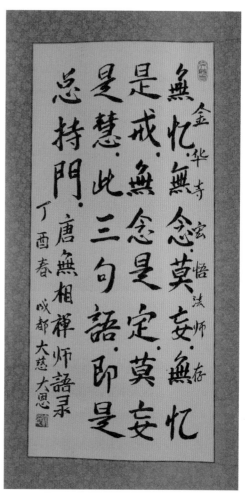

대자사 방장 따이은 스님이 쓴 무상의 어록. 무억·무념·막망의 서법이 무상의 열반도량 펑저우 금화사에 있다.

시 경유해야 하는 장소였다. 공죽사의 오백나한은 청대에 조성되었는데 사실적으로 묘사된 점이 특징이다.

455번째 무상공존자를 살펴보자. 자비로운 상으로 오른손은 반배(半拜)를 하고 왼손은 아래로 내리고 있다. 혜가(慧可) 선사가 왼팔을 자른 모습이 연상된다. 무상의 표정은 너무나 자비로웠다. '무설설 무법법(無說說無法法)'이 떠오른다. 말 없이 법을 전하는 듯한 인상이다.

무상 오백나한도(五百羅漢圖)의 자료를 추적하던 중 베이징 도서관에 소장된 오백나한도를 입수했다. 천녕사(天寧寺) 석각 오백나한도에 나와 있는 자료에 따르면 455번째 무상공존자가 영락없는 신라 왕자라는 것이다. 머리에는 왕관을 쓰고 왼손에는 주장자(拄杖子)를 들고 중생을 살피는 모습이다. 황색 법의를 걸친 무상의 모습이 최초로 밝혀지는 순간이었다.

중국 오백나한 중 한 사람으로 이렇게 신라 출신의 왕자 무상을 455번째로 추존(追尊)했다는 사실만으로 당시 무상의 법력이 얼마나 지대했는지 짐작할 수 있다. 그도 그럴 것이 유가유식학파(瑜伽唯識學派)의 원측과 지장왕보살(地藏王菩薩)의 지위에 오른 지장법사(地藏法師) 등이 제외되었다는 점을 통해서도 무상의 위치를 가늠해볼 만하다. 오백나한도 자료에 따르면 무상공존자의 내력을 이렇게 전한다.

당 신라국(조선) 왕자, 속성은 김씨, 법호가 무상 또는 김화상(金和尙)으로 알려져 있다. 당 현종 개원 16년(728) 때 중국에 들어와 덕순사(德純寺)의 자주처적(資州處寂, 648~734) 선사에게 득도한 이래 자주의 여러 곳을 찾아 두타성도 선정을 닦고 청두(成都) 정중사(淨衆寺)에서 대중을 교화한 지 20여 년 뒤에 정중종의 조사가 되었다. 후세 사람들은 무상존자라고 불렀다.

중국의 오백나한상은 인도의 석가모니부터 제공까지이다. 불교의 교조(敎祖)이신 인도의 석가와 중국 민중불교의 화신인 제공까지 실었으니 이는 불교가 중국화된 토착 신앙의 하나라는 사실을 깨우쳐 준다.

5. 마조가 무상의 제자로 공식 인정되다

2001년 10월 21일 한·중 불교사에 역사적 사건이 있었다. 중국 허베이성 조주의 백림선사(柏林禪寺)에 세워진 〈한·중 우의 조주고불선차 기념비(韓中友誼趙州古佛禪茶紀念碑)〉가 그것이다. 중국 선종의 핵심인물이던 무상선사의 법맥을 중국으로부터 공식적으로 인정받는 계기가 되었다.

징후이(淨慧) 선사는 말했다. "중국으로부터 법맥을 받은 조사들은 남김없이 기록하여 영원히 선종의 자취를 기리는 뜻에서 건립케 되었습니다. '한·중의 불교는 한 뿌리이니 예부터 한집안이며 선풍을 함께 하니 법맥 또한 서로 전함이니'라고 했으니 이 비를 세워 후세에 영원토록 빛날 것입니다"라고 감격에 찬 떨린 목소리

로 말했다.

〈조주고불선차 기념비명〉에 언급된 신라 선승으로는 무상선사의 심인(心印)을 받은 제자 마조도일 문하에서 배운 7명, 곧 도의(道義)·홍척(洪陟)·혜철(惠哲)·무염(無染)·범일(梵日)·현욱(玄昱)·도윤(道允)이 망라되어 있다. 비명은 다음과 같이 이어진다.

한·중의 불교는 한 뿌리이니 예로부터 한집안이며 선풍을 함께 하니 법맥 또한 서로 전함이다. 정중무상은 일찍이 서촉(西蜀) 땅의 주인이 되어 문하에 고족으로 마조도일이 있다. 마곡은 무염에게 인가하고 서당은 도의에게 전하고 염관은 범일을 배출하여 사자상승의 법계를 이었다. 태고는 청공에게 법을 받으니 임제의 법손이며 조주와 도윤은 법형제이다.〔韓中連體 千古休戚 禪風與共 法脈相襲 靜衆無相 曾主蜀度 門下高徒 馬祖道一 麻谷無染 西堂道義 鹽官梵日 師資承繼 清珙普愚 源出臨濟 趙州道允 更爲毘李〕

무상과 마조의 관계를 조주고불선차기념비에 기록함으로써 천 년간 지속되던 무상과 마조 사이의 사법(嗣法) 시비에 관한 논쟁에 종지부를 찍게 되었다.

무상의 존재가 세상 밖으로 완전히 드러난 것은 2001년 10월 오백나한전에 455번째 조사로 오른 무상선사가 발굴되면서다. 때마침 그해 중국 허베이성 백림선사에 무상 법맥을 기록한 비석이 건립되면서 무상과 마조의 사자(師子) 관계를 중국 불교계가 인정하게 되었다. 참으로 놀라운 변화였다.

천 년 전 무상이 뿌린 씨앗이 신라 구산선문 가운데 7개 파로 이어져 그 사상의 물줄기가 한류의 물결로 도도히 흘러왔다는 사실이다. 2001년 10월 18일 쓰촨성 청두에서 한국의 월간《선문화》와 명원문화재단 및 중국 대자사에 의해 공동으로 개최된 국제학술회의는 1,200년간 망각의 세월 속에 묻혔던 무상의 부활이 아닐 수 없다. 특히 무상의 인성염불은 중국 오대산(五台山)에서 수행한 진언 선사에 의해 오회염불(五會念佛)로 되살아나고 있으니 그의 사상적 정신은 천 년이 지난 오늘에도 여전히 뜨겁게 타오르고 있는 것이다.

무상은 차문화의 영향에도 큰 역할을 하였다. 이를테면, 무상선사는 천곡산(天谷山)에서 수행하며 다선일미(茶禪一味)를 실천함으로써 오늘날 선차의 비조로 자리매김해 차문화의 새로운 학풍을 이루었을 뿐만 아니라 선과 차, 티베트 불교 도입 등에도 영향을 끼쳐 동아시아 선종계의 등불로 빛났으며, 후대 중국 불교계가 그를 성인의 반열에 올려 오백나한 속의 성자로 추앙시킨 점 또한 민중이 얼마나 그를 존경했는지를 단적으로 알려주는 대목이다.

또한 무상은 구산선문의 원조로서, 마조가 그의 적손(嫡孫)으로 알려져 있다. 이처럼 무상이 쓰촨성에 차를 일으킨 대부라는 사실만 보아도 김화상의 자취는 날이 갈수록 찬연히 빛나게 될 것이다.

6. 드디어 무상선사 비석이 대자사에 건립되다

무상과 마조로 이어지는 법맥을 기록한 비석이 무상 사후 1,200년 만에 중국 쓰촨성 청두 대자사에 건립되어 선종사(禪宗史)의 지각 변동을 예고하고 있다. 특히 무상은 선차지법의 개조(開祖)로 그의 다풍(茶風)을 송나라 시기 원오극근이 이어 대하(大河)가 되고 강물이 되어 선차문화 발전에 공헌한 선승으로 밝혀졌다. 2015년 10월 15일 대자사 경내에서 열린 〈무상선사 행적비〉 제막식에는 쓰촨성 청두시 종교국장을 비롯한 중국 일급배우 장티에민(張鐵民) 등 내로라 하는 인사가 참가하여 행사가 갖는 의미의 중요성을 더해주었다. 이 비석은 대자사와 월간 《차의 세계》가 공동 발의하고 명원문화재단 등이 공동 건립에 동참했다.

무상선사의 행적비가 건립된 대자사는 잘 알려진 바와 같이 당(唐) 현종(玄宗)과 무상선사의 인연이 깊은 곳이다. 현종은 756년 안록산의 난을 피해 청두에 왔을 때 무상선사의 보살핌을 받은 보답으로 뒷날 대자사가 재건된 후 칙명으로 무상선사를 주지로 임명했다. 이렇게 역사적 의미가 깊은 대자사에 한·중 공동으로 무상선사 행적비가 건립된 것이다.

이 비는 대자사의 따이은(大恩) 방장과 《차의 세계》 최석환(崔錫煥) 발행인이 공동 발의하여 건립되었는데, 쓰촨성의 문사(文思) 연구가인 마수제(馬修霽)가 글을 쓰고, 이 비의 건립에 명원문화재단이 적지 않은 협력을 했다. 특히 이 비석은 근세 염불선(念佛禪)을 일으킨 청화(清華) 스님의 스승인 금타(金陀) 스님의 직계 제자인 능현사 성기 스님이 적극 동참하면서 염불선의 정통을 세웠고, 한국 선종은 태고(太古) 법맥(法脈)을 면면히 계승시킨 점을 상기시켜 태고 선양에 앞장서고 있는 대륜불교문화연구원의 이사장 무공(無空) 스님이 적극 참여함으로써 무상 – 마조 – 태고로 이어지는 법맥의 상징적 의미를 부각시키고 있었다.

무상선사는 그동안 잊혀진 존재였다. 놀랍게도 그는 신라 구산선문으로 이어지는 초기 한국선종 법맥의 흐름을 주도한 인물임에도 그에 대한 정당한 평가는 이

제까지 이루어지지 못했다.

그런데 2005년 10월 15일 쓰촨성 청두 대자사에 무상선사 기념비(無相禪師紀念碑)가 건립되면서 뒤엉켜 있던 법맥의 종지부를 찍었다.

무상선사 기념비 건립을 계기로 제2차 무상선사 학술연토회가 열렸다. 22편의 논문이 발표되어 무상에 대한 획기적 연구 성과를 거두었다. 특히 쓰촨대학 황덕창(黃德昌) 교수는 마조가 무상의 제자라고 단정지으며 파란을 일으켰다. 지금까지 마조는 남악회양(南岳懷讓, 677~744)의 제자로 비정(批正)되었다. 하지만 이제 학계에서 마조를 무상의 직계로 규명하면서 한국 선종계는 혼란을 겪게 되었다. 지금까지 혜능(慧能) – 남악(南岳) – 마조(馬祖)로 이어지는 한국 선종의 법맥을 전면 수정해야 할 형편이 되었다.

2005년 8월 마조의 고향 스팡(什邡)시에서 마조가 금의환향했다. 1천 200년간 떠돌다가 드디어 고향으로 돌아와 고향 사람들로부터 대대적인 환영을 받았다. 마조선사 학술연토회에서도 만난 일본 하나조노(花園) 대학의 오키모토 가쓰미(沖本克已) 교수는 지금까지 무상 연구는 지하창고 속에 매몰되었다며 이제 그 지하창고가 열리면서 무상 연구는 동아시아로 옮겨갔다고 말했다. 그는 솔직히 고백하건대 무상을 지하창고 속에 매몰시키고 싶은 심정이라고 토로한 적이 있다.

1,200년 만에 무상선사 행적비 건립을 계기로 대자사는 천 년간의 망각을 딛고 한·중 문화교류의 상징성으로 떠오를 전망이다. 무상선사가 세상의 빛을 본 것은 2001년 10월 중국 오백나한의 반열에 오른 사실이 밝혀지면서다. 그 뒤 연이어 무상의 인성염불이 중국 오대산 법조 스님에 의해 이어져왔다는 사실이 밝혀지면서 무상 연구의 중요성이 새롭게 제기되었다. 이 같은 성과는 한 개인 연구자에 의해 이루어진 쾌거였다. 망각 속에만 머물던 무상선사가 수면 위로 떠오르게 된 것은 1994년 《정중무상 선사》가 출간되면서부터이다. 이때 우리나라에서 처음으로 부각되기 시작했고 2001년에는 마침내 평상심의 다도 철학을 정립한 마조가 무상의 제자로 기록되며, 무상선사가 중국 오백나한 중 455위에 오른 사실이 밝혀지면서

좌측부터 무상선사
의 사리함을 살피는
최석환 회장, 금화
사 주지 굉오(宏悟)
스님과 대자사 방장
따이은 스님

무상 신드롬을 일으켰다.

이번에 무상선사 행적비가 건립되면서 무상과 마조로 이어지는 법맥을 이 비석
에 남겼다. 무상과 마조의 법맥을 중국 불교계가 인정한 것은 2001년 백림선사 경
내에 건립된 조주선다기념비에도 예견되었다

그 비문에도 이렇게 전하고 있다.

"정중무상 선사가 일찍이 촉나라(쓰촨성 지칭)의 주인이 되어 문하에 마조
도일을 두었다〔淨衆無相曾主蜀度門下高徒馬祖道一〕."

이 비석 글이 계기가 되어 마조가 무상 법맥을 잇는다는 사실을 중국 불교계가
공식적으로 인정하게 되었다. 대자사 경내에 건립된 무상선사 행적비에 "무상선법
(無相禪法)은 마조, 지장(智藏), 마곡(麻谷), 남전(南泉), 장경(章敬) 등 선사들을
거쳐 도의(道義), 홍척(洪陟), 혜철(惠哲), 범일(梵日), 무염(無染), 현욱(玄昱)에게

10여 년 전 금화사 두타
원에 24기의 사리탑도 그
중심에 신라의 무상선사
의 사리탑이 있었다.

전수되었으며 그 뒤에 신라국 구산선문을 이루어 마침내 동쪽으로 선법(禪法)이
전해졌다〔無相禪法復經馬祖智藏麻谷南泉章敬諸禪師下傳道義洪陟惠哲梵日無染
玄昱直至新羅國九山禪門斯時也無相之禪法卽東漸矣〕."

이번 비석 제막식에 한국 측 대표 축사를 한《선문화》발행인 최석환 씨는 "무
상이 주지로 있었던 대자사에 무상선사 행적비를 건립하게 된 것은 비단 한·중
우의뿐만 아니라 무상과 마조로 이어지는 법맥을 공식 인정했다는 점에서 매우
기쁘다"라고 말하였다.

따라서 무상선사 행적비뿐만 아니라 법맥까지 한·중(대자사와《차의 세계》)이
합작으로 공동 건립했다는 점에서 두고두고 역사에 휘황찬란하게 빛날 것이다.

7. 무상의 인성염불과 오회염불 다예로 결합되다

무상선사상의 핵심을 이루는 인성염불은 소리 내어 염불하는 칭명염불(稱名念

佛)이 아니라 화두(話頭)를 붙잡는 간화선(看話禪)을 말한다. 무상은 수행법의 핵심인 인성염불로 대중을 교화했다. 무상이 무억, 무념, 막망을 무주는 무괘애(無罣碍), 무념, 무위(無爲)로 참회, 계율(戒律), 선정(禪定), 지혜 등 삼학의 논리로 중생을 가르쳤다. 이 점에서는 무상과 상통한다. 무상의 인성염불은 수행에만 머물지 않고 다예(茶藝) 작법으로 결합하려는 움직임이 일어나고 있다. 그 행다법(行茶法)은 법조의 오회염불과 결합되면서 선종 차문화의 새로운 방향을 모색해 체계화될 것으로 보인다.

무상의 선차지법은 일부가 해동(海東)으로 전해지고, 또 다른 일부는 원오극근 선사가 무상의 선차지법으로 이어갔다고 전해진다.

'신선소각사지(新選昭覺寺志)'에 따르면 일본 승려인 무라타 주코(村田珠光, 1422~1502)가 원오극근 선사를 참배한 뒤 '다선일미' 묵보(墨寶)를 전해 받았다는 설도 전해진다. 무라타 주코가 귀국하면서 태동을 만났는데 대나무통 안에 '다선일미'라는 묵보가 들어있었다고 한다. 그런데 그것이 강물에 떠다니다가 강변에서 잇큐(一休) 화상에게 발견된 뒤로 교토(京都) 다이도쿠지(大德寺)에 보관되면서 다선일미라는 말이 일본차의 전유물처럼 여겨지게 되었다. 그런데 원오극근 선사가 호구소륭(虎丘紹隆, 1077~1136)에게 전해준 선어가 바로 '다선일미' 묵보라는 사실이 밝혀지면서 무상선사의 선차지법이 지닌 중요성을 더해주고 있다.

8. 1,200년 만에 무상선사 사리탑 발견되다

2001년 10월 오백나한(五百羅漢) 중 455번째로 오른 무상선사의 존재가 세상에 알려지기 이전까지만 하더라도 무상선사는 미미한 점 하나에 불과했다. 그런데 무상선사가 오백나한에 오른 사실이 드러나면서 세상에 빛을 비추었다. 그로부터 19년이 지난 2019년 봄, 쓰촨성 펑저우시(彭州市) 금화사(金華寺)에서 무상선사의 사리탑(舍利塔)이 발견되면서 무상의 존재가 다시 드러나게 된 것은 필자의 끈질긴 노력의 결과라고 하겠다. 무상선사의 사리탑이 발견되면서 국내 언론들도 주목했다.

엄주엽 기자는 《문화일보》에서 '무상선사 사리탑 1,200년 만에 찾다'에서 다음과 같이 말하고 있다. "신라의 구법승으로 중국 선종의 중흥조인 마조도일의 스승으로 기록돼 있는 무상선사의 사리탑이 중국 쓰촨성 펑저우에서 발견됐다. 지난 2001년 중국 불교의 성자로 추앙받는 오백나한 중 455번째 조사(祖師)가 무상선사라는 사실이 확인된 뒤 이번에 사리탑까지 발견됨에 따라 다소 도외시 돼온 무상선사에 대한 불교학계의 연구가 뒤따를 전망이다. 무상선사가 중국 오백나한에 포함된 것을 확인하는 등 무상선사의 행적 찾기와 연구에 전념해온 최석환(62·사진) 한국국제선차문화연구회 회장은 "2019년 3월 24일 펑저우 단징산(丹景山) 금화사의 김두타원(金頭陀園)에 10여 년 전 훼손된 채 방치된 20여 기 사리탑 중 무상선사의 사리탑을 최초로 확인했다"고 4월 17일 밝혔다. 최 회장은 "무상선사의 오백나한 발견 이후 무상선사의 열반지를 추적하는 과정에서 올 초 단징산에 무상선사 사리탑이 김두타(金頭陀)란 이름으로 현존하는 사실을 알게 됐

무상선사의 사리탑이 펑저우 금화사에 10년간 방치되다가 한국의 국제선차문화연구회 최석환 회장과 쓰촨 청두 대자사 방장 따이은 스님이 펑저우 민정국에 건의, 2019년 가을 원형대로 보존했다.

으며, 2개월 뒤 다시 현지 조사과정에서 무상선사가 입적한 사찰이 금화사라는 것을 처음 확인했고 현존하는 사리탑을 1,200년 만에 발견했다"고 말했다. 그는 "비록 무너져 있긴 했지만, 사리탑에는 목단(牧丹) 문양 등 1,000년 전 문양들이 여전히 선연하게 남아 있었다"고 전했다."

9. 평저우시에 있는 무상의 사리탑이 원형대로 복원되다

2019년 3월 21일 춘분날 김두타원을 찾아갔다. 그런데 김두타는 10여 년 전 20기를 모신 탑신이 흔적도 없이 사라졌다. 금화사 거사가 우리를 이끌고 사리탑 숲속으로 향했다. 사리탑군은 금화사 김두타의 앞산에 있었다. 필자의 신발을 보더니 이 신발로는 사리탑 숲을 갈 수 없다고 겁을 주었다. 그들의 말에 아랑곳지 않고 금화사 거사를 따라 사리탑 숲으로 올라갔다.

사리탑 숲 앞에는 파괴된 탑재들이 그대로 방치되어 있었다. 그 중심에서 신라 무상선사의 사리탑이 발견되었다. 무상선사 사리탑 앞에서 두 손을 모아 합장했다. 파괴된 무상선사의 사리탑 잔재들을 살펴보면서 눈물이 앞을 가려 좀처럼 그 자리를 떠날 수 없었다. 사리탑 중심부에는 갖가지 문양들이 새겨져 있다. 그중 천 년 전의 문양들이 바로 어제 새긴 것처럼 선연하게 빛나고 있었다. 무상선사의 법신(法身)을 보면서 당대에 무상선사가 얼마나 큰 자취를 남겼는가를 실감했다. 이상은이 쓴 글에도 '손가락 하나를 불태워 천등을 잇기를 맹세하였다'라고 나와 있다. 이처럼 무상은 뛰어난 법력을 지닌 위대한 선승이었다.

무상선사의 사리탑재를 살피다가 사리탑 숲을 내려갔다. 금화사 두타원 앞에는 금화사 스님들과 두타원 인근의 사람들이 모여들었다. 그리고 두타원 앞에서 발견한 청화백자(青華白磁)를 보여주었다. 첸용광 기자가 일본인을 대동하고 김두타원까지 올라왔다.

금화사 두타원 앞에서 제1차 선차지법의 길을 듣고 카메라에 담았다. 한·중·일이 참가한 선차지법의 길이 무상선사의 사리탑원인 두타원에서 시작된 것은 여러 모로 상징적 의미가 크다. 무상이 떠난 뒤 무종이 불교를 탄압하기 시작했다. 그 후 130년이 지난 뒤 쓰촨 절도사 하동공 유중영이 무상선사를 흠모하여 사증당과 삼휴각을 세워 무상을 흠모하였다고 전한다.

그런데 무상선사의 열반지를 놓고 정중사인가 대성자사(大聖慈寺)인가 등의 찬반양론이 뜨거웠다. 그런데 펑저우 단징산 금화사에 무상의 사리탑이 밝혀지면서 무상의 열반지가 금화사로 밝혀졌다

2019년 3월 24일 쓰촨성 불교협회 부회장인 따이은 스님과 한국국제선차연구회 최석환 회장, 펑저우 차인 쉬스훙, 중국 다도 잡지 첸용광, 일본 차인 등이 펑저우 단징산의 금화사를 찾아가 무상선사의 사리탑에 관심을 보이자 펑저우시 민종국(民宗局)은 관심을 보였다. 향후 한·중 무상선사 학술연토회를 열어 양국 간의 선차문화를 촉진시켜 나가겠다는 의지를 보였다. 더 나아가 김두타의 유적과 20여 구의 사리석탑을 복원하여 역사문화의 현장으로 펼쳐 보이겠다는 의지를 보여왔다.

무상선사가 주목 받는 까닭은 펑저우 단징산에 주석하면서 차나무를 가꾸고 다선일미를 실천해 나갔기 때문이다. 또한 무상선사가 신라에서 가져간 묘란 꽃을 전해주었다는 민간 전설이 전해오고 있는 실정이다. 이처럼 무상선사가 중국 오백나한의 성인에 올랐을 뿐만 아니라 선과 차를 통해 쓰촨 선차문화를 이끌어 갔다는 점에서 관심을 모으고 있다.

필자가 펑저우시를 찾아가 김두타원의 실체를 파헤치자 펑저우시는 10년간 방치되다시피 했던 무상선사의 사리탑을 원형대로 복원했다.

20여 년간 무상선사를 추적하여 2001년 오백나한에 오른 무상선사를 발견한 이후 무상선사는 동아시아의 큰 별로 자리잡아가고 있다.

특히 선차의 비조에 오른 무상선사를 추앙하고 한국의 선차를 바로 세우게 된 일은 한국인으로서 큰 자부심이라고 말할 수 있다.

02. 조주탑 앞에서 선차가 발원하다

1. 백림선사의 중흥과 조주 선사

허베이성 백림선사에 다다르면 우뚝 선 진제선사 광조지탑(眞際禪師光祖之搭)이 시야에 들어온다. 천 년 전 조주종심 선사가 끽다거라는 화두로 승속(僧俗)을 막론하고 차와 선의 길을 열어 천 년간 식지 않은 차로 우리에게 다가왔기 때문이다. 그 은혜를 잊지 않고 동아시아의 차인들은 조주탑(趙州搭)을 찾아 차와 향을 올리며 조주의 차 정신을 기리고 있다.

조주가 끽다거로 선림(禪林)을 이끌었던 백림선사는 당(唐), 송(宋), 명(明), 청(淸)을 거치면서 황폐화되었다. 청조(淸朝) 말기 북양군벌(北洋軍閥)이 허베이성 일대에서 치열한 전투를 벌이면서 유서 깊은 백림선사가 전란에 휩싸였기 때문이다.

1938~1945년 사이에 친매법사(親昧法師, 1888~1971)가 단신으로 백림선사에 들어가 염불하고 향을 사르고 있을 때 조주탑만 덩그렇게 남았다. 1986년 5월 19일 자오푸추(趙樸初, 1907~2000) 거사가 부인의 손을 붙잡고 폐허나 다름없는 백림선사를 찾아가 〈조주탑〉이란 시를 남겼다.

천년간 차향이 끊이지 않고 있는 조주선사 사리탑

고요하고 고요한 조주탑이여	寂寂趙州塔
비고 비어서 옆에 의지한 것도 끊어졌네	空空絶依傍
누워 있는 여래는 보지 못하고,	不見臥如來
서 있는 서상(瑞像)만 보았다네	只見立瑞像
평생을 불자(拂子) 하나만 가졌으니	平生一拂子
어찌 임제방(臨濟棒)만 특수할까	何殊臨濟棒
깨달음 중히 여기는 것을 수립하였으니,	會看重竪起
인천(人天)에 모범이 되셨네.	人天作榜樣

이전까지 까맣게 잊고 있던 백림선사의 역사가 당시 중국불교협회 회장 자오푸
추 거사가 지은 이 한 편의 시를 통해 다시금 깨어나게 되었다.
　그 후 1987년에는 두 편의 시를 남겼다

진제선사를 참배하러 관음원을 찾았더니	來參眞際觀音院
다행히도 국사의 탑은 남아 있구나	何幸國師塔尙存
적막한 선풍이 천 년을 지난 후에	寂寂禪風千載後
마당의 측백나무는 어떤 이를 기다릴까	庭前柏子待何人

외로운 탑 우뚝 솟은 오래된 조주 땅에	一塔孤高老趙州
참배객들의 두 눈엔 눈물만이 흐른다	雲孫來禮漏雙流
부서지고 깨진 비석은 풀덤불에 묻혔으니	斷碑殘碣埋荒草
선의 강에서 누가 또다시 근원을 물으랴.	禪河誰復問源頭

그리고 마침내 1988년 5월 19일 허베이성 불교협회 회장을 맡은 징후이 스님이
백림선사 주지로 취임하여 백림선사의 부흥에 나서게 되었다. 백림선사는 10년

(1988~1998)이라는 세월 동안 옛 모습을 서서히 되찾아 선의 정신, 선의 지혜를 생활에 보편적으로 융화시키며 생활 속에서 선의 사상을 구현해 나갔다.

백림선사의 각종 활동 가운데 사부대중들에게 전통을 계승하고(契理), 시대에 적응하며(契機), 올바른 법에 입각하여 선학를 널리 전하고 선열(禪悅)을 통하여 생활선을 실천했다. 징후이 스님은 10년 사이 백림선사가 옛 모습을 되찾게 되면서 전국의 대학생들에게 수련대회를 열고 각오 인생, 공헌 인생을 실천했다.

그런데 백림선사에서 열린 대학생 수련회에 학생들이 구름처럼 몰려들자 단전시킨 예도 있다. 그만큼 중국 정부는 사람들이 많이 모이는 것을 달갑게 생각하지 않았다. 끽다거는 종교의 영역이기에 당시 불교계나 차계에서는 끽다거를 세상 밖으로 들추어낸다는 것은 상상할 수 없는 일이었다.

조주의 끽다거를 찾아 중국 선차계를 깨울 때에도 한국 선종계는 침묵했고, 일본은 일찍이 백림선사를 찾아가 선종 조정으로 인식하고 백림선사에 중요한 행사가 있을 때마다 대표단을 구성하여 참여했다. 한·중·일 삼국의 불교우호교류회를 계기로, 근래에 잇달아 한국과 일본의 선 수행 체험단이 수행 생활을 체험하기 위해 백림사(拍林寺)를 찾고 있다. 그렇다면, 이처럼 백림선사와 끈끈한 우정을 맺은 일본 선종계가 조주의 끽다거를 잊고 있었던 이유는 무엇일까? 중국도 마찬가지로 조주의 끽다거를 잊고 있었다.

백림선사의 조주 조정에 큰 변화가 일어난 시기는 1992년이다. 한국과 중국 간의 공식적 수교가 이루어지면서 한·중·일 3국에 변화가 생겼다. 1987년 일·중 우호임황협회를 이끌고 백림선사의 조정에 예를 다하였다. 그런데도 조주의 끽다거를 잊어버리고 한국과 일본은 서로 중국 선종의 연원(淵源)을 잇고자 치열한 경쟁의식을 벌였다. 그 와중에 중·일 감정이 작용한 일본 선종계는 중·일 선종의 돈독한 우의를 다지려 했다. 10년 뒤(1998년 8월) 한국의 선차 연구가들이 백림선사를 찾아가 조주의 끽다거를 파헤치면서 조주의 차가 세상에 드러났다. 1998년 이

2000년 봄. 중국 백림선사 방장 징후이 스님과 한국국제선 차연구회 최석환 회장의 인연으로 조주의 차가 세상에 알려지게 되었다.

전까지만 하더라도 백림선사는 생활선에 의한 중국 선종의 모범적인 도량(道場)으로 자리 잡고 있었다.

다음은 끽다거가 세상에 드러나게 된 연유를 살펴보자.

2. 잊혀진 조주의 끽다거를 깨운 한국의 차인

징후이 스님이 백림선사를 중흥하고 10년이 흐른 뒤, 한국의 선차순례단을 이끌고 백림선사를 찾아간 당시 불교춘추사 최석환 대표는 조주탑 앞에 차를 올리고 조주의 차정신을 흠양했다. 그때가 1998년 8월 뜨거운 여름이었다. 그 모습을 지켜본 백림선사 감원(監院) 밍하이(明海) 스님은 필자에게 다가와, 잊고 있던 끽다거를 깨워줌에 감사의 말을 전했다.

그에 만족하지 않은 필자는 백림선사 경내 조주탑전에 한중 우의를 상징하는 〈조주고불선차 기념비(趙州古佛禪茶紀念碑)〉를 세워 조주의 끽다거 정신을 기리자고 제안했다. 밍하이 스님은 자신에게 결정권이 없다며 스승인 징후이 스님과 논의하여 알려주겠다고 말했다.

1년을 기다린 끝에 밍하이 스님으로부터 연락이 왔다. 은사(징후이 스님) 스님께서 최 선생을 뵙고 싶어하니 백림선사를 내방해주면 좋겠다고 말했다.

그때 매우 기쁜 마음으로 회답하고 곧바로 백림선사를 찾아갔다. 그때가 2000년 봄이었다. 백림선사 방장실에서 징후이 스님과 처음으로 대면했다. 그 자리에서는 밍하이 스님과 징후이 스님이 저자와 나눈 대화를 일일이 기록하고 있었다. 향기로운 조주의 차가 오감으로 느껴질 즈음 징후이 스님이 빙그레 미소를 지으며 물었다.

"최 선생은 어떤 인연으로 '선차기념비'를 백림선사에 세울 생각을 하게 되었습니까?" 그때 이런 징후이 스님의 물음에 다음과 같이 대답했다.

"1998년 겨울, 안후이(安徽) 남전사지(南泉寺址)로 찾아갔을 때 남전의 문하(門下)에서 신라의 철감도윤(澈鑑道允, 798~868) 선사와 천하고불(天下古佛)로 칭송받던 조주 선사가 동문수학(同門受學)한 사실을 알고 감동했습니다.

게다가 초의선사(草衣禪師, 1786~1866)가 쓴 《다신전(茶神傳)》에서 '승당(僧堂)에 조주풍(趙州風)이 있으나 다도(茶道)를 알지 못해 베껴 쓴다'는 구절을 읽고 조주의 끽다거 발원지인 백림선사를 한번 찾아와 조주선사 탑 앞에 예를 다하고 싶었습니다. 그렇게 발원한 나의 염원이 마침내 1999년 여름에 이루어졌습니다. 뜨거운 여름 날 백림선사를 찾아가 조주탑 앞에 한국에서 가져온 녹차 한 잔을 올린 뒤 조주탑 앞에서 무릎을 꿇고 발원하길 조주의 차 정신을 기리는 선차 기념비를 세워 천추에 길이 빛내겠다는 의지를 불태우게 되었습니다."

저자의 의지를 듣고 있던 징후이 스님이 나의 손을 잡더니 빙그레 미소지으며 "지난해 제자인 밍하이 스님에게 선생의 뜻을 듣고 한번 만나보려 했었는데 선생의 의지를 직접 듣고 보니 매우 뜻있는 일이라고 여겨집니다."

"감사드립니다. 이 같은 역사적 일은 한중 선차문화 교류사에 이정표가 될 것입

2016년 제10차
세계선차문화
교류대회 개막
식에서 조주고
불 앞에 차와
향을 올리는
스님들

니다." 하고 말씀 드렸다.

　징후이 스님이 기쁜 마음으로 지지해준 덕분에 조주선차 기념비 건립 계획이 순조롭게 성사되었다. 3년을 준비한 끝에 기념비는 2001년 10월 백림선사 조주탑 앞에 세워졌다. 조주를 흠모한 한국의 한 차인의 노력이 마침내 끽다거 공안에 의해 조주를 세상 밖으로 이끌어내는 결실을 거두었다.

3. 한일 다도계의 치열한 경합을 벌인 백림선사와 끽다거

　1998년까지만 해도 끽다거라는 화두가 종교적 영역에 국한되어 다루어지면서 중국 선차계가 끽다거를 세상 밖으로 끌어내기는 역부족이었다. 그때 한국의 불교춘추사 최석환 대표는 조선 후기의 선가(禪家)에 조주의 가풍(家風)이 살아있고 선승들이 조주의 끽다거란 화두를 대중들에게 법어(法語)로 자주 들려준 사실을 접했다. 조주 선사가 그를 찾아오는 학인(學人)에게 물었다.

"스님께서는 여기에 와본 적이 있습니까?"

"와본 적은 없습니다."

"차나 한 잔 마시게."

이 같은 화두를 조주선사 가학인에게 들려준 허베이성 자오현(趙縣)에 있는 백림선사를 찾아가 조주탑 앞에 차를 한 잔 올려 그에 보답하려는 염원을 갖고 있었다. 그러다 마침내 1998년 8월 백림선사를 찾아가 지리산에서 가져간 차로 조주고불께 예를 다했다. 그 같은 장면을 보고 당시 감언인 밍하이 스님이 감격했다. 지금도 조주 탑전에 차를 올릴 때면 밍하이 스님이 "한국의 차가 이렇게 감미롭습니까" 하고 건네던 말씀이 아직도 생생히 기억난다.

3년(1998년 8월~2001년 10월)간 허베이성 백림선사와 조현 정부와 협상한 끝에 2001년 10월 19일 〈조주고불선차 기념비〉가 건립되었는데, 그보다 앞서 백림선사와 필자의 눈물겨운 노력이 있었다.

세 치의 연한 혀가 방과 할을 뛰어넘으니
조주 선사의 차 한 잔 영원히 끊이지 않도다.
如來臥兮非瑞像 全畿大用罔測
三寸軟舌超捧喝趙州喫茶泳不息.

서옹(西翁) 스님의 손이 붉은 천을 걷자 기념비의 맨 마지막 글귀가 선명하게 드러났는데, 지금도 그 순간을 어제 일처럼 잊을 수 없다.

명원차문화상 수상자로 참가한 징후이 스님이 조주화상의 석각 탁본을 김의정 이사장에게 전하고 있다.

4. '일본 다도의 조정은 조주에 있다'고 외친
일본 우라센케(裏千家) 종장(宗匠) 센 겐시쓰(千玄室)

〈한중 우의 조주선차 기념비〉가 세워지기 4개월 전 일본 다도의 최대 유파인 우라센케가 중·한 방한 100회를 기념해 베이징 중난하이(中南海)에서 청년들에게 일본 다도의 연원을 밝히기에 앞서, 9월 26일 우라센케의 뿌리를 찾아 조주 백림선사를 방문했다. 조정에 예를 올린 우라센케는 '일본 다도의 종풍(宗風)이 조주탑 아래에서 나왔다'고 충격적인 발언을 했다.

4개월이 지나 2001년 10월 19일 한국과 중국이 손잡고, 우라센케 이에모토가 찾아간 백림선사의 조주탑 앞에서 한국 다도계와 불교계가 선조사인 조주고불의 은혜에 보답하고자 〈한중 우의 조주고불선차 기념비〉를 세웠다. 일본 다도계가 뒤늦게 이 같은 사실을 알고 충격에 휩싸여 버렸다. 이에 중국 언론들은 한결같이 대대적인 보도를 했다. 그 내용을 살펴보자.

"2001년 10월 19일 한국의 불교 춘추사는 40여 명의 대표단을 이끌고 한국 차도의 비조인 조주 선사께 차를 올렸다. 이번 기념비 제막에 한국 다도계를 대표하여 명원문화재단이 팔정선다(八正禪茶)법을 보여줘 관심을 끌었다. 중국의 언론들은 한국 다도가 〈조주고불선차 기념비〉를 세운 까닭을 다음과 같이 말했다. "선차일미(禪茶一味)"의 기념비는 한국인이 "조주고불"에 예를 올리며 세웠지만, 그것은 조주고불의 정신문화자원을 인류문명에 이롭게 개

일본의 다도가 조주 백림선사에 있다고 선언한 일본 우라센케 15대 종장 센 겐시쓰 대종장

발 및 발굴하는 것이다. "끽다거"는 중국에 속하지만 그 내용은 전 인류와 전 세계에 속하는 것이다. 백림선사를 대표하여 밍하이 스님은 한국의 다우들을 환영하는 훌륭하고 간단명료하게 인사말을 하였다 .

"천 2백여 년 전 선문(禪門) 거장 조주 선사는 우리들 발아래의 이 땅에서 생활 속에서의 안심법문(安心法門)을 설명하고, 석가여래의 열반묘진(涅槃妙盡)을 이어오며 드높였습니다."

백림선사에 〈조주고불선차 기념비〉가 세워지기 이전까지만 해도 다도를 말할

때 한국은 일본에 한 수 아래였다. 선차기념비가 세워지면서 한국의 자존심도 높아졌다. 백림선사의 선차기념비가 세워진 까닭은 조주종심 선사와 법형제 되는 철감도윤 선사의 인연 덕분이었다. 일본은 뒤늦게 백림선사의 조주 선사 기념비를 보고 회한의 눈물을 흘렸다고 한다. 2001년 백림선사에 〈조주고불선차 기념비〉가 세워진 이후 2007년 봄 한국의 선종 스님이 조주의 자취를 쫓아 백림선사를 찾아가 간절한 마음으로 조주탑 앞에 향을 사르고 한국이 세운 선차 기념비를 보고 감격했다는 이야기도 전한다.

중국 선종 순례단 일원으로 참가한 칠불암 통광 스님은 선차기념비를 보고 단숨에 읽어 내려가다가 크게 소리 높여 "여기 보세요, 마조의 상족인 남전보원(南泉普願, 748~835) 문하에 조주고불과 동문수학한 철감도윤이 있어요"라고 외쳤다. 모두들 감격한 듯 눈이 휘둥그레졌다. 선차기념비를 세운 이후 2004년 명원 차(茶)문화 공로상 수상자로 선정된 징후이 스님은 한국을 찾아왔는데 조주 종심 스님과 법형제(法兄弟)인 철감도윤 스님의 고향를 찾게 되어 기쁜 마음을 드러냈다.

《끽다거》잡지 주편인 수만(舒蔓)이 쓴 〈식지 않는 천 년의 차〉에서 "천여 년 전 조주 화상의 '끽다거'는 '선차일미' 정신의 시작이었으며 또한 백림사는 '선차일미'의 발원지로서의 지위를 가지게 되었다. 2001년 10월 19일 한국 불교춘추 잡지사 사장인 최석환 선생의 주도로 징후이 화상이 추진하여 한국 불교계, 차문화계는 조주탑 앞에 〈조주 선사선차기념비〉를 세우고, 중국 불교계와 선차계가 연합해 차도표연(茶道表演)과 학술연토회를 거행하였다. 징후이 스님은 조주 조정의 부흥과 한·중 선차문화 교류를 부흥시킨 공헌과 한국 선문화계와 차문화계의 칭송으로 '명원 차문화상'의 영광을 얻었다.

수여식은 2004년 10월 19일 저녁 서울 하얏트호텔에서 진행되었다. 수여식에는 한국문화계, 불교계와 언론계 명사들 천여 명이 참가했으며, 징후이 스님, 조계종(曹溪宗) 총무원장 법장 스님, 김의정 명원문화재단 이사장, 한국 수상자 임동권 교수가 단상에 앉았다. 법장 스님, 김 이사장의 축사 후 김 이사장이 두 수상자에서 상을 수여하고, 징후이 스님이 이어서 말씀했다. 그는 스스로 상을 받은 것에 송구해하면서 한·중 양국 불교계, 문화계의 우의를 다지기 위해 미약한 힘이지만 계속 보태겠다고 했다. 말씀을 마치고 그는 금박으로 만든 불상과 조주 화상 석각 탁본을 김의정 이사장에게 증정하였다. 참석자 전원이 열렬히 박수쳤다."

이렇게 천 년 전 조주 선사가 남긴 끽다거로 인해 〈진제선사광조탑〉 앞에 우려낸 차향이 사라지지 않고 만 리 밖으로 퍼져나가고 있다.

03. 한중 차맥 잇게 한 백림선사에 〈조주고불선차 기념비〉 건립되다

'츠챠취(喫茶去)'란 화두는 1천 2백 년 전인 당나라 때 조주(趙州, 778~897) 선사가 허베이성 자오현의 조주 관음원에서 퍼뜨린 화두이다. 오늘날 선다일미(禪茶一味)의 연원이 된 조주의 츠챠취가 보편적인 언어로 정착될 수 있었던 것은 바로 선과 차의 접목에 있다.

조주 선사는 중국선종이 남종선으로 재편될 때, 그 중심에 섰던 마조선사의 증손이 되는 위대한 선승이다. 한국불교의 구산선문 중 사자산문을 연 철감도윤(澈鑑道允) 선사와는 법형제 간이다. 이처럼 조주 선사는 한국 선종과는 끊으려야 끊을 수 없는 관계로 한국 선가에 무자화두, 정전백수자(庭前柏樹子) 등의 화두를 보편화시켰다.

2001년 10월 19일 제막식을 가진 〈조주고불선차 기념비〉는 한국의 고불총림 방장 서옹 스님의 증명을 받아 한국 불교계가 뜻을 모아 옛 조주관음원이 자리 잡았던 허베이성 자오현 백림선사에 건립했다. 이는 한·중 간의 황금우의를 돈독히 하고, 우리가 잊은 중국 선종의 핵심 인물이었던 무상(無相) 선사의 법맥을 공식적으로 인정받는 계기가 되었음에 매우 의미가 크다. 이 비석은 불교춘추사가 발원하고, 당시 백림사 방장이었던 징후이 선사의 지극한 자비심에 힘입어 세워지게 되었다.

제막식에는 중국 불교협회 부회장 징후이 스님을 비롯, 동화사 조실 진제 스님,

조주고불 제막식에는 징후이 스님과 진제 스님, 동광 스님과 한·중의 불교계와 차계 대표가 대거 참여했다.

선문화〉 회장 동광 스님, 미륵사 주지 백운 스님을 비롯, 비석 건립 추진위원장인 불교춘추 발행인 최석환, 한국 차문화계를 대표한 명원문화재단 관계자, 허베이성 종교청 관계자 등 500여 명이 참석하였다. 축하분위기는 사뭇 고조되었다.

2001년 10월 19일 허베이성 백림선사에서 제막된 '한·중 우의 조주고불 선차기념비명게비의식(韓中友誼趙州古佛禪茶紀念碑銘揭碑儀式)'이라는 붉은 글씨의 깃발이 펄럭이고 있었고, 좌측에 있는 조주탑이 그 어느 때보다 장중해 보였다. 징후이 선사가 제막식 인사말에서 "오늘의 선차기념비 제막식이 갖는 의미는 한·중 불교가 한 뿌리이며, 예부터 한 집안임을 확인하는 역사적 순간이다"라고 피력하자 모두들 큰 박수로 답했다. 이번 조주고불 선차기념비 건립에 차계를 대표하여 적극 협력한 명원문화재단의 김의정 이사장은 "조주의 츠차취 정신을 계승·발전

조주고불선차 기념비
제막식

시켜 오면서 조주 다풍이 조선후기까지 계승되어 왔고 이번 〈조주고불선차 기념
비〉의 건립을 계기로 조주의 차맥이 계승 발전하길 바란다"고 말했다

무상법맥 공식화하는 순간

허베이성(河北省) 스좌장시(石家庄市) 자오현(趙縣)의 백림선사(柏林禪寺)의 탑
전에 세운 〈조주고불선차 기념비〉(높이 2m, 700자 규모)는 한·중 불교계가 뜻을
합쳐 법맥의 복원뿐 아니라 차맥까지 기록함으로써 구전으로만 전래되어 온 법맥
을 공식화했다는 점에서 주목된다.

04. 임제의 선맥을 고려에 이은
태고보우 국사

2008년 후저우 하무산 산정에 세운 태고보우기념비 제막식에서
좌측 유양석 명원문화재단 고문과 우측 《차의 세계》 최석환 발행인

2005년 가을, 무상과 마조로 이어지는 무상선사 행적비 제막이 쓰촨성 대자사에서 거행되었다. 그로부터 3년 뒤 한·중 우의의 상징인 〈태고보우 현창기념비(太古普愚顯彰紀念碑)〉를 저장성(浙江省) 후저우(湖州) 하무산(霞霧山) 천호암(天湖庵)에 세워 선차문화계의 변화를 예고하고 있다. 무상의 선차지법(禪茶之法)은 조주로 이어져 다시 원오극근과 양기방회(楊岐方會, 992~1049)로 이어졌다. 그 맥을 계승한 석옥청공(石屋淸珙, 1272~1352)으로부터 고려의 태고보우는 선차일미를 이어받아 고려 땅에 임제의 선풍을 활짝 꽃피웠다. 2008년 12월 15일 한중 우의를 상징하는 〈태고보우 현창기념비〉 제막식에는 중국 묘서진(妙西鎭) 인민정부와 한국 선차계 인사들이 대거 참여해 한층 뜻 깊은 자리를 만들었다. 이 비석은 저장성 묘서진 인민정부와 한국국제선차문화연구회 그리고 월간《차의 세계》, 대륜불교문화연구원, 명원문화재단 등이 공동으로 건립해 그 의미가 남다르다.

1. 하무산에 다시 부는 차향

660년 전 고려 충목왕(忠穆王) 3년(1347) 태고보우 국사가 뱃길을 따라 홀로 하무산으로 구법의 길에 올랐다. 당시 강호의 눈 밝은 선지식인 석옥청공 선사가 천호암에 홀로 앉아 자연을 벗 삼아 살아가고 있을 때였다. 그는 놀랍게도 임제종(臨濟宗)의 18대손으로, 호구소륭(虎丘紹隆)에서 급암종신(及菴宗信)으로 이어지는 임제선법의 계승자였다. 태고보우는 당시 47세로, 석옥청공과 맞닥뜨렸다. '여러 시험 끝에 금린이 곧은 낚시에 올라온다'라는 게송(偈頌)을 주었다. 그렇게 임제의 선이 고려로 전해졌다.

그로부터 660년이 지난 2008년 12월 15일 오전 10시, 하무산 정상 천호암지에서 〈한·중 우의 해동선종 중흥 태고보우 현창기념비(中韓友誼海東禪宗中興太古普愚顯彰紀念碑)〉 제막에 후저우시(湖州市) 정부와 한국 선차계의 많은 사람들이 운집했다. 태고보우가 구법했을 당시에 그는 혼자였지만 이제 그의 법손 40여 명

석옥의 하무차로 인해 하무산 전체가 백차 산지로 탈바꿈했다.

이 찾아와 조사의 행화의 자취를 따라 덕을 찬탄하며 하무산 정상에 모였다. 제막식에는 한국의 국제선차문화연구회, 대륜불교문화연구원, 명원문화재단, 저장성 묘서진인민정부와 태고종(太古宗)의 스님들이 대거 참여하여 봉행했다. 전날 후저우의 사나운 바람결이 휘몰아쳐 제막식이 있는 다음날이 걱정되었다. 그러다가 다행히 바람결이 곧 잔잔해지면서 대련 사이로 서광이 빛났다.

태고 화상이 삼생의 원력으로 불심종을 빛내시어 다시 오니 하무산에는 중국과 한국의 선풍을 동일한 맥으로 비추시었다[太古三生願 光佛宗再來 霞霧照中韓禪風同一脈].

1996년 9월 9일 태고보우의 자취를 찾아 하무산을 오른 날, 천호암은 폐허가

되어버렸고, 하무차만 남은 것을 보고 눈물이 앞을 가려 여기에 태고보우 비석을 세울 것을 발원했다. 그로부터 12년만에 〈태고보우 현창기념비〉를 세우기에 이르렀다. 비석 건립은 묘서진인민정부의 '종교문화와 지방민속을 결합시키고, 하무산 개발계획'에 힘입었다. 또한 임제종의 조사인 황벽희운(黃檗希運)의 '이심인심(以心印心)이니 심심불이(心心不異)니라'라는 가르침에 따라 심심상인(心心相印) 정신에 힘입어 이루어졌다. 2007년 7월 조인식 이후 수차례 후저우시와 묘서진을 왕래하던 중 1년 5개월만에 열린 이날의 제막식은 중국을 대표하여 묘서진인민정부 왕회강(王會江) 진장의 치사로 시작되었다.

"오늘은 특별한 날입니다. 하막산(옛 하무산)에서 멀리 한국에서 온 종교계, 문화계, 차계 인사들을 환영하며 한·중 우의 기념비 개막의식을 엄숙히 거행합니다. 14세기 고려(지금 한국) 태고보우 국사가 하막산에 와서 은거한 뒤 석옥청공으로부터 인가를 받고 고려에 임제종을 전하므로 태고보우의 적손이 되었습니다. 그로부터 660년만인 1996년 한국의 임제종 법손들이 처음 묘서진을 찾았고, 우리는 한국 땅에서 온 손님들을 기쁘게 맞이했습니다. 그러던 중 2006년 후저우와 한국의 아름다운 인연을 기념하고 구법정신을 발양(發揚)하며 쌍방의 교류를 장려하기 위해 최석환 선생과 후저우 차 연구가인 커우단(寇丹) 선생이 만났습니다. 둘은 전력을 다해 강력하게 추진함으로써 하막산에 있는 한중 우의 차나무가 항상 푸름을 유지하듯 한·중 문화교류 역시 계속 빛나길 기원합니다."

이어 한국 측을 대표하여 국제선차문화연구회 최석환 회장의 인사말이 이어졌다.

"660년 전 고려의 태고보우가 석옥청공에게 '금린이 곧은 낚시에 올라온다'는 시구로 태고보우 국사를 인가했던 역사적 현장이 바로 이곳 하무산입니다. 지금 그 정상의 〈태고보우 현창기념비〉 제막식 현장에 서 있습니다. 1996년 제가 하무산에 첫발을 내딛은 지 이렇게 12년만에 〈태고보우 현창기념비〉를 세우게 되어 기쁘게 생각합니다. 아울러 한·중 양국이 공동으로 노력해 50대 50으로 공동 투자

2008년 하
무산에 세운
한중우의정

하여 이 비를 건립하게 되었습니다. 이 청명한 겨울에 묘희불국(妙喜佛國)이라 불
리는 후저우 묘서진 하무산정의 푸른 호수가 내려다보이는 천호의 물처럼 태고와
석옥의 우정을 천 년간 이어 한 송이 연꽃처럼 피워낼 것을 기약합니다"라고 말하
며 이날의 벅찬 감동을 말했다.

이어 태고종 총무원장인 운산 스님은 "660년 전 이곳 천호암에서 불법 전수와
한·중우의 인연이 있는 태고보우와 석옥청공 두 조사를 기리며, 후손들이 현창
기념비를 봉정(奉呈)하오니 선종 중흥조(中興祖) 태고보우 국사께서 자비로 섭수
(攝受)하여 주옵소서"라며 기원했다.

태고종 종정(宗正) 혜초(慧草) 스님의 기념비 축원 법어와 무공 스님의 행장 소
개, 중국 묘서진인민정부 당지서기인 모서진인민정부 왕회강(王會江) 진장의 축사
순으로 진행되었다. 제막 의식이 끝날 즈음 한·중 양국의 대표가 석비를 가린 천

을 잡고 당기자 높이 2.5m로 비문 머리에 '중·한 우의 해동선종 현창 기념비'라는 문구가 웅장한 자태를 드러났다. 기념비에는 불광이 동방에 비친 이래 달마의 선법이 해동으로 이어졌고, 서로 마음으로 전해지길 1000여 년, 묘희불국이라고 불리는 묘서와 한국불교의 인물은 원대 임제의 법맥과 다선일미가 고려로 전해진 것이라고 밝혔다.

붉은 천이 걷히자 커우단 선생이 개완용(蓋碗用) 찻잔을 꺼냈다. 그리고 곧 찻잎을 넣고 물을 부었다. 찻잔 사이로 빛이 비치더니 그 빛 사이로 뭉게뭉게 안개가 피어나며 차향이 하무산 가득 퍼져나갔다. 비석 앞에서 헌다의식(獻茶儀式)을 거행한 이후 이날 행사는 마무리되었다.

제막식이 끝난 뒤 후저우 국제호텔 세미나실로 자리를 옮겨 오후 2시부터 학술연토회가 묘서진인민정부와 월간《차의 세계》 공동으로 개최되었다. '석옥청공과 태고보우의 선사상의 회통과 선차문화'를 주제로 한·중의 학계, 차계, 문화계 인사 등 12명이 발표를 하였다. 우리 측은 태고보우의 원융회통(圓融會通) 정신을, 중국 측은 석옥청공과 후무산 후저우 선종을 다루었으며 다각도로 연구되었다. 발표자로 나온 후저우의 차 연구가인 불견소(佛見笑)는 〈하무산 선명(禪茗)은 지금 어디인가〉라는 논제를 발표한 끝에 "천호의 물처럼 태고와 석옥의 우정을 천년간 이어 한 송이 연꽃처럼 피워내겠다고 말한 그 답례로 제막식 때 필자가 말한 천호의 물이 한 송이 연꽃이라고 말한 기억이 납니다. 660년 전 석옥청공과 태고보우의 법연이 한 송이 청련(青蓮)으로 변해 저의 마음을 기쁘게 하였다고 생각합니다"라고 말했다.

학술대회의 마지막에 등장한 커우단 선생은 "50년 전에는 총으로 참석했는데 50년 뒤에는 차를 들고 다시 서울과 부산을 갔습니다. 50년 전이나 50년 이후나 무궁화꽃은 아름다웠습니다. 인류의 발전은 50년 동안 빠르게 이뤄졌습니다. 하지만 불법의 인연은 변한 적이 없습니다. 이것은 석옥과 태고보우의 선학연구 결과라고 말할 수 있습니다. 한·중이 손을 잡고 여기 모였습니다. 자연에 감흥하고 세계에 감흥해야 합니다. 하나의 찻잎이 여러 잎으로 모여 향기로운 차맛을 내듯 우리의 마음과 마음이 하나로 모여 세계를 향기롭게 합니다. 이것이 오늘 한·중이 하무산에 〈태고보우 현창기념비〉를 세운 뜻이기도 합니다"라고 말했다.

한국과 중국 두 나라의 아름다운 인연으로 저장성의 중심 후저우에 〈태고보우 현창기념비〉가 세워졌다. 후저우는 저장성의 차 중심지로 일찍이 신라 때 대렴(大廉)이 차씨앗을 가져온 근원지이기도 하다. 또한 육우(陸羽, 733~804)가 《다경(茶經)》을 저술하고, 교연(皎然), 조맹부(趙孟頫), 석옥(石屋) 등이 다선일미를 선양한 곳이다. 거기에 〈태고보우 현창기념비〉를 건립해 저장차의 중심지로 입지를 굳힘으로써 저장차 역사의 한 페이지를 장식하게 되었다. 제막식이 끝날 무렵 한·중 우의정 오른편 대련이 마음에 와 닿았다.

천호암 빈 조각달과 선이의장을 주
어서 떠나갔는데 안개 속의 두 나라
신도들도 함께 이루리로다[天湖半月
禪 授衣杖而去 霧潤兩國信衆共比根].

이 말이 한·중 두 나라의 우정을
천 년이나 이어오게 했다. 한·중우의
정에서 천호를 내려다보고 있으니 푸
른 천호에 한 송이 청련이 피어오르
는 것 같았다. 12월 15일 제막식이 끝
난 뒤, 그 소식이 태고보우의 고향인
한국에 전해졌다. 태고종의 법손들
이 대거 참여했다는 소식을 전해들
은 조계종은 충격에 휩싸였다. 일찍
이 성철(性徹) 스님은 조계종의 법맥
이 보조지눌(普照知訥, 1158~1210)
이 아닌 태고보우 국사라고 주장한
바 있다. 근례 들어 조계종은 장시성
(江西省) 난창(南昌) 우민사(佑民寺)
에 〈조계 도의국사 입당구법 기념비

웅장한 자태를 드러낸 〈태고보우 현창기념비〉

(曹溪道義國師入唐求法記念碑)〉(2008년 4월 11일)를 세운 바 있다. 조계종과 태고
종이 도의와 태고를 내세워 중국 땅에 흔적을 남기려는 의지가 있었다는 것이 중
요하다. 그 중심에 차문화가 흐르고 있음은 '차는 곧 국음(國飮)'이라고 내세우는
중국의 정책과도 일맥상통한다. 태고보우의 차향이 묘희불국에만 머물지 않고
온 세상으로 퍼져나가는 것 같았다.

차인들은 앞을 다투어 조주선사 앞에 차를 공양한다.

05. 끽다거의 생명력을 지니고
한국으로 건너온 조주 다풍

　선문(禪門)에서 널리 회자된 끽다거는 조주종심 선사가 학인들에게 가르친 화두인데 천 년의 세월 동안 전해지면서 끽다거는 날이 갈수록 금과옥조처럼 빛나고 있다. 그 화두가 조주 선사와 법형제 지간인 철감도윤 선사를 통해 신라로 건너와 조주의 문풍(門風)이 선가에 휘몰아쳤다. 고려의 진각국사 혜심(眞覺國師 慧諶, 1178~1234)의 '조주선을 시험하네'로 시작하여 조선 중엽 서산대사 휴정은 '승려가 일생동안 차를 달여 조주에게 바친다'라고 하였고 조선 후기의 함허득통 (涵虛得通, 1376~1433) 선사는 그의 시에서 '이 차 한 잔에 조주의 선풍이 들어있으니 그대는 맛을 보았소'라고 하였는데, 이는 조주의 다풍이 한국 선종사에 영향을 끼치고 있었음이 드러난 대목들이다.

　'조주차약(趙州茶藥)', '조주청차(趙州淸茶)', '조주의 차가 깨우침을 주다' 등이 조선 후기까지 회자된 것을 볼 때 조주의 선풍이 한국 선차의 정신적 근간을 이루고 있었음을 보여준다. 그런데 지금까지 조주의 문풍에만 의존하던 한국 선종계가 2001년 중국 오백나한에 오른 신라왕자 무상선사의 발견으로 변화를 맞았다. 즉 달마(達磨) ─혜가(慧可)─승찬(僧璨)─도신(道信)─홍인(弘忍)─혜능(慧能)─남악(南嶽)─마조 (馬祖)─남전보원(南泉普願)─조주(趙州)로 이어져 온 선종계에 일대 변화가 일어났다. 무상선사로 이어진 남종계에 달마─혜가─승찬─도신─홍인─지선(智詵)─처적(處寂)─무상(無相)─마조─남전(南泉)─철감(徹鑑) 설이 대두되면서 한국의 자주

석주스님의 '끽다거'

성이 드러나게 되었다.

조선 후기 한국 차문화를 중흥시킨 초의선사는 1830년 《만보전서(萬寶全書)》를 참조하여 《다신전》을 저술하면서 조주를 다시 등장시켰다. '승당(僧堂)에 조주풍이 있으나 다도를 알지 못하여 외람되게 베껴 쓴다'라고 언급하고 있다.

조선 후기까지만 해도 조주의 문풍이 널리 전해졌다. 동아시아 선차가 끽다거를 중심으로 전해지며 '차나 한 잔 마시게'가 불가나 차가에서 강렬한 생명력을 지니고 천 년의 세월 동안 이어져왔다.

조주의 다풍이 한국으로 전해지면서 고려의 진각혜심(眞覺慧諶) 국사의 글에 '조주선을 시험해보네'라고 나와 있고 서산휴정(西山休靜, 1520~1604) 대사는 조주 선사에게 차를 바쳤다. 소요태능(逍遙太能, 1562~1649) 스님은 〈조주차〉라는 시에서 조주차를 '깨우치게 하는 차'라고 표현한 것을 보면 조주의 선차일미가 우리에게 보편화되어 있던 것만은 확실하다.

원대의 선승 석옥청공의 법맥이 고려말의 고승 태고보우 선사로 이어졌다. 태고보우는 양기방회 – 호구소륭 – 석옥청공으로 정통 임제선맥을 이어왔는데, 그가 마지막 관문을 간파하여 깨우친 것이 바로 '조주'라는 화두였다.

〈태고암가(太古庵家)〉의 마지막 구절을 보자.

조주 옛 늙은이가 앉아서 천성의 길을 끊었소	趙州古佛老 坐斷千聖路
굳은 관문을 쳐부순 뒤에 맑은 바람 태고에 부네.	打破牢關後 靑風吹太古

다음의 인용문은 태고보우 선사가 행장기(行狀記)에 차를 계송으로 설파한 대목이다.

옛 시내의 찬 샘물을 한 입 마셨다가 곧 토하니	古澗寒泉水 一口飮咆吐
저 흐르는 물결 위에 조주의 면목 드러났네.	却流上 趙州眉目露

이렇듯 차와 선은 한 길이니 차를 마시고 깨우치라고 설파한 조주의 정신은 당대와 송대, 원대를 거쳐 그 사상의 물줄기가 한국과 일본으로 이어져 다선삼매의 경지로 이끌었다. 조주다풍은 중국 땅에서만 회자되지 않았다. 조선 시대의 대표적 금석학자인 추사 김정희(1786~1856) 선생은 〈초의선사와 조주차를 기다림〉이란 시에서 이를 절절히 노래했다.

눈앞의 흰 잔에 조주차를 마시고	眼前白喫趙州茶
손안에는 수행의 꽃을 쥐고 있네	手裏牢指梵志華
한 소리 가르침 받은 뒤로 점차 새로워져	喝後耳飮箇漸
봄바람 부니 어디엔들 산사가 아니리오	春風何處不山家

이 시를 통해 우리나라에서는 조주차가 조선 시대까지 상당히 유행했다는 것을 짐작할 수 있다. 조선 중엽의 서산대사 휴정(西山大師休靜, 1520~1604)은 승려가 일생 하는 일은 차를 달여 조주에게 바치는 것이라고 했다. 서산 문도(門徒)인 소요태능은 〈조주차〉라는 시에서 조주차는 사람의 마음을 움직여 깨우치게 하는 차라고 말했다.

조주의 다풍을 가장 극적으로 드러낸 차인은 추사 김정희이다. 그는 〈초의선사를 기다림〉이란 시에서 다음과 같이 조주차를 갈파했다.

눈앞의 흰 잔 조주차를 마시고
손안에는 수행의 꽃을 쥐고 있다네.

초의선사 또한 조주를 흠모했다. 그는 《다신전》을 쓴 연원을 밝히면서 '승당에 조주풍이 있으나 다도를 알지 못해 외람되게 베껴 쓴다.'고 했다. 조선 말기 다송자로 이름을 떨친 금명보정 선사 또한 조주선사를 그리워했다. 그의 〈차를 달이다(煎茶)〉라는 시에서 확연히 조주를 그리워한 면모가 드러난다.

스님네가 찾아와서 조주 문을 두드리면	有僧來叩趙州扃
다송자(茶松子) 이름값에 후원으로 나간다	自愧茶名就後庭
해남의 초의선사 동다송(東茶頌)을 진작 읽고	曾觀海外草翁頌
당나라 육우(陸羽)의 다경(茶經)도 살피었네	更考唐中陸子經
정신을 깨우려면 경뢰소(驚雷笑)가 알맞겠고	養精直點驚雷笑
손님을 맞을 때는 자용향(紫茸馨)이 제격이니	待客須傾紫茸馨
질화로 동병 속에 솔바람 멎고 나면	土竈銅瓶松雨寂
한 잔의 작설차는 제호(醍醐)보다 신령하다.	一鍾离舌勝醍靈

근세에 조주다풍을 가장 극적으로 드러낸 사람은 함허득통이었다. 함허득통 선사는 차를 두 가지로 압축했는데, 그는 '첫 잔에는 나의 옛정을 담고 두 번째 잔에는 조주의 다풍이 들어있다'라고 했다. 이처럼 조주차는 근세로 이어지면서 조주의 끽다거 정신을 확연히 드러냈다.

경허(鏡虛)와 만공(滿空)으로 이어지는 근세의 선지식으로 존경받는 만공은 〈끽다헌다(喫茶獻茶)〉에서 조주차의 정신을 보였다.

어느 날 스님이 차를 마시다가 고봉(高峰) 스님이 들어오는 것을 보고 말했다.

"여보게! 나 차 마시네."

하니 고봉이 말없이 앞에 나아가 차를 한 잔 따라 올리고 합장한 뒤 물러났다.

스님은 아무 말 없이 문득 쉬었다.

[평] 꽃 피고 새 노래하는

조주의 다풍이 한국으로 전해진 뒤 헌다의식은 전국적으로 확산되어 갔다. 2004년 8월 칠월칠석날, 명원문화재단은 국태민안을 빌면 북한산 보현봉 칠성바위에서 칠석다례를 올렸다.

평화로운 봄이로다.

이처럼 고려와 조선을 거치면서 조주의 다풍이 확연히 드러남을 알 수 있다. 차를 마시면서 조주 화두로 탁마를 했듯이 수많은 '조주 헌다(獻茶)' 조주 선사의 차시 속에서 조주차는 깨달음을 상징하는 관문임을 여실히 보여준다.

지금까지 조주의 끽다거 정신이 한국 선차에 미친 영향을 살펴봄으로써 수많은 선승과 문사들이 조주를 그리워했음을 발견할 수 있었다. 특히 조주의 차를 단순한 차의 개념이 아니라 깨달음으로 연결하는 조선 사대부의 시도가 있었는데 이는 추사 김정희의 〈조주차를 기리며〉라는 차시이다. 이 시를 통해 조주차의 진수가 끽다거에 있음을 확인할 수 있다.

눈앞에 흰 잔에 조주차를 마시고

손안에는 수행의 꽃을 쥐고 있다네.

한소리 가르침 받은 뒤로 점차 새로워져

봄바람 부니 어디든 산가가 아니겠는가.

근현대로 접어들면서 경봉(鏡峰, 1892~1982) 선사는 조주의 끽다거에 견주어 염다래(拈茶來)라는 화두를 남겼다. 경봉 선사는 끽다거를 염다래로 전승시켰다. 차를 달여 영혼의 길을 통할 수 있는, 뜻이 통하고 말귀를 알아듣는 눈 밝은 납승(衲僧, 禪僧)이 찾아오면, 노스님은 이르신다.

"시자야, 염다래(차 달여와라) 하라."

실로 동도동격(同道同格)의 눈 열린 이에게 최상의 대접은 일완청다(一椀淸茶)인가 보다.

'시자야 차 달여와라'라는 말은 조주 선사의 '차 한잔 마시게'라는 말과 일맥상통한다.

06. 조선의 차맥을 이은
함허득통과 일완다

1. 함허득통을 그리워하며

조선 세종 8년, 함허 선사는 여러 곳을 편력하
다 마니산(摩尼山)에 정수사(精修寺)를 중창(重
創)하였다. 남한의 3대 명수 중 하나인 강화 정
수사는 함허 선사의 정신이 깃든 곳으로 대웅보
전 옆 산신각 아래 샘물은 그가 품명(品茗)한 뒤
더욱 유명해졌다. 정수사의 물맛이 알려지면서
세상 가득 차향이 넘치고 있다.

2007년을 맞아 함허 선사에게 헌다하는 것으
로 새해를 시작해 본다. 정수사 샘물을 품명해
낸 차의 달인 함허 선사의 정신세계를 다시 보
는 듯하다.

아무리 좋은 차라고 해도 물맛이 뒤따르지
못하면 좋은 차맛을 낼 수 없다. 물은 차의 어
머니로 일찍이 초의선사의 《다신전》〈품천(品
泉)〉편에 "물은 차의 몸이요, 차는 물의 정신이

다[者茶之體 茶者水之神]"라고 품평했다.

옛부터 차의 진정한 맛과 향기를 즐기려면 차가 좋아야 하고, 차를 달이는 물은 차맛을 좌우한다고 했다. 육우는 《다경》에서 "산에서 나는 물이 가장 좋은 물"이라고 평가한 바 있다. 이처럼 물은 차맛을 좌우하는 첫 번째 요인이 되고 있다.

남한의 3대 명수로는 첫 번째가 우통수(于筒水)요, 두 번째가 정수사 샘물, 세 번째가 속리산 삼다수로 알려져 있다. 강화의 정수사는 조선왕조를 세운 태조 이성계의 왕사였던 무학자초의 뒤를 이은 함허득통에 의해 더 유명해졌다. 인근 함허동천이 말해주듯 정수사는 물과 인연이 깊은 곳이기도 하다.

함허 선사가 정수사를 중창한 후 산신각 아래 바위틈에서 솟아오르는 석간수(石間水)를 발견하고 절 이름을 '정수사(精水寺)'로 바꾸었다는 일화가 전해진다. 그때의 석간수가 지금도 있는데 그 석간수 위에 거북돌을 조성했다. 정수사 옆 함허동천이란 네 글자는 함허 선사의 이름을 따서 붙였다고 한다.

함허득통 선사의 일완차는
한 조각의 마음에서 나왔다고 말한 바 있다.

정수사 샘물은 많은 품명가(品茗家)들이 품명을 했다. 그 많은 품명가 중 우리는 근세 차인 명원 김미희 선생이 떠오른다. 선생은 무엇보다 남한 제일의 샘물로 정수사 물을 품명했다.

2. 일본 차인에 의해 다시 떠오르는 정수사 샘물

2006년 12월 5일 국회 헌정회관에서는 뜻깊은 행사가 열렸다. '21세기 한국 차문화 부흥운동을 위하여'라는 주제로 진행된 국제 차문화 학술 세미나에서 일본 일다암(一茶庵) 쓰쿠다 잇카(佃一可: 일다암의 가원)의 일본 전다(煎茶)에 관한 역사 발표가 있었다. 쓰쿠다 잇카는 자신의 모친이 육영수 여사로부터 명원 김미희 선생을 소개받은 뒤 강화도 마니산 기슭에 있는 정수사 샘물을 안내받아 마셨다는 이야기를 자주 들었다고 회고했다.

우리가 까마득히 잊고 있었던 정수사 샘물에 관한 이야기를 새삼스럽게도 일본 차인을 통해 듣는 순간, 정수사 샘물이 2대에 걸쳐 우리들의 인연을 맺게 해 주었음을 깨달았다. 더욱이 이 비화를 일본 차인에게 들었다는 것이 우리를 더욱 놀라게 했다.

3. 함허 부도(浮屠)에 헌다를 올리다

2007년을 맞아 명원문화재단 김의정 이사장은 새해를 함허득통 선사에게 올리는 헌다로 시작해 보자는 소망을 갖고 있었다. 그리고 새해가 밝자 지난 12일 정수사를 찾아 모친인 김미희 선생이 품명한 그 샘물로 함허득통 선사 부도전에 헌다를 하고 회한에 젖었다. 2대에 걸친 인연은 차 한 잔으로 회향(迴向)하는 마음을 보여주며 아름다운 차의 정신을 떠올리게 했다.

정수사는 함허득통 선사의 정신이 깃든 곳이기도 하다. 그래서 조선의 차인들은 그 물맛을 보기 위해 끊임없이 정수사를 찾았다. 물

을 품명해낸 차의 달인 함허득통 선사의 정신세계를 다시 한번 생각하게 한다.

함허 선사는 우왕 2년(1376) 충북 충주에서 태어났다. 속명은 유 씨로 법명은 수이(守伊), 법호는 무준(無準)이다. 그러나 뒷날 꿈에서 오대산 영감 앞에 한 신승이 나타나 "그대의 법명은 기화(己和), 법호는 득통(得通)으로 하라"고 한 말을 듣고 이름을 바꾸었다. 조선 태조 6년에는 경기도 양주 회암사에서 무학의 법을 이었다. 그 뒤 공덕산 대승사(大乘寺), 희양산 봉암사(鳳巖寺) 등 여러 곳을 편력하다가 조선 세종 8년(1426)에 마니산으로 온 함허 선사가 정수사를 중창하였다. 특히 대웅보전의 꽃살무늬는 조선 미의 극치라고 할 만큼 빼어나다. 대웅보전 옆 산신각 아래 샘물은 함허 선사가 품명한 뒤 유명해졌다.

중국의 차연구가인 커우단 선생은 찻잎을 품명할 때 물을 중요하게 여긴다고 했다. 만약 한 잔의 차에 물과 찻잎이 절반씩 차지하고 있다면 백로(白露)의 파란 하늘의 구름처럼 사람에게 한가롭고 평안하고 고요한 느낌을 준다고 말하였다.

정수사의 물맛이 전국에 알려지면서 차향이 넘쳐난다. 대웅보전 아래 마련된 3평 남짓한 차실은 이 절의 백미로, 많은 다우들이 좋은 물로 차를 마시며 차향에 젖게 한다.

함허 선사가 얼마나 다선일미를 실천했는가는 사형(師兄)인 옥봉(玉峯)과 진산화상(珍山和尚)에게 올린 게송에서도 나타난다.

정수사 샘물로 정성껏 차를 우려낸 뒤 산 정상에 있는 함허 선사 부도 앞에 한 잔의 차로 헌다를 올렸다. 함허 선사 또한 사형이 입적하자 지금처럼 한 잔의 차를 올렸을 것이다. 차인들에게 회자되고 있는 일완다(一椀茶)가 담긴 함허 선사의 차시를 음미해보자.

이 한 주발의 차는	此一碗茶
옛날의 내 정을 드러낸 것이오	露我昔年情
차에는 조주의 노풍을 머금었나니	茶含趙老風
권하건대 그대는 한 번 맛보소서.	勸君嘗一嘗

〈옥봉의 혼령을 위해 향을 올리고(爲玉峰覺靈獻香獻茶獻飯垂語)〉

진산 화상에게 향과 차를 올린 뒤 게송으로 읊었다.

차를 받들고 이르기를	奉茶云
한 잔의 일완다는 한 조각의 마음에서 나왔고	一椀茶出一片心
한 조각의 마음이 한 잔의 차에 있으니	一片心在一椀茶
마땅히 한 잔의 차를 한 번 맛보소서	當用一椀茶一嘗
한 번 맛보시면 한량없는 즐거움이 생기네.	一嘗應生無量樂

〈진산 화상을 위해 향을 올리고 차를 올리며(爲珍山和尙獻香獻茶垂語)〉

즉 사형인 옥봉과 진산 화상께 각각 올린 '일완다'라는 시이다. 이 차시를 통해 조선 시대 일완다완(一碗多碗)으로 차를 올렸던 정경을 느낄 수 있다. 함허득통 선사가 지공, 나옹(懶翁), 무학(無學) 선사로 이어지는 조선의 다선일미를 올곧게 지켜온 다승으로 각인되는 까닭이다.

07. 매월당 김시습의 초암다법

580여 년 전 매월당(梅月堂) 김시습(金時習, 1435~1493)의 초암차(草庵茶) 정신이 살아있는 울산 불일암(佛日庵) 옛터가 처음 세상에 공개되었을 때 다양한 반응이 쏟아졌다. 왜 소중한 차문화 유산인 불일암을 우리는 잊고 있었는가 하는 것이 첫 번째 화두였고, 두 번째는 묻혀 있던 매월당과 준장로(俊長老)가 만난 불일암을 찾아낸 데 대해 찬사를 보내왔다. 특히 초암다도(草庵茶道)가 매월당에서 일본으로 전파되었다는 사실이 밝혀지면서 설잠(雪岑) 선사로 알려진 매월당 김시습은 물론 매월당의 초암다법(草庵茶法)이 주목을 받게 되었다.

김시습의 초상

초암다도를 제창한 매월당 김시습의 차정신이 살아있는 울산 불일암

1. 매월당 초암다도의 탄생지 불일암

생육신(生六臣)의 한 사람인 매월당 김시습은 후세에 충절의 표상으로 추앙받고 있는 인물이다. 그는 세조(世祖)의 왕위 찬탈에 분개하여 똥오줌을 뒤집어쓴 뒤 세상을 등지고 방랑의 길을 걷다가 출가하여 경주의 남산인 금오산(金鰲山) 기슭에 은둔하면서 《금오신화(金鰲神話)》를 저술했다. 은둔하던 이 시기에 매월당은 차(茶)를 만나게 된다.

용장사(茸長寺) 자락에 초암을 짓고 그 소박한 공간에서 차를 통해 터득한 것이 바로 초암차였다. 이 초암식 다도는 우리 차를 한 단계 발전시키는 계기가 되었다. 매월당의 초암식 다법(茶法)이 일본으로 전해지면서 그는 다승(茶僧)으로 부각되기 시작했다.

무라타 주코는 이를 다다미 넉 장 반 크기의 차실로 들고 나오면서 축소공간의 미학으로까지 발전시켰다. 그 원형으로 조선의 서원차(書院茶)를 도입했다는 이야기가 전해진다. 또한 원형이 매월당 초암다도에서 시작되었다는 설이 대두되기도 했다. 500년간 일본 다도의 큰 산맥을 형성해온 센 리큐(千利休, 1522~1591) 유파중 하나인 우라센케(裏千家)의 가원(家元)인 센 겐시쓰(千玄室, 1923~)는 필자와의 단독 인터뷰에서 "조선의 차가 일본에 전파되었다"고 밝힌 바 있다. 우라센케의 가원으로부터 들은 충격적인 사실은 한국 차사(茶史)를 새로 써야 할 중대한 사안으로 각인된다.

14세기를 전후하여 준장로는 울산 염포영성(鹽浦營成)의 불일암과 경주 남산 기슭의 용장사로 매월당 김시습을 찾아가 차를 앞에 놓고 밤을 새워가며 다담(茶談)을 나누었다. 그런 인연으로 뒷날 준장로와 준초(俊超) 일행이 일본으로 돌아가 초암다법을 창안했다는 설이 대두되었다. 그러나 상상력일 뿐 아직까지는 매월당의 초암차가 일본에 전해졌다는 정확한 자료가 발견되지 않았다. 그러나 가능성은 충분히 있다. 이를 뒷받침해주는 것으로, 도쿄(東京)대 도서관에 소장된 《불학사전》에서

무라타 주코가 매월당의 영향을 받았다는 구절을 찾아볼 수 있다.

매월당 김시습이 남산 기슭 용장사에 머문 시기는 1465년부터 1471년 사이였다. 그의 나이 37세로 매월당이 7년간 경주 금오산(남산)에 움막을 짓고 칩거한 시기이다. 그 유명한 《금오신화》가 바로 그때 탄생하였다. 그러나 매월당에게 중요시되는 부분은 차문화였다.

매월당의 14대손인 김후향(金厚鄕) 씨는 불작불식(不作不食) 정신을 몸소 실천해 온 결과 《금오신화》 같은 불후의 명작을 탄생하게 되었다고 말한다. 이 시기 김시습은 매월당의 초암에 앉아 차를 벗하며 은둔의 세월을 보냈다.

매월당이 금오산에서 칩거생활을 하던 중 만난 차와의 인연은 특별하다. 그가 얼마나 차를 사랑했는지 〈차나무를 기르며〉라는 시에서도 확연히 드러난다.

해마다 차나무에 새 가지가 자라네	年年茶樹長新枝
그늘에 키우노라 울에 엮어 보호하네	蔭養編籬謹護持
육우의 《다경》 속엔 빛과 맛을 논했는데	陸羽經中論色味
관가에서는 창기(槍旗)만을 취한다네	官家権處取槍旗
봄 바람이 불기 전에 싹이 먼저 터나오고	春風未展芽先抽
우전이 돌아오면 잎이 반쯤 피어나네	穀雨初回葉半披
조용하고 따뜻한 작은 동산을 좋아해	好向小園閑暖地
비에 옥 같은 꽃 드리워도 무방하리라.	不妨因雨着瓊摧

금오산으로 그를 찾아온 준장로와의 만남은 매우 각별하였다. 《매월당집(梅月堂集)》 제13권 〈유금오록(遊金鰲錄)〉에 수록된 〈일동승 준장로와 이야기하며(與日東僧俊長老話)〉라는 시를 통해 조선 시대 차생활을 엿볼 수 있다. 시에서는 쇠다관으로 차를 달였다. 펄펄 끓는 물을 부어 차를 달였음이 드러난다. 준장로와 준초가 어떤 관계인지 밝혀야 할 대목이다. 공교롭게도 두 스님이 조선을 방문한 시기가 거의 일치한다는 점이다. 준초 일행이 1463년 조선에 왔을 때 태풍으로 이듬해까지 조선에 머물렀다. 매월당이 용장사에 머문 시기와 거의 일치한다. 이 시기에 두 일본 승려는 매월당을 찾아가 차를 마시며 밤새워 이야기를 나누었다. 매월당과 이야기를 나눈 기록을 두루마리로 된 〈조선행장기〉에 소상히 기록했다는 구전이 전해온다. 그러나 구체적 자료를 통해서는 확인되지 않고 있다.

매월당 차생활의 핵심에 대해서는 주제를 용장사로 제한해 다룰 수도 있지만 사실 울산 염포영성의 불일암을 통해 더 가까이 접근할 수 있다. 이렇게 불일암이 공개되면서 매월당의 초암차가 다시 관심을 모으고 있다.

1950년 말 불일암이 있던 장소는 성안 마을을 마지막으로 지키던 사당이 세워

졌던 곳이기도 하다. 그 자리에 현대자동차가 들어서면서 사당은 없어지고 대신 불일암 옛터를 유적지로 보존해 두었다. 참으로 다행스러운 일이다. 오늘의 불일 암 가는 길은 현대그룹의 창업주인 정주영의 호를 따서 '아산로'로 바뀌었다.

한참동안 불일암터에 앉아 필자는 그 옛날 준장로와 매월당이 만나 다담을 나누던 장면을 회상했다. 울산 〈태화루(太和樓)〉라는 시에도 당시 염포항은 일본 사람들이 많이 살았던 곳으로 암시적으로 표현되어 있다. '고루(高樓)에 서 섬 오랑캐 사는 물가를 바라보니 창해는 가이없이 밤낮으로 떠있구나'라 는 구절이 나온다. 이를 보아 일동승 준장로는 염포를 자주 왕래하면서 매월 당과 차를 마시며 교분을 쌓았던 것 같다. 그때 익힌 매월당 김시습의 다풍 을 일본으로 전파해 일본 초암차의 원류가 되지 않았나, 하고 생각해보았다.

태화산 정상에 올라 염포항을 바라보니 1959년 울산의 향토사학자인 최사근 씨가 찍은 사진과 절묘하게 일치된다. 우연찮게 태화산 기슭에서 촌로(村老) 한 분을 만났는데 그는 성안 마을의 옛 모습을 정확히 기억하고 있었다. 마치 옛 모 습이 주마등처럼 스쳐간다며 "저기 보이는 두 소나무는 1950년까지만 해도 성안 마을을 지키는 사당이었지요. 당시 이 마을의 노인들이 그 정자나무 밑에서 바둑 을 두며 소일을 했습니다. 지금도 그때의 정경이 스쳐갑니다"라고 말하였다. 그 순간 매월당과 준장로가 다담을 나누고 있는 모습이 눈앞에 선경(仙境)처럼 펼쳐 지는 듯했다.

2. 일본까지 전해진 매월당 초암차 정신

매월당 김시습이 초암차를 일으킨 울산 불일암 옛터가 세상에 밝혀진 것은 2007년 3월이었다. 그러나 5년이 지난 뒤에도 여전히 매월당의 초암차는 역사의 흔적으로 곳곳에 묻혀 있다. 오히려 다산(茶山) - 추사(秋史) - 초의(草衣)에 의 해 차의 르네상스 시대가 열렸으며 이를 계기로 한국 차문화가 중흥되었다고 사

1959년 향토사학자 최사
근 씨가 찍은 옛 염포 영
성이 있던 성안 마을

람들은 말하고 있다. 그러나 최근 들어 한국차의 중심을 초의 – 다산 – 추사보
다는 매월당으로 보아야 한다는 담론들이 쏟아졌다. 특히 《선과 차》에서는 매월
당이 일으킨 초암차의 현장 불일암을 중심으로 소상히 다루고 있다. 그 책을 본
차인들로부터 뜨거운 반응이 일어났다.

　우리는 여기서 매월당 김시습이 초암차를 일으킨 계기를 알아야 한다.

　1455년 매월당 김시습은 삼각산(三角山) 중흥사(中興寺)에 들어가 글공부를 하
고 있었다. 그의 나이 21세였다. 그때 수양대군(首陽大君)이 단종(端宗)을 내몰고
왕위에 올랐다는 소식을 듣고 분개하여 똥오줌을 뒤집어쓰고 세월을 잊은 채 방
랑길에 올랐다.

《매월당집》에는 당시가 자세히 묘사되어 있다.

　　나이 스물한 살 때인 경태(景泰) 을해년(乙亥年, 1455년)에 삼각산 중흥사
에서 글을 읽었는데, 서울에서 돌아온 자가 있었다. 선생은 즉시 문[戶]을 닫
고 나오지 않은 것이 사흘이어서, 하루 저녁에는 느닷없이 통곡하며 그 서적
을 다 불사르고 거짓 미친 체하여 더러운 뒷간에 빠졌다가 도망하였다. 이에
머리를 깎고 중이 되어 이름을 설잠(雪岑)이라 하였다. 혹은 양주(楊州)의 수
락사(水落寺)에서 있기도 하고 혹은 경주의 금오산(金鰲山)에 있기도 하여,
동으로 갔다가 서로 갔다가 일정한 곳이 없었다. 여러 번 그 호(號)도 바꾸어
청한자(淸寒子) · 동봉(東峯) · 벽산청은(碧山淸隱) · 췌세옹(贅世翁) · 매월당
(梅月堂)이라 하였다.

당시 설잠 선사가 세상일에 분개하여 머리를 깎고 출가하여 전국을 방랑하면서
얻은 진리는 초암이었다. 한 칸 남짓한 방에서 돌솥에 물이 끓자 뜨거운 물을 국
자로 떠서 다기에 붓고 차를 한 잔 마시는 순간 초암차를 터득했다. 작은 초암 사
이로 열린 문을 통해 하늘의 별들이 총총히 떠있는 광경을 보고 무릎을 치며 초
암다도를 외쳤다.

　그러나 조선의 백성들은 매월당이 외친 초암차의 진실을 알아보지 못했다. 오히
려 일본의 무라타 주코가 알아보고 매월당이 이룩한 한 자 반의 차실을 다다미
넉 장 반 크기로 늘리고 이를 와비차(侘茶: 일본식 차노유[茶の湯]를 뜻함)로 대
성시켰다.

　와비차는 오늘날 일본 다도의 근간이다. 이른바 차노유는 매월당 초암차에서
힌트를 얻어 일본 다도의 정신으로 변모되었다.

　1990년대 중반 재야 차 연구가가 필자에게 매월당과 준장로가 만난 사실을 기
록한 두루마리 형태로 된 극비 문서가 일본 난젠지(南禪寺)에 있다는 소식을 전해

왔다. 그는 자료 몇 가지를 가져와 차인들이 한국차사에서 중요한 위치에 있는 매
월당 김시습을 잊고 있다고 역설했다. 그 일을 계기로 초암차에 관심을 갖게 된
필자는 매월당 초암차와 인연이 깊은 오산(五山) 중 난젠지를 직접 찾아가봤는데
그 절의 관장으로부터 그런 자료는 없다는 말을 들었다. 관장이 선물로 준 《난젠
지시(南禪寺史)》라는 책 한 권을 가지고 그 아쉬움을 달래며 돌아왔다. 일본 고승
들을 만나 말차를 마시던 그때 이미 차와 다도에 깊이 빠져 있었다.

그 뒤였다. 필자는 2006년 여름, 준초 장로가 매월당을 만났다는 당시 염포에
있던 불일암 옛터를 추적해 찾아내게 되었다. 그 자리는 울산 현대자동차 내에 있
었다. 이처럼 불일암 터를 발견하게 되면서 사명감을 갖고 다시 추적을 이어나갔
다.

3. 베일을 벗은 매월당과 준초 장로

몇 년 전 필자는 장성 희뫼요의 한 평 반 되는 차실에서 솔방울로 불을 피워 매

월당이 일으킨 초암차 정신을 살펴보았다. 무쇠 주전자를 화로 위에 올려놓고 물이 펄펄 끓자 차를 한 움큼 넣고 분청다완(粉靑茶椀)에 따르니 차향이 코끝을 스쳐갔다. 세상을 방랑 삼았던 매월당이 한 평 남짓한 방 안에서 마음의 평화를 얻고 초암차를 터득해 차를 세상 밖으로 알렸던 500년 전의 정경이 바로 어제 일처럼 생생하게 그려졌다. 우리 차가 지금까지 《동다송》을 지은 초의의순(草衣意恂, 1786~1866) 선사에 머물렀다가 매월당의 등장으로 500년을 앞질러 버렸으니 이제야 일본과 견주어 볼만하다는 이야기가 여기저기서 들려왔다. 그처럼 세상은 눈 밝은 사람의 안목이 있기에 회생할 수 있다고 생각했다.

매월당은 전국을 방랑하다가 울산 염포왜관(鹽浦倭館)에 있는 불일암에 머물렀다. 당시 매월당은 여기서 초암차를 전파해 갔다. 이 무렵 조선을 방문한 일본 승려 준초 일행이 1463년 여름에 왔다가 태풍을 만나 일본으로 돌아가지 못하고 조선에 머물렀다. 그때 준초는 울산 염포에 있는 불일암으로 매월당을 찾아가 설잠 선사로부터 차에 대한 대접을 받는다. 《매월당집》에도 시를 통해 매월당과 준장로의 인연을 담고 있다. 또한 《세조실록(世祖實錄)》에도 준장로가 언급되어 있다. '세조 10년 2월 17일 경자조에 왜국 사자(使者) 중[僧] 준초(俊超) 등이 전년에 하직하고 돌아와 태풍을 만나 조선에 머물렀다. 임금이 이를 듣고 예빈소원 정침을 보내어 이르길 "들건대 너희들이 여러 달 머물러 있었다고 하는데 간고가 반드시 있었을 것이다. 지금 사람을 보내어 위로하니 나의 뜻을 알도록 하라"고 하였다.' 여기에 등장하는 준초가 매월당을 만난 준초라는 인물과 일치하는 대목이다.

근래 매월당과 일본 다도 연구가 활발해지면서 속속 연구가 잇따르고 있다. 이 분야를 오래 연구해 온 도예가 최정간 선생은 〈매월당이 만난 준초 범고(梵高)〉라는 논문에서 매월당이 만난 준초는 장로가 아니며 장로 밑의 서당(西堂)이란 직급임을 밝혀냈다고 하였다. 그리고 더 나아가 준초의 이름은 도시시게 주카이(俊茂中快) 선사임이 밝혀졌다.

일본 《연보전(延寶傳)》 권24에는 다음과 같은 글이 있다. '이름이 도시시게 주카이는 호를 가리킨다. 가나가와 현(神奈川懸)에서 태어났으며 임제종파로 잇큐(一休) 선사 문하에서 수학했다. 그는 서천사의 주지로 있다가 말년에 원각사에서 83세로 입적했다.'

《부조록(扶條錄)》〈오산기(五山記)〉에는 도시시게 선사에 대해 다음과 같이 언급했다. '이분은 전국을 순례하다가 조선으로 건너가 염포왜관의 불일암에 주석하고 있던 매월당을 만나 금오산 용장사 매월당을 찾아가 차생활에 흠뻑 빠져들었다.'

또 다른 이야기는 준초가 일본으로 돌아가 매월당에게 배운 다도를 무라타 주코에게 전해 와비차로 대성시켰다는 것이다. 후에 매월당은 출가하여 설잠 선사로 불문(佛門)에 귀의(歸依)했다. 그가 초암차를 일으킨 금오산 용장사 터에는 근래 후학들이 차나무를 식수하여 그의 차 정신을 기리는 운동이 전개되었다. 필자는 태화산 정상에 올라가 옛 불일암 터를 바라본 적이 있는데 준초 스님이 설잠 선사를 만났던 옛 풍경이 스쳐지나가는 듯했다.

《매월당집》 12권에 나온 〈준초장로와 이야기하며〉에는 다음과 같은 구절이 보인다. '고향을 멀리 떠나니 뜻이 쓸쓸도 하여 예부터 산꽃 속에서 고적함을 보내누나. 쇠 다관에 차를 달여 손님 앞에 내놓고 질화로에 불을 더해 향을 피우네.' 시 내용을 통해 매월당의 차 정신을 엿볼 수 있다.

필자가 태화산 위에서 불일암을 바라보니 소나무 아래로 자동차가 빼곡히 들어차 있다. 세월의 무상함을 실감하는 듯했다.

4. 일본에 전해진 매월당의 초암차

매월당 김시습이 조선에서 일으킨 초암차는 준초 스님을 통해 일본에 전해졌다. 그때가 1463년 이후이다. 준초는 일본 무로마치 시대 오산(五山), 난젠지(南禪寺), 덴류지(天龍寺), 쇼코쿠지(相国寺), 겐닌지(建仁寺), 도후쿠지(東福寺)의 승려

로서 그를 통해 일본에 전해진 매월당의 초암차
는 지금까지 베일에 싸여 있다.

매월당이 일으킨 초암차를 맨 먼저 알아본 사
람은 무라타 주코였다. 그는 매월당이 행한 한
평 반 크기의 초암을 다다미 넉 장 반 크기로 확
대하고, 이를 통해 와비차로 대성시켰다. 일본
사람들은 무라타 주코를 '차노유의 개조(開祖)'
또는 '차노유의 개산(開山)'이라고 칭한다. 《산상
종이기(山上宗二記)》에서 이를 말하고 있다. '낙
도 중의 최고는 차노유입니다. 나라의 칭명사(稱
明寺)에 있는 무라타 주코란 분이 30년을 차노유
에 몸 바친 사람입니다. 그 사람은 차노유에 대
해 20가지의 소상한 기법을 가지고 있을 뿐만 아
니라 공자와 성인들의 가르침에 관해서도 배운
분입니다.' 그렇게 일본 다도계에서는 차의 최고
를 차노유라고 말한다. 그러나 그 차노유가 매월

부여 무량사에
있는 매월당
김시습의 부도

당의 초암차에서 영향을 받았다는 사실을 인정하는 사람은 그리 많지 않다. 무엇
보다 일본차의 자존심이 타격을 받기 때문이다.

무라타 주코는 오늘날 한·중·일 삼국의 차사에 중요한 인물이다. 일본인들은
원오극근의 다선일미라는 업적이 그를 통해 일본에 전해졌다고 믿고 있다. 그런데
차노유까지 매월당의 영향을 받았다고 한다면 일본 차계가 입을 상처가 적지 않
기 때문이다. 그래서 쉽게 매월당과 무라타 주코를 관련지으려 하지 않는다.

3장

조선 후기
차문화를
중흥시킨
대흥사

01. 한국 다선의 조정, 대흥사

초의선사(艸衣禪師. 1786~1866)는 《동다송(東茶頌)》이라는 책을 저술해 고래로부터 면면히 이어온 차문화(茶文化)를 살려 그 정신을 중정청경(中正淸境)으로 정립하고, 중국이나 일본의 다도(茶道)와는 확연히 다른 우리만의 새로운 세계를 개척했다. 한국 차문화를 중흥시킨 초의선사가 일지암(一枝庵)에서 오랫동안 주석(駐錫)하며 다선불이(茶禪不二) 정신을 이끌어낸 한국 다선(茶禪)의 조정(祖廷)인 해남 대흥사(大興寺)의 다풍(茶風)이 후대까지 면면히 전해져 내려왔다. 일반적으로 해외 다인(茶人)들은 한국의 차문화에는 일지암이 있고 초의선사가 있다고 한다.

1. 초의선사는 누구인가

13대 종사(宗師)와 13대 강사(講師)를 배출해 낸 대흥사는 서산문도(西山門徒) 중에서도 가장 번창한 소요태능계(逍遙太能系)와 편양언기계(鞭羊彦機系)가 함께 살면서 서산문풍을 드높였던 곳이다.

청허휴정(淸虛休靜, 1520~1604)의 법맥을 잇는 제자만 해도 천여 명에 이르니 한국 불교계의 모든 승도(僧徒)가 청허 법손(法孫)이라 해도 과언은 아니다. 청허의 적손(嫡孫)은 사명유정(四溟惟政, 1544~1610) - 편양언기(鞭羊彦機,

두륜산 대흥사 산문

대흥사 동국선원.
초의가 수행하면서 다선의 면모를 갖추었다.

1581~1644) - 소요태능(逍遙太能, 1562~1649) - 정관일선(靜觀一禪, 1533~1608)으로 이어진다.

대흥사에서는 편양언기와 연담유일(蓮潭有一, 1720~1799)을 거쳐 한국 차문화의 중흥조(中興祖)인 초의의순(草衣意恂, 1786~1866)과 아암혜장(兒菴惠藏, 1772~1811), 범해각안(梵海覺岸, 1820~1869) 등 특히 많은 다승(茶僧)이 배출되었다.

한국 다선의 원류는 임제(臨濟, 1549~1587) 문하에서 양기방회(楊岐方會, 992~1049)가 나와 임제 - 황룡(黃龍) - 양기(楊岐) - 백운수단(百雲守端, 1025~1072) - 원오극근(圓悟克勤, 1063~1135) - 호구소륭(虎丘紹隆, 1077~1136)을 거쳐 석옥청공(石屋淸珙, 1272~1352) - 태고보우(太古普愚, 1301~1382)로 이어졌고, 이후 서산문도로 이어져 편양언기 - 풍담의심(楓潭義諶, 1592~1665) - 월담설제

(月潭雪霽, 1632~1704) - 환성지안(喚醒志安, 1664~1729) - 호암체정(虎巖體淨, 1687~1748) - 연담유일을 거쳐 완호윤우(玩虎尹佑, 1758~1826) - 초의의순으로 대흥사의 다풍이 면면히 이어져 내려왔다.

원오극근 선사가 일본인 제자에게 써 준 '다선일미(茶禪一味)'라는 네 글자로 된 진결(眞訣)이 일본 교토(京都)의 다이도쿠지(大德寺)에 보존되어 있음에 따라 일본으로 다맥(茶脈)이 이어진 사실이 밝혀졌다. 그런데 근래 원오극근 선사가 일본인 제자에게 써준 '다선일미'가 전설에 불과하다는 사실이 밝혀진 바 있다. 양기방회, 원오극근으로 이어지는 다선의 정통맥은 한국으로 이어졌다. 원오극근에서 호구소륭으로 이어지던 다선의 정통맥을 청허 선사가 계승하여 초의의순에 의해 활짝 꽃피움으로써 한국 다선의 조정 대흥사는 그 어느 때보다도 위상을 널리 떨쳤다.

2. 추사 · 초의 · 다산에 의한
   차문화 부활

　초의가 살던 19세기는 혼란기였다. 조선의 음다(飮茶) 풍습이 자연적으로 쇠퇴하긴 하지만 서산 문도를 중심으로 한 차문화의 불씨는 완전히 꺼지지 않았다. 이 시기에 다신(茶神)으로 불리는 초의 스님과 당대 금석학의 최고봉인 추사 김정희(秋史 金正喜, 1786~1856), 다산 정약용(茶山 丁若鏞, 1762~1836)이 만나면서 조선 시대 차문화의 기틀이 형성되었다.

　강진에 유배된 정약용은 만덕산 백련사(白蓮寺) 혜장 스님을 만나면서 차에 눈을 떴다. 혜장은 다산에게서 《주역(周易)》의 원리를 배웠고 다산은 혜장에게서 다도를 터득했다. 그 무렵 다산은 혜장 선사로부터 대흥사에 기거하던 초의 스님을 소개받았다.

　〈초의대종사 탑비명(艸衣大宗師塔碑名)〉에는 이렇게 전한다. '다산승지(茶山承旨)로부터 유서(儒書)를 받고 시도(詩道)를 배워 교리에 정통하였고 크게 선경(仙境)을 얻어 마침내 운유(雲遊)의 멋을 지었다.'

　초의는 다산의 아들 학연의 소개로 추사를 만난다. 초의는 제주도로 귀양 간 추사에게 해마다 차를 선물했는데 추사 김정희는 그 답례로 '명선

일지암에서
바라본 두륜
산에 누워있
는 와불

(茗禪)'을 선물한다. 원오극근이 쓴 다선일미에 견주어 추사는 명선을 써준 것이다. 다선일미의 정신이 조선에 널리 퍼져 있음을 말해주는 대목이다.

초의와 교류하던 다산 정약용은 '음다흥음주망(飮茶興飮酒亡)'이라고 했다. 차를 마시면 흥하고 술을 마시면 망한다는 이 말에는 중요한 의미가 담겨 있다. 한국의 차문화를 정립한 초의의 다풍은 일본 다도 문화를 앞지르고 있었다. 일본 다도를 완성한 센 리큐(千利休, 1522~1591)는 다도정신(茶道精神)을 '화경청적(和敬靑寂)'으로 정립한 반면 초의선사는 '중정청경'으로 정리하여 중국이나 일본 다도와는 다른 방향을 제시한 것이다.

초의선사의 다도관(茶道觀)을 정립하는 데 결정적인 영향을 미친 이가 정조대왕(正祖大王)의 사위인 홍현주(洪顯周, 1793~1865)이다. 초의가 홍현주의 부탁을 받고 지은 것이 《동다행(東茶行)》이다. 그러나 오늘날 《동다행》은 전하지 않고 필사본인 《동다송》만이 전해져 오고 있다.

또 초의선사에게 영향을 받은 다인으로는 자하 신위(紫霞 申緯, 1769~1845)가 있다. 신위는 초의선사의 부탁으로 선사의 스승인 완호윤우의 탑명과 서문을 써준 인연으로 초의와 가까웠다. 《신위록(申緯錄)》에는 이런 구절이 있다. '초의선사가 손수 만든 차를 받아 달여 마시면서 시흥(始興)에 있는 자하의 서재를 찾아가 그의 시를 받으러 오는 제자나 시화(詩畵)를 나누려고 찾아오는 선배들은 끊이지 않았다.' 이처럼 초의선사가 이룩한 차문화 공간에서 초의가 추사와 다산을 만났고, 남종화(南宗畵)의 대가였던 소치 허련(小癡 許鍊(허유許維), 1808~1893)은 초의를 만나면서 새로운 그림 세계를 개척한다. 또한 정조대왕의 사위인 홍현주는 초의가 새로운 차 세계를 여는 계기가 되기도 했다.

대흥사 주지 몽산(蒙山) 스님은 19세기 초의가 차문화를 중흥시키지 못했다면 오늘날 우리 차문화는 소멸하고 말았을 것이라고 말한다. 대흥사에서는 초의의 다풍을 이어 범해각안과 금명보정(錦溟寶鼎, 1861~1930) 선사가 배출된다. 그중 범해각안 선사는 초의의 다도를 계승했다. 범해는 초의가 세상을 떠난 지 12년이 되던 해 〈초의차(艸衣茶)〉라는 시를 지었다.

곡우절 맑은 날	穀雨初晴日
노란 싹 잎은 아직 피지 않았네	黃芽葉未開
솥에서 데쳐내어	空鐺精炒出
밀실에서 말린다	密室好乾來
모나거나 둥근 차 찍어내고	栢斗方圓印
죽순 껍질로 포장하여	竹皮苞裏裁
바깥바람 들지 않게 간수하니	嚴藏防外氣
찻잔에 향기 가득하네	一椀滿香回

그는 대흥사의 13대 강사의 한 분으로 추앙될 만큼 학문적 명성을 드날리기도 했다.

또 초의선사의 다풍을 이은 선사로 다송자(茶松子) 금명보정 선사를 들 수 있다. 그는 다송자로 알려졌는데 차시 80여 수를 남겼고 초의선사가 쓴 《동다송》을 필사해냈다. 금명 스님은 범해 스님으로부터 감화를 받아 초의선사 다풍에 많은 영향을 끼쳤다. 그래서 그가 편찬한 〈백열록(栢悅錄)〉에 초의선사의 《동다송》과 범해(梵海)의 〈다약설(茶藥說)〉을 직접 수사(手寫)하여 넣었던 것이다. 그의 〈전차(煎茶)〉라는 차시를 보자.

〈차를 달이다(煎茶)〉

스님네가 찾아와서 조주문을 두드리면	有僧來叩趙州扃
다송자 이름값에 후원으로 나간다	自愧茶名就後庭
해남의 초의선사 《동다송》을 진작 읽고	曾觀海外草翁頌

당나라 육우(陸羽)의 《다경(茶経)》도 살피었네	更考唐中陸子經
정신을 깨우려면 경뢰소(驚雷笑)가 알맞겠고	養精宜點驚雷笑
손님을 맞을 때는 자용형(姿茸馨)이 제격이니	待客須傾紫茸馨
질화로 동병 속에 솔바람 멎고 나면	土竈銅瓶松雨寂
한 잔의 작설차는 제호보다 신령하다	一鍾离舌勝醍靈

이렇듯 대흥사의 다풍은 면면히 이어져 오늘에 이르고 있다.

3. 근세 대흥사의 다풍

해방 이후 대흥사의 다풍은 누가 이었는가. 최근 다맥 전승의 문제로 전면에 부각된 응송 박영희(應松 朴暎熙, 1892~1990)를 거론한다. 응송 스님은 1893년 전남 완도에서 태어나 18살 때 연파계의 취운(翠雲) 화상을 은사로 득도하였고, 대흥사에 머물면서 초의의 차정신(茶精神)을 이어갔다는 견해가 있다.

또 한 명은 초의선사의 법손으로 초의가 살았던 대광명전(大光明殿)을 지키며 그의 선다일미 (禪茶一味) 정신을 이어간 스님이다. 그 스님의 성은 이 씨요 법명은 화중(化仲)이다. 응송 스님의 그늘에 가려 빛을 보지는 못했으나 초의선사의 정통맥이 화중 스님이라는 설이 지배적이다. 대흥사의 가풍 중 차의 11덕이 전해오는데 노동(盧仝, 775~835)의 칠완다가(七碗茶歌)를 뛰어넘는다는 인상이 짙다.

근세에 이르기까지 대흥사는 여러 부침(浮沈)을 겪어왔다. 1979년 1월 20일 김봉호, 김제현, 박종한, 김미희 여사를 주축으로 서울무역회관 12층에서 열린 첫 모임을 통해 한국차인회가 태동했고, 일지암(一枝庵) 복원 사업의 시작으로 첫 출발을 했다.

일지암 터를 찾는 일 또한 여간 어려운 일이 아니었다. 초의선사의 제자가 쓴

《몽하편(夢霞篇)》에 일지암의 위치가 비교적 상세히 그려져 이를 참고로 일지암 터를 찾기 시작했다. 명원 김미희 선생은 일지암 복원터를 찾기 위해 버선발로 오르다 김봉호 선생이 업고 오르셨다는 것은 원로 다인들 사이에 미담으로 전해오고 있다. 또한 박종한 선생은 90세가 넘은 응송 스님을 업고 다니며 일지암 터를 확인해야 했다.

1979년 6월 5일 일지암 복원을 시작으로 이듬해 4월 6일 완공을 보았다. 이로써 초의선사가 40여 년간 주석했던 일지암에서는 초의의 숨결과 차향이 되살아나게 되었다.

초의는 《동다송》에서 다음과 같이 말했다. '우리나라 차나무는 원래 중국과 같지만 색과 향기와 효능과 맛에 있어서 조금도 차이가 없다고 하여, 육안차(陸安茶)는 맛이 좋고 몽산차(蒙山茶)는 약효가 좋은데 동다(東茶)는 두 가지를 겸비했다고 고인은 높이 평가했다네.'

19세기 초의가 말한 동다의 정신이 한국 다도의 천년 역사 속에 도도히 흘러가고 있는 것이다.

02. 근세 한국의 차문화를 중흥시킨 초의선사

초의선사가 남긴 저술 가운데 하나인 《동다송》은 해거도인(海居都人) 홍현주의 요청에 의한 것으로 한국 유일의 다서(茶書)로 평가된다. 그러나 다산, 초의, 추사 가 세상을 떠난 뒤 초의의 차정신도 자연스레 역사 속으로 사라져 버렸다.

초의가 남긴 《동다송》을 최초로 국역한 것 또한 1967년, 불과 53년 전이다. 그 뒤 《동다송》이 하나씩 번역되면서 초의를 논할 때 빼놓을 수 없는 인물이 바로 금 명보정 선사이다.

다송자로 더 잘 알려진 금명보정 선사는 〈백열록〉에 《동다송》의 필사를 남겨 초 의의 차정신을 이어 갔다. 그 같은 사실이 《차의 세계》 2013년 6월호에 보도되자 원로 차학자(茶學者)인 김명배 교수는 새로운 학설을 제시한 초의 연구에 찬사를 보낸 뒤 〈백열록〉에 대한 자료를 요청해 왔다.

그뿐만 아니라 이러한 원로 차학자가 지적한 것처럼 사후 100년간 초의가 어떤 관점에서 평가되어 왔는지를 밝히려 했다.

《동다송》을 살피니 우리의 차나무가 중국과 같기는 하지만 색과 향기 및 효능 에 있어서 엄연히 차별이 존재한다고 초의는 분명히 밝히고 있었다. 《동다송》 첫 구절에는 차 만드는 법을 물어보는 해거도인에게 초의가 《동다송》 한 편을 지어 올렸다는 내용이 적혀 있는데, 비록 중국의 다서를 참고하여 쓰긴 했지만 초의선 사의 독창성을 엿볼 수 있다. 이렇듯 초의선사에 대해 제각각 다른 평가를 내리

소치가 그린 초의선사

는 것은 그의 법손이 제대로 맥을 이어가지 못하면서 생겨난 현상으로 볼 수가 있다.

1962년 천관우(千寬宇, 1925~1991)가 〈호남기행〉을 통해, 초의의 다풍을 좇아 대흥사를 찾았을 때 다법(茶法)은 사라지고 제다(製茶)의 맥은 근근이 명맥을 이어갔다고 밝혔듯이, 1960년대의 한국 차문화에서는 초의의 흔적을 찾아볼 수 없었다. 그러나 외국인의 시각은 달랐다. 그들은 조선의 차문화에 초의가 있다고 공공연히 말했다. 그리고 이에이리 가즈오(家入一雄, 1900~1982)가 대흥사를 찾았을 때 돈차가 아닌 잎차가 유행했다고 밝힌 바 있다.

1997년 정부가 초의와 관련된 내용을 모아 5월의 문화 인물로 추앙했고, 당시 필자는 《불교춘추》를 통해 '초의학 정립한 큰스님'이라는 제목으로 집중적으로 다룬 바 있다. 18년 전의 초의를 보는 시각과 현재의 관점을 함께 조망해 본다.

초의가 떠난 지 1세기가 되었다. 그간 초의에 대한 평가 또한 다양하지 않을 수 없다. 호남(湖南) 8고승 중의 한 분이며 그 학덕이 조정에까지 알려지자 헌종(憲宗)은 보제존자(普濟尊者)라는 당호를 초의에게 내렸다.

헌종은 소치 허련에게 "호남에 초의라는 승이 있는데 그 지행(持行)이 어떠한가?" 물으니 소치가 "세상에서 고승(高僧)이라고 일컫습니다"라고 답했다.

자하 신위는 당대 사대부들이 초의를 모르면 부끄러워했다고 전했다. 당시 대흥사 조실을 지낸 천운 스님은 "초의는 사상과 학문이 뛰어날 뿐만 아니라 살아서 존자의 위치에 올랐으며 호남 8고승의 당당한 위치를 차지한 이 시대의 뛰어난 선승(禪僧)"이라고 평했다. 이렇듯 초의에 대한 다양한 평가가 후세에게 전해 오고 있다.

일본 차문화를 완성한 센 리큐가 다도를 '화경청적(和敬淸寂)'으로 정리했다면 초의는 '중정청경'으로 정리하여 다도 문화를 한층 드높였다. 그러나 후세 사람들이 초의의 차문화를 지나치게 강조함으로써 초의학(艸衣學)은 오늘날 차문화에 국한되는 경향이 있다. 자하 신위에게 차를 가르친 초의가 불교 안 사람보다 불교

밖 사대부들과 자주 교류하다 보니 자연스럽게 초의는 다승으로만 평가를 받는 처지가 된 것이다.

1. 초의에게 영향을 준 아암혜장

아암혜장 선사는 초의에게는 큰 스승이다. 초의를 불문(佛門)에 들어오게 한 스님이 벽봉(碧峰)이고 그에게 구족계(具足戒)를 준 스승이 완호, 선법(禪法)을 전수한 스승이 금담(金潭) 조사라면 아암은 초의에게 차와 불화(佛畵)를 전승한 스승이다. 아암혜장이 없었더라면 조선 말 최고의 선승인 초의선사 탄생은 불가능했을 것이다.

초의에게 불문의 큰 스승 네 분과 금석학의 대가 추사 김정희와 실학을 집대성한 다산 정약용, 차문화의 견인차 역할을 잇게 한 자하 신위와 남종화 맥을 잇게 한 소치 등으로 인해 초의 사후 100년이 지난 오늘까지도 일반인의 관심은 꺼지지 않고 이어지고 있다.

초의는 알려진 바와 같이 1805년 무렵부터 다산, 혜장과 가까웠다. 또 오늘의 초의를 있게 한 다산 정약용과의 만남이다. 다산이 아니었으면 금석학의 대가 추사 김정희와 또 우리나라 남화(南畵)의 창시자인 초의의 애제자 소치 허련 등과의 인연이 없었을지 모른다.

초의가 다산을 만난 것은 24살 때로, 1808년 대흥사에서였다. 한국 실학을 집대성한 다산이 1809년경 강진에서 귀양살이를 하던 때이다. 다산이 아암혜장의 인연으로 불교와 깊은 인연을 맺은 지 5년이 지난 시기이기도 하다. 다산은 초의를 만났을 때 자신이 연장자임에도 불구하고 초의의 학식과 덕망을 존경한 모양이다. 초의는 다산과의 만남을 시로 이렇게 표현했다.

'이제까지 현인군자를 두루 찾아보았으나 모두 비린내 풍기는 어물전에 불과했다. 하늘이 나를 맹자 어머니 곁에 있게 했다.'

그 뒤 초의는 다산의 아들 정학연과 교류가 잦아졌고 신위와도 각별한 사이가 되었다.

1812년경 초의는 다산과 함께 월출산(月出山) 백운동(白雲洞)에 들어가 놀다가 백운동 그림을 남겼다. 백운동 그림은 초의가 그리고 찬(讚)은 다산이 썼다고 한다. 그 그림은 통문관(通文館) 이겸로(李謙魯, 1909~2006) 선생이 보유하다가 인천 모 씨에게 판매한 것으로 밝혀졌다. 다문화연구소는 초의가 그린 다산초당(茶山草堂) 모사본만 보존하고 있는데, 그림에서 초의의 풍모를 느낄 수 있었다. 따지고 보면 오늘의 초의를 있게 한 이는 아암혜장 선사이다.

초의와 다산, 추사의 교유에서도 살필 수 있듯이 다산과 아암은 각별한 사이였다. 아암은 다산에게 선을 가르쳤고 다산은 아암에게 주역을 전하면서 교류했다. 다산이 고성암(古城岩)에서 지내던 어느 해(1805년경) 혜장 스님이 찾아왔을 때 주고받은 시문(詩文)이 발견되었는데 거기에 다음과 같이 전하고 있다.

혜장 스님을 보내며	送惠藏
스님이 산으로 돌아가는 날	山客歸山日
재빨리 산골로 돌아갔네	翛然赴壑蛇
벌써 도연명처럼 마심에 참여했으니	已參陶令飮
대옹의 집 그리워하지 않으리	不戀戴顒家
지름길 더딤은 푸른 등나무 엉켰기 때문이고	徑晚蒼藤合
시내 바람에 백우가 비끼네	溪風白雨斜
고요히 비에 젖은 괴로움 생각하다가	靜思沾濕苦
눈을 드니 뜰의 꽃이 바라보이네	注目對庭花

다산과 아암의 교류를 한눈에 살필 수 있다. 아암 선사가 세상을 떠난 뒤 다산은 애도의 글을 남겼다. '그윽한 암자에 별난 스님 계시더니 차가운 연기 한 줄기

허공 속에 사라져 간다'라는 시를 남겨 다산이 아암을 그리워했음을 단적으로 보여 준다. 다산이 강진에서 귀양살이할 동안 아암을 통해 참자유를 얻었으리라고 여겨진다.

1997년 차계가 활동을 재개하면서 초의가 전면에 등장했다. 초의 사후 100년 만에 그의 삶을 추적하면서 느낀 점은 선승보다 다승으로 보는 견해가 지배적이라는 것이다. 초의가 한국차의 중흥조로 자리매김하면서 선승으로서의 면모는 사라져갔다. 그러나 차계(茶界)에서는 지나치게 행다(行茶)를 좇다 보니 다승 초의는 점점 멀어져 갔다. 당시 대흥사 부주지 보선 스님은 '초의선사는 다승이기 전에 출가사문(出家沙門)의 길을 걸었던 수행자로 보아야 온당하다'라고 주장했다.

초의가 대흥사 18대 종사와 호남8 고승에 올랐음에도 조명을 받지 못한 것은 초의 사후의 단절 때문으로 보인다. 초의는 점점 역사 속으로 사라지다가 사후 100년 만에 비로소 그 자취가 하나씩 드러났다. 차의 부흥에 힘입어 초의는 차의 중흥조로 뚜렷이 드러나면서 해외에서도 한국 차문화에는 초의가 있고 일지암이 있다고 공공연히 말하게 되었다.

자하는 자하산 중에 머물 때만이 아니라 한성 집에 살 때도 아침저녁으로 차를 즐겼다고 전한다. 자하 신위는 초의선사와의 인연으로 차를 즐기게 된 것이다.

한편 초의는 한성 장안의 사대부들 사이에 명성이 알려지면서 불교 교단으로부터 점차 소외되었다. 사대부들과의 교류가 잦아지면서 초의는 오히려 대중 불교로 방향을 바꾼 인상을 지울 수가 없다.

2. 초의 사후 100년을 되돌아본다

매해 햇차가 나올 때마다 초의선사가 생각나는 까닭은 조선 후기의 차문화가 그로부터 중흥되어 오늘에 이르렀기 때문이다. 그러나 1866년 초의선사가 열반에 이르자 그의 다도정신은 잊혀져 갔다. 그러다 1956년 신헌이 찬한 〈초의대종사비〉

가 세상에 드러나면서 다시 주목받기 시작했고 1980년 일지암 복원이 이루어지면서 초의선사는 국제무대에서도 다성(茶聖)으로 높이 존경을 받게 된다. 초의는 국내보다 오히려 해외에서 높이 평가받고 있다. 중국 등 해외에서는 조선의 차문화에 초의가 존재했었다고 말하면 공공연하게 추모 열기가 일어난다. 더욱이《동다송》과《다신전(茶神傳)》에서는 고래로부터 전해온 다법이 그로부터 비롯되었다고 힘주어 말하고 있다. 1950년대 이후 전개된 초의선사의 다도정신을 중심으로 그의 삶과 자취를 살펴본다.

1866년 초의의순 선사가 열반에 들자 그의 제자 선기(善機, 1817~1876)와 범운(梵雲) 등이 당시 병조판서(兵曹判書)인 신헌(申櫶, 1810~1884)을 찾아가 선사의 비문(碑文)을 부탁했다. 신헌은 초의선사의 제자가 뜻을 굽히지 않자 그 청을 받아들여 직접 비문을 쓰게 되었다. 그리고 제자들은 신헌이 쓴 비문을 대흥사 경내 초의선사의 부도(浮屠) 옆에 〈초의대종사비〉를 세웠다. 그러나 오랜 세월이 흘러 초의는 잊혀졌다. 초의 사후 90년만인 1956년에 한 일간지가 새로 등장한 문화재 란에 소개할 '초의탑(艸衣塔)'과 '비(碑)'를 찾아 나서면서 초의가 다시 세상에 드러나게 되었다.

그러나 초의선사가 입적(入寂)하자 그가 중창(重創)했던 일지암은 물론 차문화의 흔적조차 희미해졌다. 초의의 맥을 이은 법제자로는 서암(恕庵, 1811~1876), 월여(月如, 1824~1894)가 거론된다. 그리고 뚜렷하게 초의의 선차 맥을 이어간 사람은 범해각안과 금명보정 선사이다. 초의가 입적한 후 범해각안의 차노래에는 초의선사의 옛집이 언덕이 되었다는 구절이 나온다.

범해가 1896년 입적했으니 불과 30년 사이 초의의 존재조차 희미해진 것 같다. 초의의 자취를 가장 가까이에서 느낄 수 있었던 범해는 초의의 다도 맥을 이었다고 해도 과언이 아니다.《동사열전(東史列傳)》을 쓴 범해각안은 초의선사와 동시대를 살며 일찍이 초의 스님의 가르침을 받았다. 또한 그는 초의선사가 다도의 중흥조로 추앙받고 있다고 했다.

범해각안은 초의 스님이 입적한 이후 〈초의차〉라는 시를 지어 그를 흠모하였다. 〈초의차〉라는 시에 '맑은 날 곡우 초에 아직 피지 않은 깨끗한 솥에 정성을 다하여 덖어서 밀실에서 말려 측백나무 그릇 둥글게 묶어서 대나무 껍질로 포장하여, 바깥 기운을 막아서 잘 저장하니 찻잔에 가득히 향이 피어오르는구나(穀雨初晴日 黃牙葉未開 空鐺精炒出 密室好乾來 柏斗方圓印 竹皮苞裏裁 嚴藏防外氣 一椀滿香回).' 범해각안이 초의선사의 다풍을 흠모하며 노래한 시이다. 또한 그는 《동사열전》에서 초의 스님을 차의 중흥조로 표현할 뿐만 아니라 시인이며 화가, 음악가로 조선 후

초의선사가 저술한
《동다송》과 《다신전》

기의 선종사(禪宗史)에 활력을 불어넣은 선문(禪門)의 거목으로 평가하고 있다.

석전(石顚) 박환영(1870~1948)은 차가 대중 곁에서 멀어져 식후에 차를 마시던 풍습이 겨울철 땀을 내는 약제로 쓰이면서 옥보대(玉寶臺) 아래 다도의 기풍이 허물어졌다고 개탄했다. 이를 예견이나 한듯 초의는 《동다송》은 세상에 좋은 차를 속된 사람들이 버려놓았다고 말한 적이 있다. 어느 시대이건 그 시대의 주인공이 역사 밖으로 사라지면 주인공과 함께 했던 것들까지 자연스럽게 퇴보할 수밖에 없다.

초의가 살던 시대에는 추사, 다산, 소치가 폭넓은 교류를 통해 차문화의 르네상스 시대를 열어갔다. 그러나 조선에서 다도는 쉽게 사그라지지 않았다. 다송자 금명보정 선사는 80여 편에 이르는 차시를 남겼다. 초의선사의 다풍에 영향을 받아 그가 편찬한 〈백열록〉에 초의선사의 《동다송》과 범해각안의 〈다약설〉을 수사(手寫)하여 넣었다.

문일평(文一平, 1888~1939)의 《다고사(茶故事)》에서는 초의를 '1936년 조선일보에 기고한 다도의 달인'이라고 높이 평가하고 있다. 그는 차가 쇠잔해져 갈 때 홀로 토산차를 애음(愛飮)하고 차를 예찬했으며, 차시와 《동다송》을 지었다. 그리고 《동다송》에서는 조선의 《다경》이라고 극찬하면서 초의는 조선의 육우라 하여도 과언이 아니라고까지 했다. 문일평의 《다고사》의 영향을 받은 일본인 이에이리 씨가 대흥사를 찾아 초의 차의 흔적을 더듬었던 사실은 중요한 역사의 한 페이지이기도 하다. 그밖에 초의선사의 영향을 받은 또 다른 다승이 있다. 다송자 보정 선사로 스님은 초의선사를 흠모하여 〈전다(煎茶)〉라는 시로 초의선사의 차정신을 높이 기렸다.

이렇듯 조선 후기에도 초의의 다풍은 면면히 이어져 내려왔다. 초의선사가 열반에 들기 2년 전인 1864년에 다인 장지연(1864~1921)이 출생했고, 이능화(1869~1943)의 《조선불교통사(朝鮮佛敎通史)》가 저술되는 등 조선 차는 초의가 입적한 이후에도 기층문화(基層文化) 저변으로 깊숙이 파고들고 있었다. 그러다가 황국신민화 운동(1397~1945) 기간 중 차에 눈을 뜬 일본이 조선 차에 대한 식산산업의 필요성을 느끼면서 차산지 조사에 나서게 되는데, 이것이 뒤에 이에이리가 쓴 《조선의 차와 선》의 토대가 된다. 1945년 조선이 해방된 후에는 잃어버렸던 초의를 다시 찾기 시작했다. 국내의 경우 초의선사 사후 79년 만에 그를 떠올린 반면 해외에서는 그 이전부터 초의에 대한 열기가 뜨거웠다.

3. 초의가 세상에 드러나다

한국 다도를 중흥시킨 초의선사의 뒤를 잇는 인물로는 범해각안과 다송차의 보정 선사를 들 수 있다. 하지만 그들 이후로는 뚜렷한 계승자가 거론되지 않는다. 1938년 일본인 이에이리 씨도 초의 사후 100년 뒤 초의선사의 유품이 남아있는 대흥사를 찾았다. 그는 초의선사가 손수 심었다는 차나무가 절 뒤편에 우거져 있다고 증언했다. 그러나 이에이리는 《조선의 차와 선》에서 초의의 《동다송》을 《다경》으로 잘못 기록하고 있다. 그리고 초의선사와 관련된 별다른 특이 사항을 확인하지 못한 점이 아쉬움으로 남는다. 이뿐만 아니라 그는 청태전 조사가 목적이었는데 당시 대흥사에서는 돈차가 없어 작설차를 마셨다고 증언했다.

그러다가 1956년 두륜산(頭輪山) 대흥사 경내에는 〈초의 대종사 비〉와 초의탑만 남아 있다고 신문에 소개되었다. 초의는 다산과 추사, 소치와 교류하며 지냈는데 다도의 달인으로 차사(茶師)의 업적을 남겼다는 내용을 적고 있다. 그 비의 내력을 살펴보면 '초의의 순공(洵公)이 입적하자 그의 제자 선기와 법운 등이 스승의 영정을 안치했다. 당시 병조판서인 신헌을 찾아가 스승의 탑비를 부탁했다. 그렇게 하여 쓴 〈초의대종사 탑비명〉을 초의선사가 주석했던 대흥사 경내에 세웠다.'

이 같은 선례는 초의선사의 예에서도 드러난다. 스승인 완호 대사의 삼여탑(三如塔)을 건립하기 위해 초의선사가 한양으로 올라가 해거도인 홍현주에게 비문과 시문을 부탁했고 자하 신위에게 서문을 부탁했다. 그때 차의 달인인 초의는 보림차(寶林茶)를 들고 가서 선물하기도 했다.

1980년 문화재 관리국 문화재연구소에서 발간한 《전통다도 풍속 보고서》에 따르면, '오늘날 우리가 초의를 이야기하고 우리 차의 전통을 이야기하게 된 것도 거의 응송 노장의 공로다. 응송 스님은 평생 차와 함께 살아오기도 했지만 초의선사의 유품을 오늘에 전해주었다. 또한 응송은 대흥사 제다에 대해 증언한 바 있다.

1954년 한 일간지의 문화재란에 대흥사 부도전에 초의 부도와 비가 처음으로 보도되면서 초의선사가 세상에 알려지기 시작했다.

'60여 년 전(1940년 이후를 말함) 대흥사 문중이 서로 다른 쇼요파(逍遙派)와 편양파(鞭羊派)가 있었다. 독특한 것은 대웅전(大雄殿)을 중심으로 백석당 대광명전(大光明殿), 천부전(天符殿) 등에 각각 문중살림이 대립되어 있었다'고 증언했다. 즉 어느 문중인지를 물어보면 어느 찻물이냐는 말을 한다는 것이다. 정각(亭閣)마다 문중이 제다를 해왔음을 말해준다.

언론인 천관우는 1963년 대흥사를 찾았을 때 '다법은 사라지고 제다만 전승되고 있다'는 말을 하고 있다. 그때 제다에 관한 전승만 있고 다법이 사라졌음을 알고 난 천관우는 실망감을 감추지 못했다. 또한 《다신전》을 통해 전해지는 채다(採茶), 조다(造茶), 장다(藏茶) 등의 제조법과 천수(天授), 화후(火候), 투다(投茶) 등의 전다법(煎茶法) 그리고 음다법(飮茶法)과 다구(茶具)에 관한 내용을 살폈다. 그리고 우리나라 고래로부터 내려온 다법이 전승되어 왔음이 확실하다고 유추하여 1963년 6월 9일 호남기행 시리즈 대흥사와 차로 세상에 알렸다. 또한 이를 유심히 살펴본 천승복에 의해 초의선사가 비로소 세상에 다시 알겨지게 된 것이다.

1963년 대흥사를 찾아간 천관우 선생은 제다에 관한 전승이 남았다고 밝힌 바 있다. 금명 스님이 쓴 《견향선사찬(見香禪師贊)》에 '차향기를 초의에게 받아 아름다운 문에 잔물결 일게 하여'라는 구절이 나온다. 이 시의 주인공 이름은 '상훈'으로 초의 제다의 맥을 이었다.

특히 대흥사의 다맥을 거론할 때 빼놓을 수 없는 또 다른 다승이 화중 스님이다. 화중은 초의의 법손으로, 대흥사 대광명전을 지키면서 초의의 손때 묻은 유품들을 어루만지며 초의차를 이어갔다. 초의의 집에는 초의가 쓴 서책과 오동나무 경상(經床)들이 방안에 놓여 있었다. 당시 대흥사 총무를 지낸 화중 스님이 대광명전에 주석하면서 《초의집》을 어루만지며 그의 차정신을 올곧게 지켜왔던 분이다.

잊혀져가던 차가 세상 밖으로 다시 드러나기까지는 언론인들의 역할이 매우 컸다. 1967년 언론인 안재준에 의해 초의선사가 다시 세상에 드러났다. 안재준은 '초의선사가 당시 일개의 선승이면서도 시서화(詩書畵) 삼절을 비롯해 이렇게 다방면에 조예가 깊었던 것은 정다산(丁茶山), 신자하(申紫霞), 김추사(金秋史), 홍연천(洪淵泉) 같은 당대의 명류들과 교분이 두터웠다는 점에서 그 단서를 찾아볼 수 있다. 초의는 정다산이 강진에서 19년의 유적생활(流謫生活)을 하면서 그의 스승인 연파상인(蓮坡上人)과 청교(淸交)를 맺게 됨을 기회 삼아 다산문하(茶山門下)에서 직접 수업하게 된 데에 힘입은 바 크다고 한다. 특히 그 후에는 추사와 각별한 교류 관계를 맺게 됨으로써 유불(儒佛) 교류에 신국면을 개척하게 될 뿐 아니라 선종의 이론 자체에 있어도 상호논박(相互論駁)과 자가정비(自家整備)라는 색다른 경지를 터놓았다는 데서 주목을 끈다'라고 전하기도 했다. 또한 초의와 추사 사이에는 차로 차를 달이는 화후(火候: 불을 가늠하는 것)부터 선리(禪理) 토론까지 다양한 화제가 오고 가며 교류가 이루어졌다고 말했다.

대흥사는 1960년대부터 언론을 통해 차의 중요성과 함께 간간히 소개되기 시작해 1980년에는 그 주변에 자생하는 차나무가 천연기념물로 지정되었다. 외국 차학자들

일지암 유천.
초의선사의 《동다송》에 '차는 몸의 신이요,
물은 차의 몸체'라고 말했듯이 초의는 차를 팽다할 때
물을 매우 중요시했다.

이 지적한 '조선의 차문화에는 초의가 있고 일지암이 있다'라는 주장을 이제야 비로소 우리도 공감하기 시작한 것이다. 1971년 3월 성균관 이우성 교수가 이끄는 학술조사단이 해남과 강진 일대를 조사하고 돌아와 다산초당의 새로운 면모를 드러냈다. 특히 대흥사에서 보관하던 8폭의 병풍이 공개되면서 초의와 다산도 함께 거론되었다.

이로써 조선 후기의 한국차를 논함에 있어 산사(山寺)를 중심으로 한 사원차의 영향이 얼마나 큰지를 알 수 있다. 또한 결국 이것은 대흥사를 중심으로 한 다산, 추사, 초의 등 이름난 학자나 승려 간의 교류가 있었기에 가능했다.

4. 초의를 바라보는 해외 시각

중국이나 일본의 다인들은 '조선의 차문화에는 초의가 있고 초의의 차문화에는 일지암이 있다'고 공공연하게 말한다. 그리고 또 조선인들이 예로부터 전해 내려오는 차례를 소중히 모시고 있어 감명을 받았다고들 한다. 그래서 해외 다인들은 초의선사를 한국 차문화를 집대성한 다성으로 추앙하고 있다.

일본차의 유파들은 기회가 있으면 일지암을 찾아 초의를 기린다. 일본 무샤노코지(武者小路)류의 기즈 무네타카(木津宗隆)의 일지암 탐방기에도 드러난다. '초의선사를 다시금 마음속에 새기며 일기일회(一期一會)의 차를 만끽했다. 초의선사는 사악함이 없고 욕심도 없고 구애받지 않는 맑고 청정함을 주장했다'고 말한다. 기즈 무네타카의 말처럼 초의는 한중일 차사에서 빼놓을 수 없는 인물로 평가되고 있다. 또한 해외 다인들이 《동다송》을 읊으며 한없이 초의를 회고하는 모습을 종종 볼 수 있다. 초의는 일찍이 해외 다인들로부터 극찬을 받은 것과 달리 한국에서는 사후 70년이 지나서야 비로소 그에 대한 추모 열기가 나타났다.

초의선사는 홍현주의 부탁으로 《동다송》을 저술하는데 첫머리가 '동다(東茶)의 찬양으로부터'라는 글로 시작된다. 초의는 해거도인이 차 만드는 법을 묻기에 마침내 《동다송》 한 편을 지어 올렸다고 했다. 그렇게 세상에 나온 《동다송》은 금명보정 선사에 의해 〈백열록〉에 수사(手寫)함으로써 그 위상을 후세에 떨치고 있다. 이후에도 《동다송》은 여러 필사본이 전해지나 번역으로 나온 것은 1967년 월간 법륜을 통해 두륜산인 학천(學泉)에 의해 처음 발견되며 세상에 알려졌다. 명원다회에서 1980년 영인한 《다경》과 《동다송》을 다시 출간하기도 했다. 그 뒤에 《동다송》이 잇따라 번역되면서 차문화가 조금씩 알려졌다.

일지암은 초의선사가 중년부터 말년까지 주석했던 공간으로 한국 다선의 조정과도 같다. 신헌의 〈초의대종사 탑비면〉에는 '두륜산의 우거진 숲속에 작은 암자 하나를 지었으니 곧 일지암이다. 거기에 홀로 지관(止觀)을 담으면서 초의는 사십여 년간을 머물렀다'라고 되어 있다. 그러나 초의선사의 다선일미 정신이 묻어난 일지암은 초의 사후 20년 만에 흔적도 없이 사라졌다.

게다가 초의선사는 《선문사변만어(禪門四辨漫語)》를 저술하면서 백파(白坡) 스님의 삼종선(三種禪)을 비판하고 나섰다. 이렇게 시작된 선 논쟁은 이후 1세기 동안 지속되며 조선조의 대미를 장식했다. 이로써 초의가 주장했던 다선일미 정신도 자연스럽게 선 논쟁에 묻혀 버리고 말았다. 그러다가 초의 사후 90년 만인 1981년 일지암이 복원되면서 잊었던 한국 차문화가 다시 세상 밖으로 나오게 되었다.

03. 일지암 복원의 비화

1. 한국 차문화를 중흥시킨 초의를 생각하다

5월이 다가올 때면 초의선사가 생각난다. 한국 차문화가 그로부터 중흥되었기 때문이다. 1981년 일지암이 복원되면서 한국 차문화계에는 큰 변화가 일어났다. 그중 큰 변화는 국민대 명원민속관 내에 일지암과 동일한 형태의 초암이 생겼다는 것이다. 2 대를 이어온 명원문화재단의 김의정 이사장이 늘 마음속에 삼암(三庵: 일지암과 동일한 형태의 암자를 말함)을 염원하다 동일한 형태의 초암을 건립했기 때문이다. 지난 4월 20일 순천 국제정원박람회(2012년 4월 20일, 10월 20일)장 내에 일지암과 동일한 형태의 초암이 세워지면서 오랫동안 마음에 담아오던 깊은 바람이 이루어졌다.

초의의 사후 1세기 이후 1979년 1월 20일 한국차인회가 출범하면서 김미희, 김봉호, 박종한, 박태영 등이 주도하여 그 첫 사업으로 일지암 복원 운동이 시작되었다. 우여곡절 끝에 1981년 일지암이 복원됨에 따라 일지암을 주제로 한 음악, 그림, 시, 다례도 발전했다.

2. 일지암 복원에 얽힌 비화

초의선사가 한국 차문화계에 어떤 영향을 끼쳤는가 찬찬히 살펴보도록 하자.

몽휴가 그린 〈일지암도〉

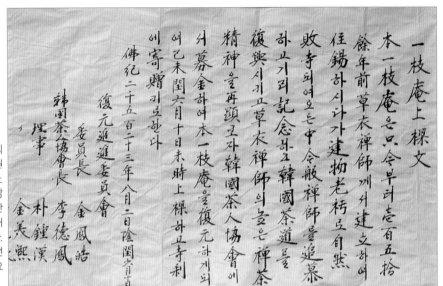

소치 허련은 1835년 초의 스님과 대면한 후 남긴 글에서 일지암을 자세히 묘사했다. 을미년(1835)에 대둔사(大芚寺) 한산전으로 들어가 초의를 방문했다. 스님은 정성스레 차를 대접하고 침상을 내어주며 머물게 하였다. 몇 해를 왕래하며 기미(氣味)가 서로 같아 늙도록 변하지 않았다. 초의 스님은 두륜산 꼭대기 소나무가 빽빽하고 대나무가 무성한 곳에 몇 간의 초가를 엮어 지내고 있었다. 버들이 드리워 처마에 하늘을 내고 연꽃들이 섬들에 가득히 서로 어우러진 곳이었다.

뜰에도 노을이 물들고 추녀 끝에는 크고 작은 전구를 달아두었다. 스스로 지은 시에서는 '연못을 파고 허공 달빛 해맑게 깃들이고 대롱을 이어 저 멀리서 구름 샘을 끌어왔어'라고 했다. 또 '시야를 막는 꽃가지를 잘라냈더니 석양지는 멋진 산이 또렷이 눈에 어리네'라고 했다.

1979년 3월, 아인 박종한, 우륵 김봉호 등이 응송 스님을 업고 두륜산 자락에 있는 일지암 터를 확인하면서 일지암 복원은 시작되었다. 그때 일지암 복원에 필요한 예산을 확보하지 못하는 난관에 부딪히게 되자 명원 김미희 선생이 앞장서면

명원 김미희 선생이 국민대 내 명원민속박물관에 일지암과 동일한 초암을 건립했다.

2013년 4월 20일 순천 정원박람회 공간에 명원문화재단 김의정 이사장이 일지암과 동일한 초암을 건립, 순천시에 기증하여 영구보존하게 되었다.

대흥사에 건립한 동다송 기념비를 살피고 있는 김의정 이사장

일지암 노락당

서 비로소 일지암 복원이 이루어진다. 우륵 김봉호의 육필원고에는 그때의 상황을 다음과 같이 말하고 있다.

"모두 입을 다물고 있으면 어쩌자는 겁니까. 중도 하차를 하겠다는 것입니까. 속담에 '중이 셋이라도 절은 짓고야 말겠다'라는 말이 있습니다. 우선 내가 500만 원을 더 낼 것이고 그 견적서의 끄트머리 75만 원도 더 감당할 것이니 십시일반으로 동참합시다. 나 또한 아이들에게 용돈을 타 쓰는 처지입니다. 치마 두른 내가 이러는데 여러분이 어쩔 겁니까."

초당이 중흥될 당시 에밀레박물관 조자용(趙子庸) 선생이 6.5평의 초암을 설계했고 그밖에 1.5평짜리 초의모정와가(草衣茅亭瓦家) 한 채 3평짜리 부속건물과 연못들을 옛 모습 그대로 복원했다. 비로소 일지암이 한국 다도의 조성으로 자리 잡았다. 명원의 뒤를 이어 명원문화재단의 김의정 이사장은 2007년 해남 대흥사에 길이 8m, 높이 3m, 너비 113m의 웅장한 규모의 《동다송》31

송의 원문과 비석 건립 의미를 새겨 2대에 걸친 초의선사 현창에 앞장서 왔다.

초의선사가 일으켰던 동국의 차문화는 그의 사후 100년 만에 일지암이 복원되면서 싹트기 시작했고 다시 한국의 차문화는 세계로 뻗어 나가고 있다. 초의는 조선의 차문화를 중흥시킨 공적으로 한국의 다성으로 여전히 높이 평가되고 있다.

3. 대흥사에 세운 동다송비

우리나라 차 고전 중의 하나인 《동다송》을 새긴 동다송신비를 해남 대흥사에 세웠다. 대흥사와 명원문화재단, 조계종 중앙신도회는 2007년 8월 11일 오후 2시에 동다송 기념비 제막식을 거행했다.

《동다송》은 초의선사가 대흥사 일지암에서 40여 년 동안 머물며 남긴 것으로, 이번에 새로 세운 동다송비는 한국 차문화의 선각에 섰던 초의선사를 기리기 위해 대흥사와 명원문화재단이 공동으로 추진한 것이다. 이 비석은 80년대 초 차의 성지 일지암을 복원하는 등 한국 근대 사회의 차문화 발전에 적지 않은 공적을 쌓은 명원 선생의 뜻을 받들어 세운 것으로 의미가 깊다.

동다송비는 길이 8m, 높이 3m, 너비 1.3m로 규모가 웅장하다. 바탕 돌과 지붕 돌을 화강석으로 올리고, 검은 몸돌에는 《동다송》 중 31송의 원문과 비석 건립 의의를 새겨 넣었다.

명원문화재단 김의정 이사장은 "많은 이들이 초의선사를 기념하고 《동다송》을 읽어 한국차의 우수한 문화를 깨닫기를 바란다"면서 초의선사와 명원 선생, 그리고 많은 선배 다인들이 염원했던 한국 다도의 영원한 발전과 그 뜻을 이어받아 발전시켜 나가야 한다고 피력했다.

4장

조선 시대로
이어져 온
궁중다례

김의정 명원문화재단 이사장

01. 조선 시대로 이어져 온 궁중다례

　　고조선 때부터 하늘에 제(祭)를 올리는 과정에서 시작된 다례(茶禮)는 우리 역사에서 민족과 함께 하는 예속(禮俗)의 바탕이었다. 선조나 부처, 임금, 귀한 손님 등 공경의 대상에게 차를 바치는 것은 중요한 의식(儀式)으로 자리 잡았다. 무엇보다 고려와 조선 시대에 궁중에서 치러진 다례는 이들 의례의 근간을 이루었다.

　　궁중의례는 고려 시대 유학과 함께 전래되었다고 《고려사(高麗史)》〈예지(禮志)〉에 기록으로 남아 있다. 조선 왕조를 건국하면서 오례(五禮)는 새로운 정치 질서에 따라 개정되어 세종 때 전체적인 틀을 갖추었으며 세조, 예종을 거쳐 성종이 완성하였다

　　《국조오례의》는 궁중의식을 오례, 즉 길례(吉禮)·흉례(凶禮)·빈례(賓禮)·가례(嘉禮)·군례(軍禮)의 예법과 절차를 밝혀놓은 기본 예전(禮典)이다. 길례는 춘추급랍제사직의(春秋及臘祭社稷儀)·연문선왕시학의(宴文宣王視學儀)·연력대시조의(宴歷代始祖儀)를 비롯한 56종, 흉례는 위황제거애의(爲皇帝擧哀依) 등 91종, 빈례는 연조정사의(宴朝廷使儀) 등 6종, 가례는 정지급성절망궐행례의(正至及聖節望闕行禮儀)·황태자천추절망궁행례의(皇太子千秋節望宮行禮義)·영조서의(迎詔書儀) 등 50종, 군례는 사우사단의(射于射壇儀) 등 7종이 행해졌다. 오례의(五禮儀) 중 빈례에 속하는 연조정사의(宴朝正使儀: 궁중에서 연회하는 의식)는 궁중다례(宮中茶禮)의 전형이 되어 조선 말까지 시행되었다. 궁중다례의 형식과 내

용은 왕실에서 내외명부(內外命婦)의 비공식 다례로도 많이 행해졌다. 그러나 조선 시대의 궁중다례는 왕조가 쇠하면서 맥이 끊어졌다. 이런 이유로 차문화는 다른 나라에만 있는 것으로 생각하게 되었으며, 궁중다례의식(宮中茶禮儀式)의 존재에 대해서는 상상도 하지 못하였다.

　우리나라에서 다례라는 용어가 처음 사용된 것은 조선 시대의 궁중이라고《조선왕조실록》에 기록되어 있다. 조선 시대 태종 즉위년(1401)으로, 명나라 사신(使臣)과 더불어 '다례'를 행하였다. 궁중다례란 글자 그대로 해석하면 궁중에서 차를 준비하고 마시던 모든 행위를 의미한다.

　조선 시대의 궁중다례는 중국의 사신과 같은 칙사(勅使)나 종친(宗親) 등 손님을 대상으로 하는 접빈다례(接賓茶禮), 명절이나 국왕 또는 대비의 회갑 등 왕실의 경사에서 공식적으로 거행된 진연다례(進宴茶禮: 진찬[進饌], 진작[進爵] 등 궁중의 공식적인 연향[宴享]에서 거행된 진다의식[進茶儀式]을 포함), 국상이나 진전(進殿), 궁묘(宮廟), 제사 등에 차를 올리는 제향다례(祭享茶禮) 등으로 크게 구분할 수 있다. 궁중 접빈다례는 조선 후기로 내려오면서 전기보다 더 독립된 의식으로 치러졌으며, 경우에 따라서는 음악이 곁들여져 '궁중다례' 의식이 한층 화려하고 장엄해졌다.

고려 시대 궁중다례

《고려사》에 의하면 고려의 조정과 왕실에서는 크고 작은 행사 때 다례를 행하였다. 즉 국가적 행사인 연등회(燃燈會)와 팔관회(八關會) 및 정조(正朝) 때 진다의식을 거행했으며, 외국 사신을 맞이할 때나 신하의 사형판결 의식에도 다례를 거행하였고, 왕비·태자 등을 책봉할 때, 공주를 시집보낼 때, 원자의 탄생을 축하할 때, 군신(君臣)의 연회 의식에도 진다하는 의식이 있었다. 이러한 사실로 보아 왕실의 궁중다례는 격식화되고 세분화되었다 것을 알 수 있다.

다음은《고려사》예지의 빈례에 보이는 진다의식이다.

〈표 1〉 고려 시대의 빈례 의식 (《고려사》 제65권, 지제19권, 禮7, 빈례)

고려사 예지(禮志) 항목	다의(茶儀)의 유무
① 북조의 조서를 가지고 오는 사신을 맞이하는 의식 (迎北朝詔使儀)	* 진다(進茶) 사다주식(賜茶酒食)
② 북조의 기복 고칙사를 영접하는 의식 (迎北朝起復告詔勅使儀)	* 선다주(宣茶酒) 다주례(茶酒禮)
③ 명나라 조사를 맞이하는 의식(迎入明詔使儀)	* 진다 추정
④ 명나라의 위운사를 맞이하는 의식(迎入明賜勞使儀)	* 진다 추정
⑤ 조서를 가지고 오지 않은 명나라 사신을 맞이하는 의식 (迎入明無詔勅使儀)	* 설다(設茶)

고려 시대에는 차의 사용이 늘어나 차 관련 담당 관청과 군사를 따로 두기도 했다. 그 중에서 다방(茶房)은 궁중과 조정의 행사에 차를 준비하고 올리는 일을 담당했다. 특히 조정의 크고 작은 의식을 비롯해 팔관회와 연등회, 정조, 종묘제례(宗廟祭禮), 사신접빈, 왕의 행차 시 차와 관련된 업무를 담당했다. 다방에는 다군사(茶軍士)를 두어 차를 준비하거나 다구와 짐을 나르는 역할을 하였다. 한편 관청에서는 관리들이 시간을 정해 놓고 차를 마시는 다시(茶時)가 있었으며, 사헌부(司憲府)에서는 매일 한 번씩 모여 차를 마시는 시간을 두기도 했다.

조선 시대 궁중다례

조선 시대의 음다(飮茶) 풍속은 왕실과 조정, 선비, 승려들 사이로 꾸준히 이어졌다. 예조판서(禮曹判書)를 지낸 서거정의 《재좌청기(齋坐廳記)》에 의하면 "다시는 다례의 뜻을 지닌다. … 중략 … 날마다 한 번씩 모여서 차를 마시는 자리를 베풀고 파하는 것이다"라고 했다. 또한 태종 5년 한양에 있는 모든 관청에서 다시를 행했다는 기록으로 보아 조선 시대에도 고려와 마찬가지로 관청에서는 다시를 정해놓고 차를 마셨음을 알 수 있다.

조선 시대의 궁중다례는 공식적인 왕실의례로 행해졌기 때문에 국가의 공식 기록에 관련 내용이 풍부하게 전해진다. 《조선왕조실록》은 물론이고 《국조오례의》, 《승정원일기(承政院日記)》, 각종 의궤(儀軌) 등 수많은 공식기록에 궁중다례의 내용과 형식이 구체적으로 명기되어 있다. 한마디로 조선 시대의 궁중다례는 국빈 접견, 연향, 제향 등에서 공식적으로 시행된 왕실의례로, 고려 시대보다 엄격한 정형미를 갖춘 최고급 문화였다.

《국조오례의》에 규정된 국가의례에서 국왕 주체로 시행되었던 접빈다례의 구체적인 형식과 내용은 가례 항목의 '영소서의(迎詔書儀)'와 '영칙서의(迎勅書儀)'에 나타나고, 빈례(殯禮) 항목의 ① '연조정사의(宴朝廷使儀)'와 ② '왕세자연조정사의(王世子宴朝廷使儀)'에서 보인다. 조선 시대 다례가 행해진 궁중다례의 대상과 주관자는 다음 〈표 2〉와 같다.

〈 표 2 〉 사신 맞이 빈례의식 종류

빈례의 대상	주관자(임금, 왕세자, 종친, 기관 등)	비고
* 중국 사신을 맞이하는 빈례 의식	① 임금이 맞이하는 연조정사의 ② 왕세자가 맞이하는 왕세자연조정사의 ③ 왕의 종친이 맞이하는 종친연조정사의(宗親宴朝廷使儀)	* 연향의 초반에는 다례의식을, 후반에는 술을 올림 (주연 시에는 음악을 곁들임)

영조다례(위). 조선궁중다례를 재연한 궁중다례 기능보유자인 김의정 이사장(아래)

《조선왕조실록》에 나타난 다례는 철종(哲宗) 때까지 무려 691회에 이른다. 다음 〈표 3〉은 《조선왕조실록》에 기록된 다례 관련 용어와 숫자이다.

〈 표 3 〉 《조선왕조실록》의 다례 관련 단어 검색

대(代)	실록(實錄)	다례(茶禮)	대(代)	실록(實錄)	다례(茶禮)
1	태조		15	광해군	17
2	정종		16	인조	18
3	태종	23	17	효종	
4	세종	65	18	현종	29
5	문종	4	19	숙종	12
6	단종	11	20	경종	8
7	세조	8	21	영조	27
8	예종	7	22	정조	27
9	성종	49	23	순조	78
10	연산군	8	24	헌종	16
11	중종	46	25	철종	46
12	인종	5	26	고종	2
13	명종	12	27	순종	4
14	선조	169	합계		691

1. 국조오례의 빈례 의식 〈연조정사의〉

외국 사신을 접대하는 의식인 〈연조정사의(宴朝廷使儀)〉의 번역문과 진다의식으로 고종(高宗) 때 기록된 〈진찬의궤(進饌儀軌)〉에서 빈례 의식의 일례를 들면 다음과 같다.

그날에 영접도감에서 사자(使者)의 좌석을 태평관(太平舘) 정청(正廳)의 동벽(東壁)에 서향하여 설치하고(오칠교의; 烏漆交椅) 액정서(掖庭署)에서 전하의 좌석을 서벽(西壁)에 동향하여 설치하고(주칠 교의; 朱漆交倚) 향안(香案)을 북벽(北

銀茶罐

銀茶鍾

玉茶鍾

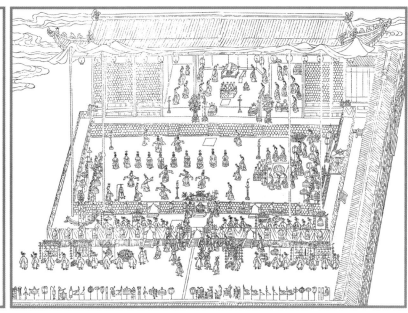

(왼쪽) 〈진찬의궤〉에 그려진 은차관과 은찻잔, 옥찻잔.
(오른쪽) 왕실의 가장 큰 행사의 하나로 차가 올려진 사실이 1829년 명정전에서 열렸던
진찬의궤를 그린 진찬도에 나타나 있다. 차를 우리는 다정(茶亭)이 보인다.

壁)에 설치하고, 사준원(司尊院)에서 주탁(酒卓)을 정청 안 남쪽 가까이 북향하여
설치한다.

전하가 태평관에 이르러 편전(便殿)에 들어간다. 시각이 되면 판통례가 부복(俯
伏)하고 꿇어앉아 외판(外辦)을 아뢰면, 전하가 여(輿)를 타고 나오는데 산(傘)과
선(扇)으로 시위하기를 평상시의 의식과 같이 한다.

판통례(判通禮)가 전하를 인도하여 중문(中門) 밖에 이르러 여에서 내리게 한
다. 사자(使者)가 문을 나오면, 전하가 읍양(揖讓)하고 사자도 또한 읍양한다.

사자는 문에 들어와서 오른쪽으로 가고, 전하는 왼쪽으로 가서 정청에 이르러,
사자는 동쪽에 있고 전하는 서쪽에 있어 읍(揖)을 하면 사자가 답하여 읍을 한다.

사자가 좌석에 나아가면 전하가 좌석에 나아가는데, 산과 선을 정청 밖 서쪽 가
까이 진열하고, 여러 호위(護衛)하는 관원이 어좌(御座) 뒤에 늘어서고, 승지(承

명원이 550년 전 의식
을 완벽하게 복원한 연
조정사의(宴朝正使義)

읍)는 여러 호위하는 관원의 앞 남쪽 가까이에 부복한다.

대장(大仗)을 뜰의 동쪽과 서쪽에 진열하고, 군사들이 월대(月臺)와 뜰의 동쪽,
서쪽과 안팎의 문에 늘어서기를 모두 의식과 같이 한다.

사준제거(司尊提擧) 1인은 다병(茶瓶)을 받들고, 1인은 다종(茶鍾)의 쟁반(盤)을
받들고 모두 들어와서 주정(酒亭)의 동쪽에 서고(종을 받든 사람은 서쪽에 있다)
사옹제거(司饔提擧) 2인은 과실 쟁반을 받드는데, 1인은 정사(正使)의 오른쪽에
북쪽 가까이 남향하여 서고, 1인은 부사(副使)의 왼쪽에 남쪽 가까이 북향하여
선다. (사자는 비록 부사 이하의 사람이라도 과실 쟁반은 모두 왼쪽에 있다.)

제조(提調)가 과실 쟁반을 받들고 전하의 오른쪽에 남쪽 가까이 북향하여 서
고, 사준제조(司尊提調)가 종(鍾)으로써 차(茶)를 받아(제거가 차를 따른다) 꿇어
앉아 전하에게 올리면, (다종을 올리려고 하면, 전하가 좌석에서 일어나 조금 앞
으로 나와서 서고, 사자도 좌석에서 일어나 또한 조금 앞으로 나와서 선다. 술을
올리는 예[禮]도 이와 같다) 전하가 종을 쥐고 정사 앞에 나아가서 차를 건넨다.

정사가 종을 받아 임시로 통사(通事)에게 전해준다. 제조가 또 종으로써 차를 받아 꿇어앉아 전하에게 올리면, 전하가 종을 쥐고 부사 앞에 나아가서 차를 건넨다.

전하가 조금 물러난다. 제조가 또 종으로써 차를 받아 서서 정사에게 올리면 정사가 종을 쥐고 전하 앞에 나아가서 차를 올린다. (제조가 물러나 주정 뒤로부터 주정의 서쪽에 나아가서 북향하여 꿇어앉는다. 술을 올리는 예도 이와 같다.)

전하가 종을 쥔다. 통사가 임시로 다종을 받고는 서서 정사에게 올리면, 정사가 도로 종을 쥔다. 사자가 좌석에 나아가고 전하가 좌석에 나아가서 차를 든다.

이를 마치면 사준제거는 각각 사자 앞에 나아가 서서 종을 받고, 제조는 전하 앞에 나아가서 꿇어앉아 종을 받아 모두 찻쟁반에 그전대로 두고서 나간다. 처음에 차를 들고 이를 마치려 할 때 사옹제거는 서서 사자에게 과실을 올리고, 제조는 꿇어앉아 전하에게 과실을 올린다. 이를 마치면 모두 쟁반을 가지고 나간다.

조금 후에 사준제거 2인이 주정의 동쪽·서쪽으로 나누어 서고, 제조 이하의 관원은 따로 주정의 뒤에 선다. 전악(典樂)이 가자(歌者)와 금슬(琴瑟)을 타는 사람을 거느리고 들어와서 동계(東階)·서계(西階)의 아래에 서면, 음악이 시작된다.

사준별감(司尊別監) 4인이 각각 어주(御酒)를 담은 그릇을 받들어 올리고 월대(月臺) 아래에 나아가서 북향하여 서면, 제조 4인이 나와서 원대 위에 나아가 차례대로 전해 받들고 들어가서 소정(小亭)에 담아 드린다.

가자 등이 올라와서 월대 위에 서면 음악이 그치고 모두 앉으며, 제조가 모두 물러나서 주정 뒤에 선다. 사용제거 2인이 각각 과실 쟁반을 받들어 사자 앞에 올리고, 제조는 과실 쟁반을 받들어 전하 앞에 올리기를 모두 다례 같이 하는데, 과실 쟁반을 올리려 할 때 음악이 시작된다. (무릇 곡[曲]과 무[舞]는 임시에 계문[啓聞]하여 재가[裁可]한다.)

《국조오례의》에 규정된 궁중다례의식은 조선 중후기를 거치면서 약간의 변화가 일어난다. 조선 전기에는 국왕이 대궐 정전에서 칙서(勅書)를 맞이한 후 곧바로 정전에서 접빈다례를 행하였으며, 이후 칙사의 숙소에서 연향을 할 때 접빈다례를 행하였다. 조선 후기로 내려오면서 접빈다례 자체가 하나의 독립된 의식 절차로 자리 잡게 된다. 이는 곧 조선 후기에 들어 접빈다례의 중요성이 높아짐을 의미한다. 따라서 조선 후기에는 '정전다례(正殿茶禮)', '편전다례(便殿茶禮)', '하마다례(下馬茶禮)' 같은 독립된 다례의식이 거행되었다.

이러한 사실은 조선 후기 외교관계 문서를 수록한 《동문휘고(同文彙考)》의 '정전접견다례급연례의(正殿接見茶禮及宴禮儀)'에 나온다. 이는 왕이 칙서 또는 조서(詔書)를 맞이한 후 정전에서 칙사를 접견할 때 다례의식에 관한 내용이다. 이런 경향은 정조 1년(1777)에 편찬한 《칙사다례의(勅使茶禮儀)》의 '하마다례의(下馬茶禮儀)'라는 자료에서도 알 수 있다. 이 자료는 청나라 칙사의 하마연 중에서 '다례' 부분을 독립적으로 다루는 내용이다.

조선 후기로 내려오면 《동문휘고》에 나오는 정전다례처럼 다례의 행례(行禮) 절차를 자세하게 기록한 자료들이 많이 보인다. 그중 《승정원일기》와 인조 광해군 시대의 영접도감(迎接都監) 연향색의궤(宴享色儀軌)의 내용 등이 대표적이다. 여기에는 다례 장소를 비롯해 참여인원과 역할, 침전(寢殿)과 다방에서의 준비물, 음식의 가짓수, 절차 등을 자세히 기록하였다. 편전다례는 고종 31년(1894) 이후에 편찬된 《의주등록속(儀註謄錄續)》의 '편전접견중국사의(便殿接見中國使儀)', '편전접견시다례의(便殿接見時茶禮儀)' 등에 나온다. 이 의례들은 임오군란 이후 조선에 주둔했던 청나라 군대의 지휘관들을 고종이 편전에서 접견한 내용이다.

2. 조선 시대 궁중진연과 차

조선 후기에는 이러한 접빈다례와 함께 궁중문화를 살펴볼 수 있는 또 하나의 중요한 자료가 궁중진연(宮中進宴)의 모습을 상세히 기록하고 있는 궁중의궤이다. 궁중의궤는 진연다례가 진행된 모습을 비교적 상세히 기록하고 있다. 진연다례란 명절이나 회갑 등 왕실의 경사를 축하하기 위해 공식적으로 베푸는 궁중잔치에서 거행되는 진다의식을 이른다. 이러한 진다의식은 18세기 후반 궁중에서 거행된 '진연(進宴)', '진찬(進饌)', '진작(進爵)' 등의 일부로 나타나는데, 영조 때 간행된 《국조속오례의》와 정조 때 편찬한 《춘관통고》에 실리게 된다.

순조(純祖) 무자(戊子), 기축(己丑)년의 진작의궤와 진찬의궤에는 연회일과 참석자, 배치, 배설, 품목에서부터 진열 과정까지 기록되어 있다. 여기에는 왕과 왕세자 등의 다상(茶床)과 다구(茶具)도 나와 있다. 조선 후기에는 이러한 접빈다례와 함께 궁중다례를 살펴볼 수 있는 또 하나의 중요한 자료가 궁중진연을 기록하고 있는 궁중의궤이다. 궁중의궤는 진다의식의 모습을 기록하고 있다. 순조기축진작의궤의 기록에 1829년 순조의 등극 30년과 탄신 40년을 기념하는 진찬의식에 은다관에 작설차를 사용했다는 기록이 있으며 고종 24년(1887) 신정왕후 80세 경축연향에 '대왕대비에게 은다관, 은다종으로 1그릇의 작설차를

순정효황후 윤씨

왼쪽부터
한희순, 박창복, 김명길, 성옥염

올렸다'라는 기록이 있다. 다례의식이 조선 후기에 들어와 독립적인 의식으로 간주되고 행사에 따라서는 음악까지 곁들여짐으로써 '궁중다례의식' 자체가 화려하고 장엄한 독립 의례로 변모하게 되었다. 조선 시대의 궁중다례는 당시의 찬란한 궁중문화일 뿐만 아니라 조선 고유의 역사적, 문화적 배경에서 탄생한 독특한 전통문화이다.

그 후 일제 강점기를 거치며 우리 전통문화에 관한 자료를 구하기 쉽지 않은 현실에서, 차문화의 저변 확대와 궁중다례의 전승에 초석을 쌓은 사람이 명원(茗園) 김미희(金美姬, 1920~1981)이다. 궁중다례는 1954년 순정효황후(純貞孝皇后) 윤씨의 명으로 김명길 상궁으로부터 명원 김미희 선생으로 전수된 후 명원 선생의 차녀 김의정(명원문화재단 이사장)으로 계승되어 김 이사장이 현재 2001년 12월 20일 서울시 무형문화재 제27호 '궁중다례의식' 기능보유자로 지정되었다.

명원 김미희는 상궁들을 낙선재로 직접 찾아가거나 서울 신문로에 있는 자신의 집으로 모셔 궁중의 예절과 다도를 익혔다. 그 후 학자, 승려들의 협력으로 1979

2001년 12월 20일, 서울시 무형문화재 제27호
궁중다례의식 기능보유자에 오른 김의정 이사장

년 9월 6일 한국 최초 차 학술발표대회 〈한국 전통다도 학술발표회 및 생활다도 정립 발표회〉 개최, 1980년 12월 3일 한국 최초 전통다례 발표회 〈한국 전통의식 다례 발표회〉로 궁중다례, 사당(祠堂)다례, 접빈다례, 생활다례, 사원다례를 한국 최초로 복원 발표하였다. 〈한국 전통의식 다례 발표회〉는 1967년에 설립된 명원다회(명원 김미희 회장)가 주최하고 문화재관리국이 후원하여 개최되었다.

01. 근세 한국의 차문화를 중흥시킨 명원 김미희

1. 시작하는 말

2020년 명원(茗園) 김미희(金美熙, 1920~1981) 선생 탄신 100주년을 맞아 명원 선생의 생애를 통해 한국 차문화 100년을 살펴본다. 이 글은 《한국의 차인1》에 수록된 글을 보완 및 재구성했다.

명원 김미희를 한국 차문화의 선구자로 부르는 까닭은 수많은 업적을 남기며 사라진 우리 차문화를 현대에 되살렸기 때문이다. 일본에서 귀국한 이후 1960년 명원다회를 설립했고, 궁중다례(宮中茶禮), 사원다례(寺院茶禮), 생활다례(生活茶禮), 접빈다례(接賓茶禮)의 복원은 물론 초의선사(草衣禪師, 1786~1866)가 주석(駐錫)했던 일지암(一枝庵) 복원에 앞장섰다. 1980년 한국 최초로 전통 다도(茶道) 학술대회를 개최했으며 《다경(茶經)》, 《동다송(東茶頌)》, 《다신전(茶神傳)》을 영인하여 보급했다. 당시 차의 불모지나 다름없었던 시절에 그 같은 차고전을 간행하여 대중으로부터 차에 대한 관심을 불러일으켰다.

안타깝게도 명원 선생은 차문화 운동을 활발하게 펼치다 1981년 61세로 타계했다. 많은 이들은 끊어진 한국 차문화의 명맥을 이은 공로자라고 극찬을 아끼지 않았다. 그가 이룩한 차문화의 숨결을 차녀인 김의정 이사장이 이어받아 1995년 (재)명원문화재단을 설립했다. 명원이 오랫동안 연구해 온 궁중다례의식(宮中茶禮儀式)

명원 김미희

을 2001년 12월 20일 서울시로부터 무형문화재 제27호로 지정받았다. 명원이 일군 차문화를 2대 김의정 이사장이 계승·발전시키고 있다.

명원과 인연이 깊은 사람들의 회고담을 살펴본 바 그는 분명 한국 차문화를 일으킨 선구자이다. 우리 차를 일으키는 데 온몸을 바쳐온 명원 김미희의 걸음을 뒤돌아본다.

2. 안동 김씨 후손으로 태어나
   우리 차문화를 되살리는 데 앞장서다

명원은 1920년 안동 김씨 가문인 아버지 김양한(金亮漢)과 어머니 박필연(朴必連) 사이에서 태어났다. 모친 박 여사의 태몽부터 차와 필연적이었다. 관세음보살이 정병과 찻잔을 손에 들고 박 여사의 몸에 물을 뿌리는 태몽을 꾼 뒤 명원이 태어났다.

명원은 유년 시절인 1930년 포항초등학교를 졸업했다. 여고 시절을 일제 강점기 (1937~1945)에 보냈는데 총독부 학무국이 이화여전 등 47개교에 다도를 가르치던 시기였다.

일제식민지 시절 일본은 1930년부터 문화정책의 하나로 만국의 여학생들에게 일본의 다도를 가르치기 시작했다. 명원 김미희 선생이 다니던 대구 경북여고에서는 일주일에 두 번씩 일본인 다도 교사가 직접 일본의 말차도(抹茶道)를 가르쳤다. 교사가 교탁 위에 작은 다담상을 펴놓고 시범을 보이는 방식이었다. 일찍부터 우리 다도를 배웠던 명원 김미희 선생은 누구보다 일본 다도를 빨리 익혔다. 그리고 그때마다 친구들에게 "우리 다도와 많이 다르다"라고 말했다.

명원 김미희 선생은 다도 교육을 받은 날 저녁 기숙사 사감이자 가사를 지도하는 최귀란 교사에게 상담을 했다. 명원 김미희 선생은 대담하게 일본인 다도 교사가 가르치는 다도 교육에 관해 물었다. 그러나 최귀란 교사는 다도에 밝지 않았다. 명원 김미희 선생은 스스로 한국 다도에 대한 민족적인 견해를 밝혔다.

"저는 어릴 적부터 어머니에게 다도를 배웠습니다. 부모님이 차를 좋아하셨는데 안동 김씨 집안에서 내려오는 선비다례와 그 밖의 다례였습니다. 저는 그 예법을 배워서 잘 알고 있습니다. 지금 다도 시간에 배우는 일본식 차 공부를 보니 매우 아쉽습니다. 우리 차를 마실 때는 자유롭고 따뜻한 가운데 예절과 격식이 있습니다. 하지만 일본의 다도에는 형식과 규범만 있고 자유로운 분위기가 없습니다. 일본 다도는 작은 물고기를 작은 호수에 가두는 것 같습니다. 우리 차를 마실 때 정겹고 자유로운 분위기가 없어서 많이 아쉽습니다."

– 김의정 이사장 증언

3. 한국의 전통차 복원에 불씨를 지피다

명원은 일제 강점기에 배웠던 다도를 마음에 담아두고 1937년 경북여고를 졸업한 뒤 곧바로 성곡 김성곤 선생과 결혼하여 대구 덕산에서 신접살림을 시작했다. 1940년 성곡 선생은 대구에서 비누공장을 설립하여 사업을 확장해 나갔다. 1947년 부군인 성곡 선생을 따라 서울로 올라왔다.

1952년 핀란드에서 제15회 헬싱키 하계올림픽 경기대회가 열렸다. 명원은 남편 성곡 선생을 따라 올림픽을 참관할 수 있었고, 귀국길에 덴마크에 들렀다. 명원이 우리 차문화에 처음 관심을 가진 계기가 이때였다.

덴마크 왕실 오찬에 초청 받은 그들 부부는 테이블 세팅과 식사 예절을 보고 감명을 받았다. 수십 명의 종업원이 의상을 갖춰 입고 질서 있게 음식을 나르고 차리는 모습이 보기에 좋았고, 테이블 세팅하는 소리도 음악처럼 아름다웠다. 명원 선생은 선진국이 되려면 음식문화가 발전해야 한다는 것을 새삼스레 느꼈다. 차를 좋아했던 명원은 영국 홍차와 찻잔을 사서 돌아왔다.

돌아올 때 한국과 유럽의 직항로가 없어 일본 도쿄에 들르게 되었다. 유럽 여행

명원은
어렸을 때부터
잊어버린 한국 차문화를
되살리겠다고 다짐했다.

에 이은 도쿄 방문은 명원 김미희 선생이 우리 차문화를 복원·전승하는 결정적
인 계기가 되었다. 도쿄에서 명원은 일본 상류층 인사의 다회에 초대를 받았다.
그 다회가 끝난 뒤 한 일본 참가인이 명원에게 다가와 "한국에도 다도가 있습니
까"라고 물었다. 명원은 당시 아무 대답도 하지 못해 부끄러웠다고 회고한 바 있
다. 1980년 6월 쌍용연수원에서 열린 한국 전통다도 학술 발표회에서 한국의 다
도를 묻는 일본 차인을 마주한 절정의 순간을 회상하며 청중에게 들려주었다.

"우리의 다도가 과연 있었던가. 남녘 지방을 편력하고 편편자료를 뒤지다
가 아하! 우리 조상들의 찬란했던 차문화가 역력히 있어 그 문화가 융성했던
때는 삼국을 통일하고 찬란한 문화를 꽃피웠고, 고려의 청자와 굳건한 항몽
정신(抗蒙精神)이 모두 차문화의 소산인 것도 알았습니다."

– 명원 김미희 증언(한국 전통다도 학술 발표회에서)

명원 김미희 선생은 '일본인들은 왜 한국에 차문화가 없다고 생각하는가'라는
의문을 떨칠 수가 없었다. 덴마크 왕실 오찬에서 본 모습과 다회 초대를 통해 우
리 차문화가 향후 우리나라의 국격을 말해주는 척도가 될 것이라는 생각을 하게

됐다. 명원은 귀국길에 차문화의 기틀을 세워야겠다고 결심했다.

"김미희 여사가 일본 차회에 초대받아 일대 설전을 벌인 일을 계기로 한국차를 연구하게 되었다."
— 이연숙 전 장관 증언

성곡 김성곤 선생과 명원 김미희

귀국한 뒤 본격적으로 한국 차문화 연구를 시작한 명원은 남은 기록과 자료를 찾던 중, 《동대사요록(東大寺要錄)》에 실린 백제 도래인 행기(行基, 668~749) 스님이 동대사에 차나무를 심었다는 문구를 접하고 크게 기뻐했다. 일본이 큰소리친 차의 발원이 백제 행기 스님으로부터 시작되었다는 사실을 깨달은 것이다. 명원은 더욱 박차를 가하여 한국 차문화 관련 문헌을 하나씩 찾아 나갔다.

우선 《삼국유사(三國遺事)》, 《삼국사기(三國史記)》, 《고려사(高麗史)》 등 고대 문헌부터 구해 읽었다. 수많은 고서를 읽으며 초기 우리 차문화의 윤곽을 파악했다. 일본어에 능통했던 명원은 일본학자들이 쓴 논문과 책도 빼놓지 않았다. 조선 문화에 많은 애정과 존경심을 지녔던 일본 민속학자 야나기 무네요시(柳宗悅, 1889~1961)의 《조선의 찻잔》, 《조선과 그 예술》, 《조선의 석물》, 《조선시대 도자기의 특질》 등과 차 학자 모로오카 다모쓰(諸岡存, 1879~1946) 박사의 《조선의 차와 선》 등을 통해 우리 차문화의 역사적 흔적을 찾아냈다. '차를 안다는 사람'이 있으면 전국 어디든 마다하지 않고 찾아갔다. 전국의 차 재배지와 차문화 흔적이 남아있는 곳을 누비며 우리 음다풍속과 다례의 파편을 찾아내려 했다.

1960년대 상반기에 만난 국립박물관장 최순우(崔淳雨, 1916~1984)는 명원이 전통 다구(茶具)에 눈을 뜨게끔 해줬고, 예용해(芮庸海) 한국일보 논설위원은 한국 전통문화의 가치에 관심을 갖게 해줬다. 당시 예용해는 1960년부터 〈인간문화재〉라는 글을 연재하고 있었다. 이것이 인연이 되어 예용해는 명원의 부탁을 받고 1963년부터 우리 차에 관한 이야기를 《한국일보》에 연재하기도 했다. 명원은 다례 복원에 필요한 다구 제작에도 열성을 다하였다. 차문화 보급을 위해 경기도 양주시 송추에 임화공의 요청으로 가마를 만들고 찻잔과 다관(茶罐)을 생산하기도 하였다. 김익영은 1960년대부터 조선 백자의 전통에 바탕을 둔 현대 한국 백자를 만들어내는 데 온 힘을 기울여 온 장인이었다. 그의 초기 백자 작품은 조선 초기의 제기를 간략화한 것이나 불감(佛龕)이나 반합 등이었다.

— 문창로 · 김동명, 《명원 김미희, 다향의 삶》

명원은 차 연구에 그치지 않고 습득한 지식을 전파하기 위해 신문로 자택에 다도 교실을 열고 직접 제자들을 가르쳤다. 이를 계기로 명원다회가 결성되었다. 강의는 일주일에 3일 정도 오전반과 오후반을 나눠 이뤄졌다. 그뿐만 아니라 1969년 이후에는 사회 각 분야의 여성 전문가들을 초빙해 문화강좌도 병행하였다. 강좌가 끝난 뒤에는 차와 다식(茶食)으로 그들을 대접하면서 다문화 전파에 힘을 쏟았다.

— 문창로 · 김동명, 《명원 김미희, 다향의 삶》

1978년 경 김리언 · 이귀례 · 손성희 등이 명원을 찾아 일주일에 한 번씩 한국 차에 대해 배웠다. 명원은 한학에 조예가 깊은 해남의 김두관을 초청하여 제자들에게 《다경》을 가르치기도 했다.

－ 김리언, 《차의 정신을 가르쳐주신 선생님, 차의 선구자 명원 김미희》

4. 한국에는 한국다도가 있다

명원은 스님들과 교분이 두터웠다. 효당 최범술(曉堂 崔凡述, 1904~1979), 통도사 경봉 스님(鏡峰, 1892~1982), 백양사 서옹 스님(西翁, 1919~2003), 화엄사 도광 스님(導光, 1922~1984) 등이 그 주인공이었다. 당시 일타 스님(日陀, 1929~1999)은 명원에게 《백장청규(百丈淸規)》에 있는 사원다례에 대한 자료와 오늘날 사원을 중심으로 한 선차(禪茶) 전통을 채록할 수 있도록 도와주었고, 화엄사 도광 스님은 장죽전에 대한 이야기를, 대흥사 응송(應松, 1893~1990)에게서는 초의와 추사 김정희 그리고 다산 정약용에 대한 이야기를, 효당에게는 일본처럼 한국 차문화를 이끌 수 있는 사람들을 양성해야 한다는 조언을 들을 수 있었다.

1970년대 중반, 일본 NHK 기자가 초의의 체취가 담긴 대흥사에 당시 종정(宗正)으로 있던 서옹 스님을 찾아와 '한국에 다도가 있는가?'라고 물었다. 이전 명원 선생에게 던진 질문과 똑같은 질문이었다. 그에 서옹 스님은 '너희와 같은 다도는 없다'고 일갈했다.

서옹 스님은 그러한 대답에 무릎을 꿇고 물러서던 기자의 이야기를 미담처럼 명원에게 들려주었다. 명원은 과거에 같은 질문을 받았던 경험과 여러 문헌을 찾다가 우리에게 일본과 다른 한국식 다도가 있다는 것을 알았다는 말을 했다. 서옹 스님은 미소지으며 한국다도가 추구하는 경지가 중국이나 일본과 비교해 월등하게 이롭다고 했다.

대흥사 조실방(祖室房)에는 벽면에 달마상을 걸고 차탁 위에 상보를 깐 다음 향로와 촛불을 밝히고 명원과 서옹 스님이 찻잔을 앞에 놓고 마주 앉아 오래 대화했다. 명원은 서옹 스님의 이야기를 듣고 한국 선차 문화에 자부심을 느꼈다.

명원과 서옹 스님 사이에 한국의 차문화가 향후 우리의 국격을 높여주는 척도가 될 것이라는 이야기가 오고 갔다. 서옹 스님은 잔잔한 미소를 지으며 '불국생(佛國生) 보살의 그런 차에 대한 열정이 한국 차문화를 중흥시키는 계기가 될 것'이라고 말했다.

5. 불가의 전통 차문화를 회복하며 한국 차문화 중흥에 앞장서다

1968년 명원은 강남 봉은사(奉恩寺)의 다래헌(茶來軒)에서 기거하고 있던 법정(法頂, 1932~2010) 스님을 처음 만나 인연을 맺기 시작했다. 이때 명원이 법정 스님을 통해 초의선사를 알게 된 것이 아닌가 한다. 이러한 인연으로 명원은 유신반대 활동으로 곤경에 처한 법정을 위해 1975년 전남 순천 송광사(松廣寺)에 불일암(佛日庵)을 건립해 주었다. 법정 스님은 불일암을 토굴이라고 하였다.

— 문창로 · 김동명, 《명원 김미희, 다향의 삶》

명원은 1970년 중반 해인사(海印寺)를 찾아갔다가 근대 한국 차문화 발전에 앞장섰던 도범 스님을 만나 차문화 운동의 전기를 마련했다. 도범 스님은 명원 김미희 여사와의 만남을 1972~3년쯤으로 기억했다.

"처음부터 명원을 만난 것은 아니었습니다. 쌍용과 인연이 있는 명심화 보살이 어느 날 해인사 관음전에서 기도하다가 마침, 내 방에 들러 차를 마신 적이 있는데, 그 이야기가 불국생 보살(명원)에게 전해졌습니다. 그 후 명심화 보살이 해인사로 다시 와서 그를 따라 서울로 올라가 명원 선생과 첫 만남이 이루어졌습니다. 신문로에서 만났는데 차에 관한 이야기를 두 시간 정도 한 기억이 납니다. 내 이야기를 들은 뒤 명원 김미희 여사는 차의 간을 이야기했는데 차 한 잔의 간을 맞추면서 인생의 간을 맞추는 법을 터득하고 차에 대해 관심을 갖게 되었다고 말한 뒤 차문화 발전을 위해 적극적인 운동에 앞장섰습니다."

– 도범 스님 증언

2005년 필자와 나는 대담에서 도범 스님은 '제가 명원 김미희 여사를 처음 만난 것이 아니고 명심화 보살을 따라 서울로 올라가서 만난 것이 명원 김미희 보살과의 첫 만남이었다'라고 밝혔다. 송광사 방장을 지낸 구산 스님과 명원의 불명 불국생에 관한 미담 또한 전해지고 있다.

명원이 구산 스님에게 말하길, "큰스님, 저는 불국 세계를 건설하는 일을 돕고 싶고, 또 이 세상을 떠나더라도 불국 세계에서 태어나고 싶습니다."라고 하자 구산 스님이 웃으며 말했다. "그러면 불국생이라고 하면 좋겠습니다. 앞으로 김 보살님은 불국생 보살님입니다."

– 현호 스님 증언

구산 스님은 차에도 일가견을 갖고 있었다. 어느 날 불국생 보살이 차를 앞에 놓고 구산 스님과 대화를 나누었다. 구산 스님은 차 한 잔을 내놓으시며 말을 했다.

"내가 만든 차는 감로차입니다. 차를 마시면 속 단장을 깨끗이 하는 겁니다. 피를 맑게 하고 정신을 맑게 해서 속 단장을 시키지요. 속 단장을 하면 화경청적(和敬淸寂)이 됩니다. 다도를 하면 다툼이 없습니다. 다툼이 없으면 세계 평화가 옵니다. 차를 마시고 마음이 안정되면 그것이 삼매요, 다도지요. 세계 평화로 가는 지름길이 다도를 하는 것입니다."

이렇듯 명인 김미희 선생은 승속(僧俗)을 막론하고 많은 인물을 만나 대화를 나눴다. 언론인 홍종인과 나눈 대화는 극적이다. 1965년 성곡 선생의 소개로 홍종인과 명원의 만남이 이루어졌다. 홍종인 씨가 말했다.

> "성곡 선생, 부인께서 차를 하신다면서요. 나도 차를 좋아하는데 차를 마실 곳
> 이 없어서 가끔씩 부산에 있는 금당을 찾아갑니다. 우리에게 커피보다 훨씬 좋고
> 품격 있는 차문화가 있는데, 그걸 알지 못하니 아쉬울 따름입니다. 부인께서 그
> 런 운동을 하신다니 반갑습니다."
>
> – 홍종인 증언

이 외에도 의재 허백련, 최순우 등 문화계 인사들과 교류를 시작했다. 춘설차
를 만들어 보급하고 있던 의재 선생과 폭넓은 교감을 가졌다. 1955년 여름, 명원
은 원로 동양화가 의재 허백련을 찾아가 우리차에 대한 의견을 구하기도 했다.

한국 차문화 태동기의 명원은 차문화 발전을 위해 많은 사람과 교류하면서 한
국차 정립에 나섰으며 우리차의 나아갈 방향을 제시했다.

순정효황후 윤씨의 윤허로 김명길 상궁에게 궁중다례 전수받다

잃어버린 한국 전통 차문화에 열정을 쏟았던 명원은 특별한 인연으로 궁중다
례를 전수받을 기회가 있었다. 조선왕조의 마지막 왕비인 순정효황후(純貞孝皇后)
윤 씨의 윤허로 김명길(金命吉) 상궁을 만날 수 있었던 것은 법희(法喜) 비구니와
의 인연에서 비롯되었다.

1954년 가을, 순정효황후 윤씨는 서울 성북구 정릉의 인수재에 머물며 비구니
계에서 명망이 높았던 법희 스님과 교류하고 있었다. 법희 스님은 순정효황후 윤
씨에게 인수재에서 시민 선원을 개원하길 권유했다. 개원식 날 윤황후와 명원의
만남이 이루어졌다. 그날 명원은 의재 허백련의 춘설차를 윤황후에게 선물로 드
렸다. 춘설차를 받아든 윤황후는 명원에게 이렇게 말했다.

"우리나라에서 차가 생산되고 있다니 기쁘기 그지없습니다. 우리 김명길 상궁이 왕실의 다례를 제대로 익혔으나 차를 구할 수 있는 상황이 되지 않습니다."

명원은 윤황후에게 차를 마실 수 있는 찻주전자, 화로, 청자. 백자다관 찻잔 등을 보냈다. 그리고 3년 동안 매달 윤황후와 상궁들에게 필요한 생활용품을 보냈다.

1957년 여름, 윤황후는 명원 선생의 손을 잡고 다음과 같이 물었다.

"김 여사님께서 차를 좋아하시는 이유가 따로 있습니까."

"저는 차뿐만 아니라 우리 전통문화를 모두 사랑합니다. 우리가 문화 선진국으로 가려면 우리 고유의 전통문화를 복원해 발전시켜야 한다고 생각하기 때문입니다. 그중에서 다례는 우리나라 국민의 생활문화를 발전시킬 중요한 요소라 생각합니다."

"여기 있는 김 상궁은 본방나인으로 궁중다례를 비롯해 궁중의 예법을 잘 알고 있고, 한 상궁은 주방상궁으로 궁중음식에 대해 잘 알고 있습니다. 두 상궁이 김 여사님께 필요한 예법들을 전수해드릴 겁니다."

그날부터 명원은 조선의 마지막 상궁들로부터 왕실의 궁중다례와 그 밖의 궁중문화를 직접 배우게 되었다. 일주일에 한 번씩 상궁들이 신문로의 명원 선생 집에 조용히 드나들며 궁중문화를 전수했다. 1964년까지 이어진 전수 작업에서 명원은 궁중다례를 시작으로 궁중음식, 궁중복식, 궁중꽃 그 외에 조선왕실 문화 전반을 배웠다.

궁중문화 전수 작업은 은밀하게 진행되었다. 당시 조선왕실에 대한 국민의 시선이 곱지 않았기 때문이다. 명원은 항상 자동차를 보내 격식과 예의를 갖춰서 상궁들을 초청했다. 상궁들을 데리러 가는 사람은 둘째 딸인 의정이 도맡았다. 교육은 반나절 정도 진행됐고, 명원과 의정이 함께 배웠다.

김명길 상궁은 조선 시대 조정과 왕실의 다례인 회강다례(會講茶禮)와 사신맞이 다례 등 왕실다례 전반을 전수했다. 그리고 궁중다례에서 사용했던 도구인 탕관(湯罐), 다관, 찻잔, 잔받침, 숙우(熟盂: 끓인 물을 식히는 대접), 찻숟가락, 차항아리,

명원 선생의 육필

찻수건, 찻병, 퇴수기 등도 물려주었다.

어머니의 연구와 배움을 함께 하던 딸이 현재 명원문화재단 김의정 이사장이다. 묘천(김미희)의 의지를 받들어 2001년 12월 20일 서울시 무형문화재 제27호 기능보유자가 된 김의정 이사장은 김명길 상궁으로부터 명원 김미희 선생으로 이어지는 궁중다례의 맥을 이어가게 되었다.

"김의정 이사장은 내가 신문로 자택으로 명원 선생을 방문할 때마다 어머니 곁에서 시중을 들며 어머니의 연구를 돕고 있었습니다. 특히 인상에 남은 것은 그 당시 낙선재에서 윤비(尹妃)를 모시던 대한 제국의 마지막 상궁을 매주 차를 보내 모셔와서 다도 예절을 전수받는 과정에서 명원 선생은 화첩에 그림으로 스케치를 하시고 김명길 상궁의 실제 시범을 김의정 이사장이 따라하도록 하여 일거수일투족이 꼭 같아질 때까지 되풀이하며 수련하던 장면이었습니다."

– 이연숙 전 장관의 증언

명원은 궁중다례에 이어 민간에 전해진 사원다례, 접빈다례, 생활다례 등을 복원하기에 이르렀다. 또한 명원은 미래의 한국 사회를 이끌 청소년들에게 차를 통해 한국 전통문화예절을 익히기를 원했다. 한국 전통 다례를 복원하려는 이유는 청소년의 인성 교육과도 깊은 연관이 있었다. 명원은 자신의 생각을 〈한국 다도의 의식과 예절〉이란 논문에서 밝히고 있다.

명원 선생의 지도
로 완성한 명원다기

모든 인류가 국적이나 인종, 계급, 관심, 신조의 차이를 초월하여 적어도 자국의 법에 따라야 하지만 법 이전에 우리에게는 거역할 수 없는 천리가 있다. 생과 사에 한시도 소홀히 할 수 없는 예의범절 이것이 천리다. 천리를 역행한다면 선로 없이 기차가 달리는 것과 같다. 사회 기강과 질서가 무너질 것이니 금수와 다를 바가 무엇인가. 학식 위주의 교육이나 종교의 천리보다 개인의 가정교육에서 바랄 수밖에 없다. 외형상의 질서와 범절을 통해 서로 사랑하고 존경하는 의사를 전하며 화복한 결실을 가져오는 것이야말로 인도의 극치라고 할 수 있다. 또한 차문화 습득을 통한 예의범절은 시간의 흐름과 더불어 고유의 전통문화를 대대로 계승해 나가게 된다. 차문화 생활이야말로 어린 청소년들의 인성을 바로잡아 줄 수 있는 최고의 공부임을 알아야 한다.

명원은 〈한국 다도의 의식과 예절〉, 〈다구의 발자취〉, 〈한국 차문화의 발전〉 등의 논고를 통해 한국 차문화의 백년대계를 위한 이론적 토대를 마련했다. 명원은 차문화 이론가이자 실천가이며 한국 차문화 발전에 초석을 마련한 선구자다.

6. 전통 학술 대회와 명원다례 정립

명원은 오랜 연구 끝에 한국 차문화의 학문적 정립을 위해 세 차례에 걸친 학술 대회를 개최하였다. 첫 학술 대회는 1979년 9월 6일 서울 강북구 우이동 쌍용 연수원에서 개최되었다. 한국 전통다도 학술 발표회 및 생활다도 정립 발표회였다. 발표자는 시인 미당 서정주, 차학자 김명배, 성균관대 류승국 교수, 동국대 김운학 교수 등이었다. 명원은 첫 번째 학술 대회를 통해 한국 다도와 역사에 대한 이론적 정립을 이루었다.

1부는 학술 발표로 시인 서정주의 《《다경》과 《동다송》의 비교 연구〉, 김명배의 〈한국 차문화사〉, 류승국 박사의 〈한국 전통 다도의 정신〉, 김수회의 〈차와 영양〉, 김운학 교수의 〈한국 차 의식(茶儀式)의 전통 문제〉 등이 발표되었다. 생활 다도를 발표한 명원 김미희는 '차 한 잔의 간을 잘 맞추면서 인생의 간을 맞추는 것을 깨우치고 터득하는 것이 진정한 다도'라고 말했다.

명원이 국민대에 기증한 명원민속관

두 번째로 열린 한국 의식다례 학술 발표회는 1980년 12월 3일 세종문화회관 2층 대회실에서 개최되었다. 발표회 당시 명원은 다음과 같이 다례의 중요성을 강조하며 청중에게 감동을 전했다.

오늘 여러분들에게 다례의 중요성을 강조하고 싶습니다. 조물주께서 인간에게 주신 음식물 가운데 가장 신령한 맛을 지니면서 인간 생활의 고락(苦樂)인 오미(五味)를 갖춘 것이 바로 차라고 생각합니다. 그래서 차는 인간의 복잡한 환경과 잡념을 없애주는 순도(純道)입니다. 차를 다루는 그의 심경은 조용하고 순수한 경지에 몰입할 수 있으며 이때에 대접받는 혹은 대접하는 한 잔의 선차가 우리의 목을 적셔주는 그 생명의 물질 또한, 대대로 선조 차인들께서 물려주신 차정신이 아니겠습니까.

명원은 '한국 고유의 다도를 오늘에 되살리는 작업으로 550년 전의 연조정사의(宴朝延使儀) 의식을 완벽하게 복원하여 한국 다례로 다시 태어나게 했다'라고 말했다. 명원은 한국 전통 다례의식에 속하는 궁중다례, 사원다례, 사당다례, 접빈다례, 생활다례 등을 완벽하게 복원해냈으며, 현대인의 삶에 꼭 필요한 생활다례인 명원 생활다례를 직접 선보였다. 발표회를 주도한 명원 김미희는 당시 60세였다.

1) 다도 교육의 확산

명원은 전통차 전승 교육을 위해 국민대학교 내에 명원민속관을 건립하고 다도를 교양과목으로 개설하고자 했다. 명원은 장교동의 한규설 대감가(家)를 국민대학교로 이전하고 민속관 건립과 다도연구소 설립에 나섰다. 국민대학교를 한국 차문화 보급의 성지로 만들고 젊은 차인들을 육성하고자 했다. 이에 1981년 5월 국민대학교 내에 명원다도연구소를 만들고 명원민속관 건립에 박차를 가하였다.

— 문창로 · 김동명,《명원 김미희, 다향의 삶》

명원민속관은 1981년 10월 19일 국민대학교 개교 35주년 기념일에 개관했다. 명원 사후, 1982년 3월 국민대학교에 정규 강좌로서 다도 과목이 개설되었다. 우리나라 최초로 4년제 대학교에 개설된 차문화 · 인성교육의 과목이다. '다도' 과목은 1997년에 '다례'로 개명되었다. 학생들에게 실질적인 차의 가치와 예절을 가르치고자 한 것이다. 지금까지 10,000명 이상의 학생들이 수강하였다. 다례 과목은 1초 안에 수강신청이 마감될 정도로 많은 관심을 받고 있어 국민대학교 학생들에게 '1초의 전설'로 회자될 정도이다.

— 문창로 · 김동명, 《명원 김미희, 다향의 삶》

2) 삼부경을 근본으로 한 청·검·중·예

삼부경(三符經)이란 불경 중 《무량의경(無量義經)》, 《묘법연화경(妙法蓮華經)》, 《관보현경(觀普賢經)》을 가리키는 법화삼부경(法華三部經)으로 알려져 있다. 그런데 여기서 말하고자 하는 삼부경은 차의 정신이다.

명원은 차의 삼부경을 안이비설신(眼耳鼻舌身)에 비유했다. 차에 있어 쓰고 떫고 다시 간이 맞으니 우리의 인생사라고 말했다. 명원다례(茗園茶禮)를 삼부경에 대비시킨 김미희 선생은 다음과 같이 말했다.

"삼신사상을 기본으로 하여 우리 전통 다례를 실시해 왔다는 것을 깨우치시고, 명원다례에 우리의 기본 사상인 삼신사상을 충실하게 인용한 결과이다." 명원 선생의 심오한 사상과 철학 그리고 민족정신에 절로 고개가 숙여진다.

명원다례에 담긴 일석삼극(一析三極), 즉 삼신사상을 살펴보자. 차를 마시는 사람은 본인도 모르게 일석삼극의 삼신사상을 몸소 실천하고 있다고 보아야 한다. 그 실례로 잘 우려진 차를 일(一)이라고 본다면 이 차를 석(析)하면 좋은 찻잎과 양(陽)인 불과 음(陰)인 물로 나누게 되는데 이것이 바로 일석삼극의 가장 근본이 되는 원리이다. 그러면 명원다례 중 일석삼극, 즉 삼신사상이 배어있는 부분들을 살펴보자. 먼저 차(茶)상을 살펴보면, 물론 많은 사람이 만나서 차를 마실 수도 있겠지만 찻잔이 석 잔이다. 차를 마실 때는 많은 사람이 마실 때보다 세 사람이 모여서 마시는 것이 가장 좋다고 하였으니 이 또한 삼신사상에 기본을 둔 것이다.

불경의 삼부경과 《천부경(天符經)》을 대비해 명원 김미희는 청(淸)·검(儉)·중(中)·예(禮)를 내세웠다. 즉 명원은 육우(陸羽)의 정행검덕(精行儉德)처럼 한국의 차정신이 무엇인가를 놓고 고민했다. 우리 조상들은 한 모금의 물을 마시고 한 조각의 다식을 음미하는 경우에도 마음가짐과 몸가짐에 세심한 주의를 기울였다. 그래서 선생은 한국 차의 네 가지 덕목을 청정(淸淨)·검덕(儉德)·중화(中和)·예경(禮敬)이라고 말했다. 명원 선생은 청·검·중·예를 한국 차의 정신으로 이끌어 오기까지 나름대로 고민해 왔다. 선생이 다도에 몰입하자 '일본인들이 쓰는 말을 빌려 쓰는 것이 아닌가'라고 질문해 오는 이가 많았다. 그럴 때마다 선생은 '다도라는 말은 교연(皎然)의 시에서 나온 말을 일본인들이 쓰게 된 것'이라고 답했다.

명원 선생을 찾아 '다도가 무엇인가' 묻는 이에게 단호하게 말했다

"한 잔의 차를 마시는 것을 어떠한 도(道)라고까지 표현할 수 있을까. 차는 갈증을 풀어 주는 단순한 음료가 아니다."

그리고 차를 마시면서 쓰고 떫고 시고 짜고 단맛을 오미라고 말했다. 차 한 잔을 마실 때 먼저 쓴맛을 느끼고 짠맛을 맛보고 삼키고 난 후 입안 가득히 향과 함께 단맛을 맛본다. 이는 차 한 잔으로 인생의 여러 맛을 보는 것과 같이 차 맛의 참뜻을 깨우치게 되는 것이라고 말했다. 차분히 가라앉아 고요하고[寂], 깨끗하며[淸], 평화롭고[和], 경건한[敬] 분위기를 이상으로 한다.

차분히 가라앉은 고요한 분위기는 차 한 잔을 마시면서 자기에 대하여, 인생에 대하여 깊이 돌이켜보며 사색하고 명상에 잠기게 한다. 바쁜 일상 속에서 시끄럽고 떠들썩한 시간을 보내며 살아가는 현대인들에게 있어 자기를 깊이 성찰할 수 있는 시간은 참으로 귀중한 시간이 아닐 수 없다. 서로 예로서 화합하며 싸움이 없는 사회가 우리 인간이 사는 가장 아름다운 모습임을 알 수 있다. 차를 마시며 사람을 공경하고 윗사람이나 아랫사람이나 서로를 경건한 마음으로 대하면 그게 바로 적청화경(寂淸和敬)의 정신이며, 그 다실(茶室)의 분위기가 곧 이상적이고

신문로 본가 안방에서 차 수업 장면

바람직한 인간이 사는 분위기를 말해준다.

　　적(寂) - 고고한 천성을 갖춘 차를 마실 때는 조용해야 한다는 것. 조용해야만 사고력을 키울 수 있다.

　　청(淸) - 다기(茶器)나 방안을 깨끗이 해야 하며, 다엽(茶葉)이 예민하여 사소한 냄새도 먼저 흡수하기 때문에 깨끗해야 옳은 차 맛을 볼 수 있다.

　　화(和) - 화목하고 한결같은 마음으로 차향을 즐기는 지금 이 순간이야말로 다시는 영원하지 않기 때문에 서로를 소중히 아끼며 화기애애하게 시간을 보내야 한다.

　　경(敬) - 다실뿐만 아니라 차를 마시는 동안에는 무엇이든지 소중히 여겨야 한다는 것이니, 손님은 물론 물 한 방울, 차 한 톨, 분위기까지 모두 소중히 여기고 경건한 마음으로 대해야 한다.

7. 일지암 복원의 비화들

"조선의 차문화에는 초의가 있고 그 중심에는 일지암이 있다."

일지암은 전남 해남 두륜산(頭輪山) 대흥사에서 북암(北庵)으로 960여 미터 떨어진 곳에 자리하고 있다. "뱁새는 언제나 한마음이기 때문에 나무 끝 한 가지(一枝)에 살아도 편안하다"에서 '일지(一枝)'를 따와 일지암이라 이름하였다고 한다. 일지암은 초의선사가 1826년 41살 때부터 차밭을 일구고 차를 직접 달이면서 우리 '다도'를 정립한 곳이다. 그는 이곳에서 선사상(禪思想)을 풀이한 《사변만어(思

일지암 복원을 지도하며 둘러보고 있는 명원 김미희 여사. 폐허로 남은 옛터를 보고 일지암 복원에 앞장섰다.

辨漫語)》를 저술했으며, 차의 우수성과 그 생활을 노래한 《동다송》과 《다신전》을 펴냈다. 이는 우리나라 근세 차문화에 대한 유일한 문헌이라 전해진다. 일지암은 1866년 초의가 입적하면서 함께 불타 없어지고 말았다.

– 문창로 · 김동명, 《명원 김미희, 다향의 삶》

한국 차사에 빼놓을 수 없는 장소 일지암의 복원은 명원 김미희의 노력이 있었기에 가능했다. 1979년 1월 20일 한국차인회가 출범하면서 명원은 해남차인회 김봉호 씨를 앞장세워 일지암 복원 추진위원회를 결성하고 본격적인 작업을 시작했다. 명원은 일지암 터를 찾는 것부터 설계, 건축까지 전 분야에 관여했을 뿐만 아니라 복원에 필요한 대부분의 재정을 단독으로 충당했다.

명원은 1975년 2월 성곡을 떠나보낸 뒤 건강이 눈에 띄게 악화된 시기였다. 자신의 건강 상태를 짐작한 명원은 마지막 열정을 한국 차문화 복원 사업에 쏟았는데, 가장 적극적으로 추진했던 것이 한국차의 성지인 일지암 복원이었다. 명원이 일지암 터를 찾기 위해 고무신이 비에 미끄러워서 버선발로 오르다 발이 아파 해남차인회 회장 김봉호(1924~2003)가 업고 오르기도 했다는 일화가 있다.

– 문창로 · 김동명, 《명원 김미희, 다향의 삶》

일지암 복원 추진위원장을 맡았던 김봉호 씨는 이와 관련하여 다음과 같이 말하고 있다.

당초 세웠던 예산보다 더 많은 돈이 들어갔다. 공사가 중단될 위기에 처할 때마다 명원 선생이 도움을 줬다. 명원 선생은 터 잡기에서 설계 그리고 복원까지 세심하게 챙겼다. 일지암 진행 상황을 보기 위해 1년에 몇 차례 해남과 일지암을 직접 방문했다. 일지암 복원에 가장 큰 공을 세운 분은 명원 김미희 선생이다.

일지암 복원이 마무리될 무렵, 김미희 선생은 현장을 둘러보기 위해 해남을 찾았다. 대둔사(大芚寺) 입구의 유선여관에 여장을 풀고 산행을 하자고 제안해왔다. 한복 차림에 삼복의 더위, 더구나 일지암까지의 산세는 지금과

달리 조금도 다듬어지지 않은 가파른 가시밭길이었다. 거기다가 선생의 건강이 좋지 않을 때여서 극구 말렸으나 고집을 꺾을 수는 없었다.

'우륵은 등산화 두 켤레가 닳도록 다녔다는데 내가 한 번쯤 못 오를까' 말씀하던 그때는 석양이 지고 있었다. 땀을 닦고 누마루에 앉아서 멀리 가섭봉(迦葉峰)을 바라보는 선생의 모습은 흡사 보살상 그 자체였다.

- 김봉호씨의 증언

80년 4월 15일 드디어 일지암이 복원되어 우리 차 운동의 커다란 전기가 마련되었다. 그로부터 20년 이상이 지난 2007년 8월 11일 명원문화재단 김의정 이사장에 의해 대흥사 경내에 동다송 기념비가 건립되면서 2대에 걸쳐 초의 현창 운동이 이루어졌다. 동다송비 후면에 동다송은 기록이며 사상이다. 동다송은 우리의 기록이며, 사상이기에 민족의 미래다. 이것을 살피어 헤아리는데, 그 어찌 당대(當代) 게으름일 수 있으랴. 이에 연유하여 역사의 유계(流繼)가 명원문화재단의 이념으로 전승되니 차문화의 종가로 성업하고자 한다. 이는 대를 이어 차문화를 일으키려는 김의정 이사장의 발원에서 비롯된 것이다'라고 적었다. 동다송비의 건립으로 한국 차의 자존심을 세우게 되었다.

초의가 일군 다도의 맥은 20세기 명원 김미희에 이르러 궁중다례와 합류하면서 새로운 체계를 갖추기 시작했다. 명원은 조선 상궁들로부터 전수받은 궁중다례와 대둔사 일지암 등에서 전해오는 초의의 다도를 섭렵하여 명원다례법으로 정리했다.

-언론인 박래부 회고

일지암이 복원된 지 1년 뒤, 명원 김미희는 1981년 9월 15일 61세의 나이로 타계했다. 그가 차운동을 펼치지 않았다면 한국 차문화는 세계의 차문화로 성장 및 발전할 수 없었다. 명원을 차의 선구자라고 서슴없이 부를 수 있는 이유다.

명원 선생은 우리 차문화의 복원과 보급을 위해 열정과 재력을 쏟아부으며 30년간 헌신한 현대사 속의 특별한 여성이다. 차문화 복원의 일념으로 황무지 같은 여건 속에서 지리멸렬해진 차의 흔적들을 꿰맞추고 그것의 이론과 학술적인 면을 반듯하게 세우는 데 평생을 보낸다는 게 결코 쉽지 않은 일이다.

― 《차의 선구자 명원 김미희 1, 2권》 머리말 中 (2011)

언젠가 김의정 이사장이 말한 바 있다.

"어머니가 차문화 복원의 정리 작업을 하고 주춧돌을 놓았다면 딸은 그 위에 여러 채의 견고하고 아름다운 건축물을 지어 왔다. 그리고 어머니와 함께 김명길 상궁으로부터 궁 다례를 전수받아 2001년 서울시로부터 무형문화재 27호로 지정되어 명원 김미희의 뜻을 이어 가고 있다."

2대에 걸쳐 궁중다례를 전승하기까지 김의정 이사장의 남다른 노고가 있었기에 가능했다. 2001년 어머니의 뜻을 받들어 허베이성 백림선사의 〈천하조주선다일미기념비〉 건립에 적극 참여해 한국 차문화를 세계에 알리는 데 정열을 쏟았다. 백림선사 방장을 지낸 징후이 선사께서는 다음의 시 한 편으로 회답했다.

차의 글과 선의 뜻에 해동의 정 있으니	茶香禪意海東情
남은 생애 꿈속의 몸이 애석치 않도다.	不惜殘年夢里身
천년 역사에 황금 같은 새로운 유대 맺으니	千載黃金新紐帶
한 잔의 맑은 찻잎에 화평을 누리도다.	一杯淸茗亨和平

일본 우라센케 15대 종가인 센 겐시쓰 또한 "한국 다도를 대표하는 명원의 차문화 대상을 받았다는 것은 뜻깊은 일이다. 일본에 차문화를 전한 한국에 대한 오랜 인식은 물론, 그 문화를 계승하고 있는 현재 한국 차문화의 실태에 대해 상당한 경의를 표한다는 뜻이기 때문이다"라고 말했다. 중·일 차계와 불교계의 대표 차인들이 명원의 차정신을 평가한 내용과 같이 한국의 차가 세계로 뻗어간 것은 명원문화재단이 앞장서 온 결과다.

8. 한국 차문화 부흥에 앞장선 차의 선구자로 평가

명원은 일본 차회에서 한 차인으로부터 '한국에도 다도가 있느냐'는 질문을 받고 우리의 다도가 과연 있었는가, 의문을 갖게 되었다. 1981년 61세로 타계하기까지 일제 강점기의 압력으로 끊어져 버린 한국 차문화의 명맥을 잇기 위해 노력했다. 청·검·중·예를 차의 정신으로 내세우고 인간의 간을 맞추듯 차 한 잔에도 간이 맞아야 한다고 주장했다.

그의 차사랑은 남달랐다. 많은 이들이 명원 김미희를 기억하고 추앙한다. 명원 김미희는 한국 차문화 부흥에 앞장선 선구자이며 근현대 차를 중흥시킨 다인이다. 그의 자취를 필설로 다 할 수 있을까만, 마지막으로 명원 김미희 선생의 생애와 그가 우리 차문화사에 끼친 업적을 적어보려 한다.

첫 번째 업적은 1980년 12월 3일 세종문화회관에서 개최한 〈한국전통의식 다례 발표회〉다. 이로 인해 한국 차문화사가 1980년 이전과 이후로 나뉠 만큼 큰 사건이었다. 세종문화회관 발표회는 대한민국에도 전통 차문화가 있다는 사실을 우리 국민뿐만 아니라 전 세계인에게 알리는 계기가 되었다.

두 번째 업적은 한국차의 성지인 일지암 복원이다. 연구를 통해 일지암의 가치를 알고 있던 그는 일지암 복원 작업을 추진하고 미당 서정주 외 관련 학자들과 함께 일지암의 가치가 기록된 〈다신전〉, 〈동다송〉을 번역·보급했다. 또한 일지암 다정과 똑같은 초암을 국민대민속관에 건립했다.

세 번째 업적은 한국 최초의 다실 원형을 복원한 것이다. 명원은 한국 최초 다실의 원형을 직접 구상한 뒤 서울 강북구 우이동 녹약재에 복원했다. 서양원 한국제다(韓國製茶) 회장은 이에 대해 다음과 같이 기술했다.

"명원 김미희 선생은 한국형 다실을 복원하기 위해 전국의 유명 고택이나 사찰의 다실을 모두 찾아다녔다. 국민에게 고려 시대처럼 차를 마실 수 있는 공간을 만들어 주고 외국인들에게는 한국 차문화의 전통을 익히도록 하기 위해서다."

명원 선생은 차 수요의 증가와 차문화의 확산을 위해서는 한국형 다실이 꼭 필요하다고 여겼다.

네 번째 업적이자 가장 중요한 업적은 우리 민족 전통차를 살려내고 전승했다는 점

명원 선생 영정 앞에 선 김의정 이사장. 명원의 차정신을 그대로 이어가고 있다.

이다. 조선시대와 일제 강점기를 거치는 동안 차문화와 차산업의 불모지가 되어버린 이 땅에서 명원은 한국의 차산업을 살려냈고, 한국의 차문화를 복원·전승해냈다. 명원이 아니었다면 한국의 차문화는 일본식 차풍으로 인해 흔들리고 왜곡되었을 것이다. 명원을 통해 오늘날 한국의 차문화를 새롭게 꽃피울 수 있었다.

우리 차사를 바로 세우며 수많은 업적을 남긴 명원에게는 한국 차문화 발전에 크게 기여한 공로로 2000년 국가로부터 보관문화훈장이 추서되었다. 명원이 타계한 지 14년 뒤인 1995년 김의정 이사장은 고인의 유지를 받들어 (재)명원문화재단을 설립하고 2대째 차 정신을 이어가고 있다.

부록

I

명원 김미희 다화

01. 한국의 다도

1. 차의 기원 및 정신

1) 차의 기원

우리가 먹고 마시는 모든 것을 음식이라고 하며 먹는 것은 주로 살아가는 데 필요한 영양과 에너지를 섭취하기 위함이고, 마시는 것은 부족한 수분의 보충, 즉 갈증을 없애기 위함이고 기호생활로서도 발달되어 왔다.

마시는 것에는 어느 지역, 어느 민족이나 공통적으로 술(酒)과 차(茶)가 있고, 술은 곡식이나 과일을 발효시켜 알코올 성분을 취해 기쁠 때나 슬플 때에 감정을 고조시키는 데 애음되어 왔다. 반면 차는 자연수 상태 그대로 마시기보다 불순물을 가라앉히기도 하고, 끓여 마시기도 하며, 식물의 잎이나 줄기, 뿌리 등을 첨가해 끓여 마시면 독특한 향(香)과 맛이 있음을 발견하고 지속적으로 발전해 왔다.

이렇게 시작된 차는 각 나라마다 오랜 역사를 가지고 있는데, 우리나라만 해도 삼국시대 이전 고조선 시대에 벌써 백두산에서 나오는 백산차를 끓여 마셨다는 기록이 있다. 많은 사람들이 읽는《삼국지》의 경우 유비가 직접 짠 돗자리를 팔아 멀리 낙양까지 차를 가져와 어머니에게 달여 드리는 이야기가 나오는 것으로 보아 중국에서도 오래 전부터 차를 마셨다는 사실을 알 수 있다.

동서양을 막론하고 차가 상용되고 있기는 하지만, 우리가 지금 여기에서 생각해보고자 하는 문제, 즉 다도(茶道)에 음용하는 차의 기원은 인도에서부터 시작되었다. 그것이 중국으로 건너가 다시 한국, 일본 등으로 전래된 것이 녹차(綠茶: green tea)이고, 서양으로 전래되어 차 제조과정에서 발효시켜 발달된 것이 홍차(紅茶)인데, 이게 곧 오늘날 차라고 부른다.

우리 조상뿐만이 아니고 동양에서는 이 차가 단순히 갈증을 풀어주는 음료수나 기호품으로 음용된 것이 아니다. 차 한 잔에 내포된 깊은 철학과 사상을 발견하고 차 마시는 것을 도의 경지로까지 일컫게 되었다. 특히 깊은 명상이 요구되는 불교나 도교에서 열렬한 환영을 받았고, 일반생활에서도 차가 정성과 예절의 표시로 음용되어 신농씨(神農氏: 기원전 2737년 중국 3황[三皇]의 한 사람으로서 백성에게 농사짓는 법을 가르쳤다는 전설상의 염제[炎帝] 이래로 가장 귀한 음식물로 여겨졌다.

차가 지닌 의미와 정신을 고찰하기에 앞서 잠깐 짚고 넘어가야 할 문제가 있는데, 바로 다도에는 녹차만 사용한다는 점이다. 우리 고유의 차는 인삼차를 비롯해 오미자차, 결명자차, 모과차, 생강차, 구기자차, 계피차, 유자차, 당귀차 등 여러 가지가 있으나 엄밀히 말하면 이들은 차가 아니고 일종의 대용차(代用茶)이다.

조선 후기의 실학자 다산 정약용(丁若鏞) 선생은 끓여서 마시는 이러한 것들을 탕이라 하여 차와 구별했다. 이는 보통 탕을 펄펄 끓여서 맛을 내는 반면에 녹차는 끓는 물을 그대로 사용하지 않고 항상 적당한 온도(약 70~80℃)로 식혀 사용한다. 그래서 녹차는 끓여 마시는 것이 아니라 우려내어 마시는 것이라 할 수 있다.

다산(茶山) 선생은 탕을 마시면 마음이 끓게 되어 정신이 뜨겁고 안정치 못하게 되고, 차를 마시면 마음과 정신이 식고 차분히 가라앉는다고 했다. 그래서 다도라 할 때는 그런 대용차나 홍차, 커피가 아니라 필히 녹차를 사용한다는 것을 잊지 말아야 하겠다.

그러면 차 한 잔이 왜 그렇게 중요한 음식물로 여겨졌고, 또 간단한 차 속에 깊은 철학과 사상이 어떻게 들어있는지 알아보기로 하자.

2) 차의 정신 (철학과 사상)

차를 만들 때는 무엇보다도 세밀한 정성과 섬세함이 필요하다. 차나무는 동백나무과에 속하며 입하(立夏) 전후로 잎을 채취하게 되는데 적기에 채취하는 것이 매우 중요하다. 시기가 이르면 온건치 못하고, 또 늦으면 싱그러움이 사라지므로 밤새 청명한 기운에 이슬을 받은 잎을 딴 것이 으뜸이라 했다.

차를 만들 때는 채취한 잎을 솥에 넣어 불로 적당히 말리는데, 이때의 '적당'은 매우 현미(玄微)한 말로써 형언하기가 어렵다. 정성스럽게 조정하여 두었다가 차를 달이는데, 이때에도 마찬가지로 불을 다루거나 다구(茶具)를 다루는 데 여간 성의를 다하지 않으면 안 된다.

물을 사용할 때도 아무 물이나 사용하지 않고 산수(山水)를 으뜸으로 쳤으며, 그 다음은 강물, 우물물 순이다. 같은 산중의 물이라도 폭포수 같이 떨어지는 물은 낮게 여겼으며, 산꼭대기의 물이나 샘물도 윗물과 아랫물의 바위틈에 흐르는 물, 모래 속의 샘물 등 물 하나를 쓰는 데에도 정성을 다하며 그 섬세한 맛을 아껴왔던 것이다.

물을 끓일 때도 펄펄 끓인 후 알맞게 뜸을 들였다가 찻주전자에 차를 넣는데, 이때에도 넣은 차의 분량이 너무 많으면 맛이 쓰고 향이 떨어지는 반면에, 물의 양이 많으면 색이 제대로 나오지 않고 맛도 떨어진다. 물 온도를 너무 뜨겁게 하면 차맛이 온건하지 못하고, 차가우면 색과 맛이 연해진다. 찻물에 차가 우러나오는 것을 기다려 베에 걸러 마시는 법인데, 이때 속도가 너무 빠르면 차맛이 우러나오지 않고 늦으면 향기를 잃게 된다.

이러한 과정을 통해 차와 물이 서로 잘 어울려 고르게 섞여 차의 온건한 맛과 신령한 맛을 함께 얻을 수 있다면 이른바 다도에 이르렀다고 하겠다.

차의 간과 인생의 간

이렇게 다도에 이른 차는 간이 잘 맞았다 하는데, 차 한 잔의 간을 맞추면서 인생의 간을 맞추는 것을 깨우치고 터득하게 된다.

그러면 인생의 간이란 무엇일까? 바로 인간, ·시간, 공간 이렇게 3간인데 이 3간을 어떻게 잘 맞추고 조화시키느냐에 그 사람의 성공과 실패가 달려있다.

먼저 인간에 대하여는, 우리의 사회생활 모든 것이 대부분 사람과 사람 사이의 관계에 의해 이루어진다. 부모와 자식 사이, 형제 사이, 남편과 아내 사이, 친구 사이, 선배와 후배 사이, 윗사람과 아랫사람 사이 등 이 모든 관계에 있어 간을 잘 맞추고 잘 화해하여 어울리게 되면 그 사람은 성공하게 되고 그 사람이 속한 사회는 평화와 사랑으로 가득 채워진다.

두 번째로, 시간의 간은 어떻게 맞추어야 할까? 예로부터 선진들은 단 1초의 촌음도 아껴 써야 한다고 우리에게 교육으로 일러준다. 누구든지 똑같은 시간, 똑같은 강물에 다시 들어갈 수는 없다. 왜냐하면 강물도 흐르고 시간도 흐르며 우리 인생도 흘러가기 때문에 비록 어제와 같은 시각에 꼭 같은 위치에서 강물에 들어간다고 해도 이미 어제의 강이 아니고, 어제의 사람도 아니기 때문이다.

이렇게 단 한 번뿐인 우리의 삶에서 한 시각이라고 아껴 쓰고 보람 있게 보내는 것이 얼마나 귀하고 중대한 일일까? 이게 곧 시간의 간을 잘 맞추어야 한다는 뜻이니 여기에 그 사람의 장래의 밝고 어두움이 달려있다고 하겠다.

다음으로 공간의 간을 잘 맞추어야 한다는 것은 우리에게 주어진 공간을 얼마나 잘 사용하느냐 하는 것이다. 우리가 좁은 방에 아담한 집을 짓고 같은 방이라고 잘 꾸며 조화롭게 하는 것부터가 넓게는 도시계획, 국토계획으로 이어지는 일이며 이 모두가 우리에게 주어진 공간을 어떻게 잘 활용하느냐 하는 문제가 아닐까.

그러니 우리는 차 한 잔의 간을 맞추면서 인간생활의 3대 간(間)인 시(時)·공

(空)·인(人), 즉 시간, 공간, 인간을 생각하며 그 뜻을 음미하면서 마시게 된다.

적청화경의 정신

차를 마시는 분위기, 즉 차실의 분위기에 대해서는 차분히 가라앉아 고요하고 깨끗하며 평화롭고 경건한 분위기를 이상으로 친다. 차분히 가라앉고 고요한 분위기는 차 한 잔을 마시면서 자기 자신에 대하여, 인생에 대하여 깊이 돌이켜보며 사색하고 명상에 잠기게 한다. 시끄럽고 떠들썩한 요즈음 자기를 깊이 성찰할 수 있는 시간은 젊은 세대들에게는 참으로 소중하다.

또 근래처럼 공해로 환경오염이 심각해지는 즈음에 깨끗한 주위환경은 실로 우리 모든 인간이 염원하고 그리워하는 분위기이다. 먼저 환경이 깨끗해야 마음을 깨끗이 씻을 수 있다. 이렇게 정신을 맑게 하려고 차 한 잔을 마시며 마음을 깨우치는 것이다.

평화롭다는 것은 서로를 고집하지 않고 다투지 아니하는 일이다. 서로 예로서 화합하며 싸움이 없는 사회가 우리 인간이 사는 가장 아름다운 모습이다. 차를 마시면 사람을 공경하게 되고 윗사람이든 아랫사람이든 서로를 경건한 마음으로 대하게 되며, 이것이 곧 적청화경(寂淸和敬)의 정신이다. 이러한 차실의 분위기가 곧 이상적이고도 바람직한 인간이 사는 분위기를 말해준다.

차의 오미

적청화경의 차실에서 간이 잘 맞는 차를 마시면 쓰고, 떫고, 시고, 짜고, 단 다섯 가지 맛이 있는데, 이를 오미(五味)라 한다. 차 한 잔을 음미할 때 먼저 쓴 맛을 느끼고, 떫고 시고 짠 맛을 맛보고, 삼키고 난 후, 입안 가득히 향과 함께 단맛을 맛보게 된다. 이는 흡사 인생에서의 고진감래(苦盡甘來: 고생 끝에 행복이 온다), 즉 인간 생활에서 어려움과 고통을 잘 참고 견디면 희락과 행복이 찾아오는 것과 같다. 차 한 잔을 통해 인생의 여러 가지를 맛보면서 인생의 참뜻을 깨우치게 된다.

이렇게 모든 과정에 정성이 깃들고 오묘한 의미가 내포되어 있다. 이러한 차에 대해 행해지는 예의와 법도를 일컬어 다도라고 한다. 그래서 차는 혼자 마시면서 명상하고 우주의 섭리와 자연의 법도를 깨닫는 것을 으뜸으로 여겼고, 둘 이상이 함께 차를 마시면 예절과 지극한 정성으로 공경하면서 서로를 대했다. 그래서 차는 윗사람, 특히 조상들에게 제사를 드릴 때 사용되었고 명절이나 절기에는 차를 중심으로 제사를 올려 이를 차례(茶禮)라고 한다.

또한 일생 중에서도 가장 중요한 행사라 할 수 있는 결혼식에서도 차의 깊은 뜻을 생각하며 다례를 행하였다. 언약과 정절의 표시로 차를 싸서 보내는데 이를 봉차(封茶)라고 했다. 요즈음에는 봉치라 하여 이름만 전하는데 아름다운 유품(遺稟) 중 하나였다.

가까운 친구일수록 오히려 서로 공경하며 예절을 갖춰야 하므로 신라 삼국통일에 지대한 공을 세운 화랑들은 서로 차를 마시며 예를 갖추고 의리를 확인하며 강하게 단합하여 민족의 의기를 드높였다. 따라서 화랑도 정신의 밑바탕에는 다도의 정신이 깊숙이 깔려 있었다는 사실을 알 수 있다.

신라의 젊은이들이 이렇게 차를 통해서 자기 자신을 발견하고 마음과 뜻을 가다듬었다는 것은 현대의 우리 젊은 세대들이 상기해보아야 할 사실이다. 왜냐면 물질기계 문명이 급속히 발달함에 따라서 현대 젊은 세대들은 깊이 사고하는 습관이 사라지고 감각적인 향락만을 추구하는 경향이 강하다. 이런 경향이 만연한다면 사회와 국가의 장래는 결코 밝을 수 없다.

따라서 이런 순간적인 쾌락만 추구하고 물질주의적인 사고가 팽창해지는 현 사회 풍토에서 다도를 재음미하고 재평가함으로써 사회와 국가를 생각하는 국민으로 태어나게 할 수 있다. 예의가 바른 사회, 사색하고 명상하는 국민으로 회복되도록 해야 한다. 근래 우리의 전통 다도를 재현시키려는 노력에 대한 의의와 뜻이 바로 여기에 있다.

그러면 다음은 한국의 다(茶) 역사에 대하여 알아보기로 하자.

2. 차의 역사

1) 차의 전래와 신라 시대의 차 생활

우리나라의 차 역사는 참으로 오래되었다. 삼국시대 이전 고조선 시대에 벌써 백산차(白山茶)가 있었다. 이는 백두산에 야생하는 진달래과에 속하는 소관목류로, 나무의 잎을 따서 끓여 마시는 것이라고 하였다. 뚜렷한 문헌적 자료는 없지만 단군 시조도 이 차를 마셨을 것이라고 추측하는 사람도 있다. 이 백산차는 전통적 다도에 쓰이는 녹차는 아니지만 한국 차의 역사를 이야기할 때 우리 조상의 차 마시는 풍습이 이렇게 오래 되었음을 시사해준다. 이 백산차 나무가 1977년 다시 국내에서 재배되기 시작했다. 이제 백산차는 막연한 것이 아니라 구체적으로 우리의 관심과 아울러 연구의 열을 불러일으키고 있다.

그러나 녹차에 관한 기록이 정사(正史)상에 가장 처음 등장하는 것은 신라 흥덕왕(興德王) 때 김부식이 쓴 《삼국사기(三國史記)》에 나타나 있다. 즉 차는 이미 선덕여왕(善德女王) 때도 있었으나 흥덕왕(興德王) 3년 당(唐)나라에 사신으로 갔던 대렴(大廉)이 돌아올 때 차 씨를 가져와, 왕의 명령에 따라 지리산에 심었다고 한다. 이때부터 신라에서는 차를 마시는 풍속이 성행하였다. 이로서 신라의 왕족이나 귀족들 사이에 차가 널리 음용되었음을 짐작할 수 있다.

그러나 역사성(歷史性)에 있어 의혹을 적잖이 일으키고 있기는 하지만 《삼국유사(三國遺事)》에는 이보다 훨씬 더 이전에 차가 전래되었고 차로 제사를 지냈다는 기록이 있다. 《삼국유사》 중 가야국에 관한 이야기인 〈가락국기〉에 김수로왕의 부인인 허씨 공주(당시 16세)에 대한 설화가 있다.

허황옥(許黃玉)은 인도의 아요다국 공주인데, 그의 남동생 장유화상(長遊和尙)과 함께 서기 48년경 범선을 타고 김해의 별포(別浦) 나루터에 도착하여 갖고 온 많은 물품들을 내려놓았다. 그런데 물품들 가운데는 차 씨도 포함되었을 것이라고 추측할 수가 있다. 왜냐하면 허 공주의 남동생 장유화상이 차를 즐겨 마시는 사람이었는데 차를 계속 마시려면 차의 재배가 필요했을 것이고, 그러기 위해서는 차 씨도 가져왔을 것이다. 〈가락국기〉에는 김수로왕의 태자인 거등왕(居登王)이 즉위하던 서기 199년에 떡과 밥, 과일, 술, 단술과 함께 차를 가지고 제사를 지냈다는 기록이 나온다. 《삼국유사》는 연대의 착오도 많고 사실성도 불명확하여 글자 그대로 받아들이기 어렵다. 모든 것을 감안한다고 하더라도, 우리나라에 차가 전래된 역사는 참으로 오래되었고, 중국보다는 뒤지지만 일본보다는 훨씬 앞섰다는 것을 알 수 있다.

또한 차로 제사를 지냈다는 기록은 오히려 중국보다도 앞섰다고 말하는 사람도 있다. 어떤 사람은 다도라 하면 일본 풍습이고, 우리에게는 전래된 전통다도가 없고, 일본의 것을 그대로 모방했다고 생각하고 있다. 그러나 다도는 오히려 한국적이고 민족적인 우리의 전통문화이다. 달리 말하면, 다도야말로 우리의 것이고, 우리가 찾아야 하고 알아야 하는 우리 고유의 문화이다. 차가 전래된 초기부터 차 한 잔에 성정과 철학이 깃듦을 깨달아, 다른 음식과 구별지어 특별히 조상이나 웃어른께 바치는 제물로 여긴 것은 한국 차의 역사에 있어 빛나는 한 부분이다.

더 나아가 차를 부처님 앞에 공양했으니, 《삼국유사》 경덕왕(景德王) 편에 나오는 이야기로 알 수 있다. 경덕왕 시대는 신라 문화의 황금시대로 지세 24년 3월 3일에 왕께서 귀정문(歸正門)이라는 누각 위에 행차하시었다. 이때 남산 미륵세존(彌勒世尊)께 차를 공양하고 돌아오는 충담(忠湛) 스님을 보게 되었다. 충담은 3월 3일과 9월 9일 1년에 두 번 차를 불전에 공양했으며 앵도나무통(다구를 넣은 상자)을 둘러메고 있었다. 그래서 왕께서 앵통을 풀어 차 한 잔을 나누어 마시기를 권해 충담은 즉시 차를 달여 왕께 바쳤다. 이때의 모습에서 격식이나 형식이 보이지 않는 자연스러운 신라의 차생활의 단면을 볼 수 있다.

또 주목할 만한 것은 경덕왕 24년이면 앞서 언급한 대렴의 차 수입 연도보다 60여 년 전이다. 그러니 신라에서는 이미 그 이전부터 차를 마시는 풍습이 널리 퍼져 있었다는 것이다. 특히 불가에서 더욱 환영을 받았다. 승려들끼리 차를 즐겨 나누어 마셨고, 졸음을 몰아내고 정신을 맑게 하는 효험은 선을 하는 데 도움이 되었으며 더 나아가 이 차를 불전에 공양하게 되었다.

신라 불교의 거성인 원효대사(元曉大師, 617~686)도 차를 즐겨 마셨다는 기록이 이규보가 지은 《남행일월기(南行日月記)》에 나와 있다. 그뿐더러 여러 승려들이 차를 나누어 마셨고 불전에 공양했다는 기록이 《삼국유사》 곳곳에서 발견된다. 이래서 신라 궁정에서는 사원이나 위대한 승려들에게 차를 예패로 내려준 일도 많다. 즉 경덕왕이 월명사에게, 헌안왕(憲安王)이 보조선사(普照禪師, 804~880)에게 차를 하사했다는 기록이 그 대표적 예이다.

이를 보면 차가 불교와 함께 성행했음을 알 수 있다. 이는 정확한 사실이 전해지지 않아 뭐라 단언할 수는 없지만, 불교가 성행했던 고구려나 백제에서도 차를 마시는 풍속이 있었다고 추측해 볼 수 있다.

그렇다면 신라 진흥왕 때 창설한 화랑도의 차생활은 어떤지 알아보자. 화랑도들이 강릉 한송정에서 자연스럽게 차를 마시며 몸과 마음을 연마한 자취가 남아있다. 《동국여지승람(東國輿地勝覽)》에 한송정에 화랑 무리가 차를 마신 자취라고 할 수 있는 다천(茶泉: 차를 달이는 샘물), 석지조(石池竈), 돌부뚜막, 돌절구 등이 남아있었다는 기록은 화랑의 차생활을 시사해준다.

차를 나누어 마시면서 서로 강하게 결속하고, 윗사람과 아랫사람 사이에 예로서 화합할 수 있었다. 그러므로 차의 정신으로 몸과 마음을 수련하여 민족의 의기를 드높여 삼국통일을 이루게 한 지력(智力)이 되었다. 즉 다도정신(茶道精神)이 화랑도의 밑바탕에 깊이 깔려 있었다는 것은 오늘날 젊은이들의 모임과 화합에도 차가 자기 자신을 완성하고 이웃과 화합할 수 있는 매개체가 될 수 있음을 말해

준다.

그 외에 신라의 대표적 다인(茶人)으로는 최치원(崔致遠)을 예로 들 수 있다. 신라의 차가 불교와 함께 성행하긴 했으나 궁정이나 사원(寺院), 선비들 사이에 널리 퍼져 있었고, 복잡한 격식이나 형식 없이 자연스럽게 차를 마시는 가운데 정이 흐르고, 내재된 안정을 볼 수 있다. 이것이 고려의 궁중으로 들어가 의식화되고 격식화되었는데, 다음은 그 모습을 살펴보기로 한다.

2) 고려 시대의 차생활

고려조에 접어들어 불교의 성행과 더불어 차가 널리 보급되면서 불교의식을 비롯한 모든 국가의식에 진다예식(進茶禮式)이 반드시 존재하게 되었다. 진다(進茶)라 함은 알기 쉽게 말하면, 술과 과일 등을 올리기 전에 임금께서 먼저 차를 명하시면 시신(侍臣)이 차를 올리는 것이고, 진다의식이라 함은 이때의 제반 의식과 예식을 말한다. 불교국인 고려 궁정에서는 최대 연중행사로 연등회와 팔관회가 있었는데, 《고려사(高麗史)》에 나타난 연등회일 진다예식의 한 예를 보면 고려 궁중의식의 복잡함과 엄격함을 알 수 있다. 시신이 준비된 차를 임금께 올리면 이때 집례관이 임금을 향해 드십시오, 하고 몸을 굽혀 권한다. 이때 임금은 태자(太子) 이하 여러 시신들에게 차를 내린다. 이렇게 차가 집례관에 이르게 되면, 집례관이 배례하기를 청하고 태자 이하 모든 시신들은 임금이 주신 은혜를 감사하는 뜻으로 재배(再拜)하고 집례관이 마시고 나면 태자 이하 모두가 그 차를 마시고 읍(揖)을 한다.

불교의식뿐만 아니라 왕자, 왕비를 책봉하는 의식이나 공주의 하가의식(下嫁儀式: 공주나 옹주가 신하에게 시집하는 것을 '하가'라고 함)에도 반드시 진다하는 예식이 있었고, 그 의식은 까다롭고 복잡하게 격식화되었다.

이렇게 고려에 와서 차를 널리 마시면서 궁정에는 다방(茶房)이라는 차를 전담하는 관청이 생기게 되었고, 사원 주위에는 다촌(茶村)이라 하여 차를 생산하고 차를 바치는 부락이 생기게 되었다.

고려 인종 때에 송(宋)나라의 사신들을 따라 고려에 온 서긍(徐兢)은 당시 고려 궁중이 예식화되고 형식화된 다의식에 대해 《고려도경(高麗圖經)》에 기록한 바가 있다. 은으로 만든 뚜껑을 덮어 차를 끓인다는 것, 의식이 복잡하고 지루해 언제나 차가 다 식어서야 마시게 된다는 것, 홍도탁자(紅陶卓子)에 다구를 놓고 그 위에 붉은 보자기를 덮었으며, 매일 세 차례씩 차를 내 온다는 것 등을 기록했다. 고려인들이 차를 좋아하고 잘 마신다는 풍습도 연연히 볼 수 있지만 형식도 홍색 탁자에 붉은 보자기를 덮는 등 더 세밀해졌다. 현재 일본차의 까다롭고 형식화된 다의식 역시 이런 고려 시대의 궁중 다의식이 건너가 전파된 것이 틀림없다. 현재 일본 다의식에서 붉은 보자기를 쓰고 있다는 점을 그 대표적인 증거로 꼽을 수 있다.

특히 궁중 다의식이 까다로운 이유는 다의식뿐만 아니라 모든 것이 복잡한 궁중의식 자체를 기반으로 하고 있기 때문이다. 따라서 궁중이 아닌 일반 다인(茶人)들, 즉 유생이나 승려들의 다풍은 자연스럽고 정이 넘쳐흐르는 가운데 고요한 인격의 선적 묘미가 풍긴다.

02. 한국 다도의 의식과 예절

1. 차례는 식문화 중 가장 발달한 의식과 예절

식생활은 인류의 발생과 함께 시작된 기본생활의 하나다. 어느 민족이든 식생활은 민족의 자연적 환경, 역사, 문화의 변천에 영향을 받으며 독특한 기호와 나름대로 특색 있는 음식물과 양식을 자아내어 고유의 전통을 수립했다.

식생활은 오로지 생존을 유지하기 위한 영양섭취뿐만 목적이 아니라 그 이상의 차원으로서 양식과 예절까지 수반하며, 민족마다 전통적인 독특한 식생활 문화를 형성해 나갔다. 한민족의 식생활 문화도 반도라는 지리적 조건으로 대륙문화의 영향을 받지 않을 수 없었다. 양식의 근원을 중국에 두는 경우가 허다하다. 하지만 조상 대대로 우리 나름의 고유한 식생활 문화를 영위해왔다.

서양의 합리적 사고를 수용한 사람들 중에 간혹 한국의 식생활은 비합리적이니 비위생적, 비경제적이니 하는 이가 있는데, 이는 우리의 독특한 식생활 문화를 제대로 이해하지 못한 소이라 하겠다.

돌이켜 보건대 우리의 음식 조리법은 매우 과학적이며 식품의 배합이나, 양념을 쓰는 법에 있어서나, 기후변화에 따른 식품 저장법 등은 결코 어느 민족의 식생활 문화에 뒤떨어지는 것이 없다. 오히려 식생활에 따른 우리의 의식과 예절은 어느 민족보다도 고상하며 우수한 것이다.

7첩 반상, 9첩 반상 등 상차림, 어른께 올리는 법 등 섬세한 예절은 주례와 차례와 함께 발전해 왔다. 그러던 것이 조선 중기에 차례가 사라졌고, 주례는 조선 말기까지 전해오다가 없어졌고, 현대에 와서는 산업사회의 변천, 핵가족화 등과 병행, 식생활도 서구화하여 간편화 즉석화 상품화된 형태를 취하게 되었다. 한국 의 예절이 가장 기본적인 먹고(食) 마시는 것(飮)에서부터, 가장 저변에서부터 붕 괴된 것이 아닌가 걱정된다. 따라서 근래 한국의 전통을 찾으려는 운동이 각 분 야에서 활발하고, 그 가운데 전통 다도의 연구와 차례의 재음미가 경향각지에서 성행하는 것은 결코 우연한 일이 아니다.

조선 말기 실학의 거두인 정약용이 차를 통하여 깨달은 바가 있어 호를 다산 (茶山)이라 하고 다신계(茶信契)를 조직하였다. 다산이 차가 떨어지면 초의에게 차 를 부탁하면서 차 부흥이 이루어졌다. 초의(草衣, 1786~1866) 선사는 《동다송(東 茶頌)》과 《다신전(茶神傳)》을 지어 한국의 차가 다른 나라에 비해 우수하다는 것 을 밝히려 했다. 추사 김정희(金正喜)도 차의 미묘함과 장점을 깨달은 훌륭한 다 인이다.

차는 고도로 발달한 의식과 예절이 수반되는 차원높은 음식이다. 사회가 전반 적으로 혼탁해지고 전통문화의 원천인 식생활 문화가 붕괴되어 있을 때, 식생활 가운데서 마시는 것, 즉 차례에서 전통문화를 찾으려는 운동은 가장 근본적이고 자연스러우며 또한 필연적인 일이 아닌가?

음식물 중에 가장 발달한 의식과 예절을 수반한 차례의 역사적 변천과정을 살 펴본다.

2. 삼국시대부터 시작된 차례의 성행과 쇠퇴

한국 차례의 역사는 《삼국유사》의 〈가락국기〉까지 소급된다. 차는 전래 당시부 터 단순한 기호품이나 음식물로서가 아니라 정성과 성의를 표하는 예절 있는 음 식물로 과실과 함께 제사에 사용되었다.

차례는 삼국시대부터 시작되어 시대가 변천함에 따라 성행과 쇠퇴가 이루어졌다. 그 과정을 궁궐의 차례, 사원의 차례, 일반적인 차례로 구분하여 고찰해 본다.

1) 궁궐의 차례
《삼국유사》〈가락국기〉를 보면 궁궐에서 과실과 함께 차로 제사를 지낸 기록이 있다.

김수로왕의 태자인 거등왕이 즉위하던 199년 변방이 설치된 이래 마지막 임금인 구형왕 말년까지 330여 년과 김수로왕의 15대 후계인 신라 제30대 문무왕 즉위년 3월에 김수로왕의 묘를 신라에 합설하여 제사를 이어가랍시는 어명에 따라, 매년 정월 3일과 7일, 5월 5일, 8월 5일과 15일 등의 세시와 거등왕이 제정한 제일에 술과 단술을 빚고 떡, 밥, 차, 과실 등의 제물을 차려 삼헌(三獻) 초·아·종의 예법으로 제사를 뫼셨다.

정사가 아니라 그 연대와 역사성에 대하여 이론이 없는 바가 아니나 궁궐에서 차로 제사를 지냈다는 것은 참으로 오래 되었다는 사실을 알 수 있다.

정사의 최초 기록은 《삼국사기》 신라본기 흥덕왕 3년에 나타난다. 당에서 돌아온 사신 대렴이 차 종자를 가져와 왕명으로 지리산에 심었다 하니, 이때 이미 궁궐에서 차가 사용되었다는 것을 시사한다. 차가 선덕여왕 때에 있었다 하니, 흥덕왕 3년으로부터 180년 전의 일이다. 지리산(地理山)은 오늘의 지리산(智異山)이다.

고려 때 다방과 다촌 등장

고려에 와서는 모든 국가적 의식, 즉 왕자·왕비의 책봉의와 공주 하가의(下嫁

儀: 공주나 옹주가 귀족이나 신하에게 시집가는 것) 등 모든 궁중의식에 진차(進
茶) 예식이 들어 있었다. 고려의 차례는 예식화되고 엄격하게 격식화되었다. 인종
때 송사(宋使)를 따라 온 서긍이 《고려도경》 기명편(器皿篇) 차조에 이렇게 기록
하였다.

고려의 토산 차는 맛이 쓰고 떫어서 입에 넣을 수 없다. 그들은 오직 뇌차
용봉사단을 귀하게 여기는데, 송나라에서 증여해 오는 것 외에 상인들이 무
역해 와 판매하는 것이 있어 근래에는 차 마시기를 좋아하게 되었다.

다구도 많이 발달하여 금화오잔(金花烏盞)이며, 비색 작은 사발이며, 은으
로 만든 화로, 찻솥 등 다 슬그머니 중국의 제도를 본떠 만든다. 무릇 연회가
있으면 정중(庭中)에서 끓이는데 은제 뚜껑으로 덮는다.

손님 앞에 차를 올릴 때는 아주 천천히 걸어온다. 접대원이 말하기를 차를
손님 앞에 돌려놓은 후에 비로소 마시게 된다. 그러므로 언제나 차가 다 식
어서 냉차를 마시게 된다.

홍도탁자(紅道卓子)에 다구를 놓고 그 위에 붉은 도자기로 덮었으며, 매일
3차례씩 차를 내 온 다음 더운 물을 가져온다. 고려인은 더운 물을 약이라
하며, 사절이 매번 차를 다 마시면 기뻐하고 다 마시지 않으면 불쾌히 여겨
항상 억지로 차를 다 마신다.

고려 차 의식의 사치스러움 – 값진 외국차와 송나라 것을 닮은 다구와 사치스
러운 제도 등을 짐작할 수 있고, 다의식이 상당이 격식화된 것과 형식도 홍색탁
자에 붉은 보자기를 덮는 등 세밀해진 것도 알 수 있다. 현재 일본의 까다롭고 형
식화된 차 의식도 이런 고려 시대의 궁중 차 의식이 전래된 것이라 할 수 있다.

궁정의 차 사용량이 늘자 다방이라는 차와 과실, 술, 채소 등을 관장하는 관청
이 생기고 사원 주변에는 다촌이라는 차를 바치는 부락이 들어설 정도로 음다가

성행했다.

고려의 국가적 대제전 의식에는 반드시 진다예식이 포함되었다. 여사(麗史)의 연등대회일 진다예식은 아래와 같다.

임금이 근시의 신하더러 차를 올리라고 명하여 차를 올리면 집례관이 전을 향하여 국궁하고 듭시라고 권한다. 다음 술이나 밥을 올릴 때도 그때마다 집례관은 전을 향하여 국궁하고 듭시라고 권하고, 그 뒤에도 다 이와 같이 한다.

다음 임금은 태자 이하 여러 신하에게 차를 하사한다. 차가 이르면 집례관이 배례하기를 청하여 태자 이하 모두 두 번 절한다. 그리고 나서 집례관이 차를 마시기를 청하여, 태자 이하 모두 차를 마시고 나서 읍하고 선다.

위의 예식은 사원이 아닌 궁정에서 행해졌다. 팔관소회일, 대회일 등에도 궁정에서 대동소이한 진다예식이 실시되었다.

조선으로 넘어가 궁정의식이 더욱 의식화됨에 따라 차 의식도 한층 격식화하였다.

궁중 관례이던 진다의식이 조선 말기까지 속행되었다. 말기로 접어들어 격식과 규모 면에서 많이 축소되었다는 사실이, 고종 때 기록된《진찬의궤(進饌儀軌)》등 문헌에 나타나 있다.

2) 사원의 차례

《삼국유사》경덕왕조(景德王朝)는 경덕왕 때 이미 차가 불공에 쓰였다는 것을 보여준다.

경덕왕이 나라를 다스린 지 24년, 3월 3일 왕이 귀정문루에 거동하자 (중략), 또 한 중이 납의(納衣)를 입고 앵통을 짊어지고 남쪽으로부터 왔다. 왕은 그를 보자 기뻐하여 누상으로 올라오라 하여 통속을 들여다보았다. 속에는 다구가 가득 들어 있었다. 왕이 물었다.

"그대는 누구인가?"

"충담이라고 합니다."

"어디서 왔느냐?"

"소승은 중삼(3월 3일)과 중구(9월 9일)에는 차를 달여 남산 삼화령에 계신 미륵세존께 드리는데, 지금 막 차를 드리고 돌아오는 길입니다."

"내게도 차 한 잔 나누어 줄 수 없겠느냐?"

중은 곧 차를 달여 바쳤다. 차맛이 특이하고, 잔에 기이한 향이 가득했다.

동유사에 적힌 보천(寶川)·효명(孝明) 두 왕자에 대한 기록을 보아도 불전 공차하는 관습은 사원에서 행해져 왔음을 알 수 있다.

차로 불공을 할 뿐 아니라 술을 마셔서는 안 되는 승려들에게는 술 대신 차를 애음할 수밖에 없었다. 수도자에게서 수마를 쫓고 정신을 깨끗하게 하는 수단으로서도 차가 성행하였다.

고려 시대에 들어 불교가 발전함에 따라 승려가 음용하던 차가 널리 퍼져 연등회, 팔관회 등 종교적 행사가 있는 경우 궁궐이나 사원에서 같이 베풀었다.

조선 시대가 되면 숭유억불(崇儒抑佛)로 인한 불교의 쇠퇴로 진다의식이나 음다풍도 아울러 쇠퇴하게 된다. 그럼에도 불구하고 한동안 불가의 모든 의식에는 차가 사용되었다. 그러다가 말기에는 불전공차도 사라지고 청정수로 대신하게 된다. 차 자체가 청정수로 교체되기는 했으나 의식 자체는 변하지 않았다는 것은 불교의무용 가운데 차게작법(茶揭作法)이 아직 현존하는 사실로도 알 수 있다. 불가에서는 다선일체의 차원에서도 음차가 계속 이어져 왔다.

3) 일반 차례와 의식

신라 진흥왕 때 창설된 화랑도가 자연스럽게 음차하며, 차례로써 강하게 결속하고 상하 유대관계를 예로서 견고히 하며 의기를 세웠다 함은 옛 기록을 통하여 알 수 있다. 고려 중엽의 문인 이곡(李穀)이 기록한 《동유기(東遊記)》는 동해청 지방에 화랑들이 쓰던 다구가 보존되고 있었음을 말해준다.

《여지승람(與地勝覽)》에도 유사한 기록이 있다. 한송정(寒松亭)가에 돌부뚜막, 돌절구, 차를 달이던 샘물 등은 술랑의 유적이라는 것이다. 화랑도들이 자연스럽게 차를 마시며 몸과 마음을 연마하였다는 사실을 알려준다.

조선 태종 5년 7월 기유조(己酉條)에 첫 기록을 보인 이후, 고종 19년 6월의 《승정원일기》까지 다시(茶時)가 전해온다. 사헌부 관원들이 매일 일정한 시간에는 한 차례씩 차를 마시면서 화합과 공정한 판결을 위해 토론을 하는 궁풍의 하나였다.

이는 흡사 임진란을 일으킨 일본의 도요토미 히데요시(豊臣秀吉, 1537~1598)가 하루가 지나면 지치고 불만을 가진 장수들을 다회에 불러 마음을 풀어준 이치와 비슷하다. 히데요시는 거칠어진 장수의 정신과 백성의 불안정한 마음을 정화하는 데 다도를 이용했다. 다시를 통해 알 수 있듯 우리나라에서 차가 정치에 이용된 것은 그보다 훨씬 전이었다.

딸 출가 때의 봉차 미풍은 이름만 전해져

사원에서도 주지 등이 부임해 오면 이질감을 없애고 한마음을 갖기 위하여 차례를 베풀었다고 전해온다. 반가나 민가에서도 차를 공음하며, 윗사람을 공경하고 아랫사람을 사랑하는 일체감으로 결연하려 했던 미풍은 고려를 거쳐 조선 중기까지 면면히 이어졌다. 여기에는 특별한 형식이나 복잡성이 보이지 않는다. 복잡하고 까다로운 것은 궁중의식에 있고, 일반적 의식은 자연스럽고 정이 담긴, 그러면서도 그 마음이 순화되는 차례이다.

예로부터 딸을 출가시킬 때는 정절의 상징으로 좋은 차를 시가로 보내는 풍습이 있었다. 이를 봉차라 했다. 현대에 와서는 그러한 미풍은 찾아볼 수 없고 예물을 보내는 것을 봉차라 하여 이름만 전해진다.

정월 초하루나 한식, 추석, 동지 등 속절(俗節)에 조상께 올리는 제례를 다례 또는 차례라고 부른다. 지금은 제사에 차가 없어지고 명칭만 남아 있는 실정이나 《사례편람(四禮便覽)》, 《주자가례(朱子家禮)》와 같은 많은 문헌에서는 진다 혹은 점다(點茶) 등 차에 대한 내용을 쉽게 찾아볼 수 있다. 조선 초기만 하더라도 차로 제사를 지낸 것으로 보이며, 《주자가례》의 진설도를 살펴봐도 차는 필수로 들어가 있다. 특히 망다례(望茶禮: 음력 보름날마다 집안 사당에서 지내는 차례), 삭망전(朔望奠: 상중[喪中]에 있는 집에서 매달 초하룻날과 보름날 아침에 지내는 제사) 등에는 차로만 예를 올렸다고 한다.

그러나 퇴계는 "오늘날에는 진수하는 것으로 대치되었다"고 했고, 율곡도 "지금에 와서는 차를 쓰는 예법은 없어졌다"고 하였다. 실록에도 차에 관한 이야기가 중종 나오지만, 선조 대에 와서 차차 줄어들고 쇠퇴하는 것을 볼 수 있다.

3. 국민에게 화합과 일체감 갖게 하는 차 문화

1,000여 년의 역사 속에 훌륭한 의식과 예절을 갖춘 한국의 다도가 오늘날에는 왜 전해지지 않는가? 조선의 음다풍이 쇠락한 큰 원인으로 주자학의 성행과 불교의 쇠퇴, 자연수의 기려함이 뛰어나기 때문에 음다가 특별히 필요하지 않았다는 점 등을 꼽는다. 혹자는 조선에는 일반인이 즐겨 마시는 민속주 막걸리가 있기 때문에 음다가 보편화되지 못했다고도 한다.

한국차사에는 조선의 육우라 할 수 있는 초의선사(草衣禪師)나 다산 정약용 같은 다인이 많았다. 그들은 차 생활을 즐기면서 현묘한 차 정신과 다도를 예찬하고 높은 경지에 도달했다. 하지만 차 문화를 대중화하기에는 역부족이었다. 이는 비단 차 문화뿐 아니라 대부분의 우수한 전통문화에도 정확히 해당되는 예이기도 하다.

단절되었던 우리의 다도가 근래 들어 새삼 거듭 강조되어야 할 필요가 있을까? 그렇다. 현재는 물론 장래에도 꼭 필요하다. 이유는 다음과 같다.

첫째, 차를 마시는 것이 이제는 일반화되었다. 어느 곳에 가나 옛날 같은 청정수를 찾아볼 수 없고 환경오염으로 물을 끓여 먹지 않으면 안 되는 게 현실이다. 식후에도 냉수보다는 차, 특히 커피를 마시는 것이 보편화된 생활양식으로 변해가고 있다. 즐비한 다방도 커피 음용 대중화의 증거이다. 이런 가운데 차를 외국산만으로 방치할 수는 없다.

둘째, 국민 정서를 순화시켜 줄 매개체가 필요하다. 우리의 생활양식은 산업사회가 고도로 전문화되어 감에 따라 급격히 변화하고 있다. 이와 함께 국민 정서는 현대병에서 파생된 불안, 초조 등에 시달리고 있다. 술이나 담배는 정서를 정화시켜 주는 것이 아니라 오히려 대중을 감각적이고 일시적인 향락주의에 몰두하게 한다. 이러한 정서를 순화시키고 정화시킬 매체를 찾을 필요가 있다.

셋째, 국민에게 일체감을 줄 요소가 필요하다. 사상적 종교적으로 사분오열돼 가는 가치적 혼돈 속에서 국민적 일체감에도 균열이 생길 우려가 있다. 세대 상으로 전통적 세대와 일제 식민교육을 받은 세대, 현대교육을 받는 세대가 각기 존재하는 실정에 일체감과 화합을 주는 구심적 매개체가 요구된다.

넷째, 참다운 정신적 전통문화의 계승 발전이 아쉽다. 골동품을 무계획적으로 수집하고, 문화재를 보존하며, 탈춤을 유행시키고, 고분을 파헤친다고 하여 그것이 우리 민족의 참 전통문화를 재창조하는 것이 아니다. 그 이면에 있는 민족고유의 정신적, 도덕적 가치와 문화를 발굴하고 재정립하는 것이 필요하다.

다도를 복원하여 생활에 도입, 활용해야 한다

이러한 문제를 해결할 매체가 차라고 생각하여 근래 음다 문화를 강조하고 차례를 부흥·일반화 시키려는 것이다. 차 문화의 필요성을 재차 요약해 본다.

첫째, 한국에서는 생산되지 않는 외국산 차를 수입해 마심으로써 발생하는 막대한 외화손실을 방지하여 농촌경제 발전에 크게 이바지할 수 있다.

둘째, 차는 신라 때부터 수도자나 승려들에게 정신을 맑게 하고 마음을 고요하게 하는데 일익을 담당해 왔다. 사원에서는 다선일미 또는 차선일체라 하여, 참선과 차 마시는 것을 일체로 여길 정도로 차는 수도자에게 중요하다. 이처럼 충동적이고 감각적인 사회를 정적으로 이끄는 데는 차가 적격이다.

셋째, 다시와 화랑의 차 생활, 차례 등은 서로 동질감을 가지면서 화합하는 데 차례가 필요하다는 것을 말해 준다. 예로부터 가족을 '식구' 혹은 '식솔'이라고 표현했듯이, '한솥밥', '한솥차'를 먹고 마시는 일이 가족의 일체감 조성에 얼마나 중요한 것인지 알 수 있다. 가족에서 시작하여 직장, 학교 등에서 차례를 통하여 화합하고, 더 나아가 국민적 화합으로 승화시킬 수 있다.

넷째, 한민족의 긍지와 자랑은 무엇인가? 전통적 예의문화라고 할 수 있다. 한국은 동방예의지국(東方禮儀之國)이었다. 혹자는 중국을 잘 섬겼다는 사대주의적 관점에서 한국을 과소평가하는 것으로 주장하지만, 유교가 전래되기 전인 고조선 시대부터 우리는 조상을 잘 섬기고 정절 있는, 예의가 밝은 군자지국(君子之國)이었다. 반만년 역사 가운데 조선 500년은 예를 토론하고 연구하여 완성시킨 기간이라 해도 과언이 아니다. 어느 국가, 어느 민족이 이처럼 예를 밝히려 하였던가.

다도는 외화를 절약하고 국민정서를 순화시켜줄 뿐만 아니라 국민적 화합을 도모하고 예를 꽃피우는 데 가장 훌륭한 지름길이 될 것이다. 한국다도의 의식과 예절을 잘 복원하고 재정립하여 생활에 도입하고 활용해야 한다. 그리고 후손에게 계승하기 위해 전력을 다해야 한다.

03. 차에 인간을 고결하게 하는
천성이 있다

1. 경건한 차 생활이 우리에게 주는 것

예부터 우리는 손님 대접에 여간 정성을 쏟지 않았다. 잠시 예고 없이 들른 손님에게도 차 한 잔이라도 대접 못하면 섭섭히 여기는 게 우리의 미풍이었다. 녹차가 아직 보편적으로 습성화되지 않은 편이지만, 그래도 우리 생활 속 깊숙이 배어 있는 녹차를 놓고 차 생활에 대해 생각해 보고 싶다.

흔히 '녹차' 하면 대접하는 쪽이나 받는 쪽 모두 약간 정성이 부족한 것같이 느낄 수 있다. 그러나 녹차가 우리 생활에 주는 영향을 보면 깜짝 놀랄 만하다. '쓰고 떫은 녹차가 무엇이기에' 하고 의아해할 수 있지만, 차야말로 인간을 생각하게 하는 고고한 천성을 지니고 있다.

차나무는 원래 아무 곳에서나 자라지 않고, 상록수이며, 이식이 어렵고, 꽃이 피고 난 후 많은 종자를 맺으며, 잎에 향이 은은하고 깊이 있으며, 인체에 이롭고 오미(五味)를 갖추었다.

이는 자기 위치를 아는 것, 변절하지 않는 것, 지조가 굳은 것, 번영하는 것, 인간의 오식(五識)과 관계가 있어 우리들의 사고력을 일깨워 주는 것과 통한다.

다섯 가지를 살펴본다.

첫째, 인간의 근본 생명체는 평등하지만, 살아가는 과정에 어른이 계시고 스승이 계시며 윗사람이 계시고 손아래가 있다. 각자 자신이 어떤 위치에 있는지를 잘 헤아려 비굴하지 않게 자리매김해 간다면 사회질서가 원만히 이루어진다.

둘째, 배신하지 않는 것. 이것은 인간의 가장 훌륭한 점이다. 이용만 하고 앞에서는 그런 척하다 돌아서서는 딴 짓을 한다면 금수와 다를 바가 무엇이며 인간의 위치를 어찌 운운하겠는가.

셋째, 부부간이나 형제간, 친족 간, 이웃 간에도 지조를 지킬 줄 안다면 우리는 발전하고 무궁하게 번영하는 민족이 될 것이며 지도적인 민족으로 발전하리라 확신한다.

넷째, 우리는 기필코 번영하는 민족이 되기 위해 부지런하고 성실해야 될 시점에 와 있다.

다섯째, 우리의 안이비설신(眼耳鼻舌身)이라는 오식의 소양을 높이자는 것이다. 이는 오미로도 비유하여 쓰고 떫고 달고 향내 나는 등으로 표현된다. 다시 간이 맞으니 바로 우리의 중정(中正)한 인생사이기도 하다. 우리는 괴로워도 참으면서 성장해야 하고, 달다고 마시고 쓰다고 버리지 않는 바탕을 잘 다듬어야 되겠다.

차를 마시기 시작한 것은 신농씨가 농사를 관장하기 위해 이 세상에 온 태고부터라고 한다. 처음에는 약으로 마시다가 주공(周公) 때 이르러 세상에 널리 알려지면서 차 구실을 하게 되었다. 우리나라에서는 왕가에서 신에게 바치는 의식으로 올렸고, 선비 가정에서는 조상을 받드는 차례에 올리면서 많은 이들, 특히 학자들이 즐겨 마셨다. 그러나 서민층에는 충분히 보급이 안 되어 미약하게 이어져 왔다.

학자들이 즐겨 마셨다는 것은 그들이 차의 천성에 공감했기 때문이 아니겠는가. 우리가 차를 다룰 때는 모든 예의범절 갖추기를 원칙으로 삼되, 차 정신이 몸에 뱄을 때는 어떤 식으로 마시든 자연법칙에 감사할 줄 알게 된다.

우리는 예로부터 군자지국 또는 동방예의지국이라는 말을 들어 왔다. 그리고 예의는 대인관계의 가장 발달된 전형이다. 다과를 나르는 것은 품위 있고 아름다운 전통 미덕의 기본을 살리는 일이므로, 이는 천리(踐履)이며 우리 자녀에게 무언중에 교훈을 주는 가정교육이 된다.

2. 초의선사 '혼자 마시는 차는 신'

우리는 유교에 대해 잘 알지 못한다. 그러나 일상생활 하나하나가 도의 자리일 것이다. 불교에서 위의랑불법(威儀卽佛法)이라고 했듯 행주좌와(行住坐臥) 이것이 바로 예의범절로 잘 다듬어질 때 가정, 이웃, 마을 그리고 국가가 올바르게 자리를 잡으리라 믿는다.

초의선사가 '혼자 마시는 차는 신(神)'이라고 했듯이, 이미 몸가짐이 갖추어진 귀빈의 상태에서는 누가 보든 말든 우선 자기가 보고 있고, 하늘이 내려다보고 있으니 짐승의 먹이로 타락할 수는 없는 게 아니겠는가. 이거야말로 차를 다루는 자세이고, 미와 덕을 갖추는 지름길이며, 다인들이 흔히 얘기하는 적청화경(寂淸和敬)이다.

'적'은 고고한 천성을 갖춘 차를 마실 때는 조용해야 된다는 것으로, 조용해야만 사고력을 키울 수 있다는 뜻이다.

'청'은 다기나 방안을 깨끗이 해야 한다는 것이다. 다엽은 예민하여 사소한 냄새도 먼저 흡수하기 때문에 깨끗하지 않을 때는 옳은 차맛을 느낄 수 없다.

'화'는 화목하고 한결같은 마음으로 앉아 다향을 즐기는 지금 이 순간이야말로 영원히 다시 오지 않기 때문에, 소중히 서로를 아끼며 화기애애하게 시간을 보내야 한다는 것이다.

'경'은 다실뿐 아니라 차를 마시는 동안에는 무엇이든 소중히 여겨야 한다는 것이니, 손님은 물론 물 한 방울, 차 한 톨, 분위기까지 모두 소중히 여기고 경건한 마음으로 대하자는 것이다.

우리는 지금 지식 교육에만 급급하다 보니 가정교육이 소홀해진 것이 사실이다. 그렇다고 당장 이래라 저래라 하다 보면 부모와 자식 사이가 점점 멀어지게 된다. 우리는 차 생활에서 시작하여 서서히 차 정신을 심으면서 내 가정, 이웃, 동네, 사회, 나아가 국가까지 적청화경의 정신으로 정화해 가야 한다. 그렇게 된다면 그야말로 차로 이룰 수 있는 큰 미덕이 될 것이다.

차를 탕에 부어 우려내야 차 구실을 한다. 이 물은 결숙(結熟)에서 경숙(經熟)으로 거쳐야 비로소 차를 우려낼 수 있다. 처음 결숙에서는 100도로 고르게 익혀야 하고, 경숙(뜸을 들인다)에서 약간 식어야 적당하다.

이를 우리의 감정에 비유하면, 결숙은 어디까지나 감정에 솔직해야 하지만 마음으로 뜸을 들이지 않고 바로 직언을 하면 누군가가 상처를 입게 마련이다. 그러므로 뜸을 잘 들여 다시 80도로 식혀 행하자는 것이 차가 주는 교훈이다.

3. 때가 되면 역할을 다하는 소중한 다기

다음은 간(間)이다. 음식을 조리할 때 간을 잘 맞출 줄 알면 솜씨가 좋다고 한다. 다실의 분위기, 물의 익힘, 차와 물의 양적 배합이 잘 이루어져야 짜거나 싱겁지 않은, 간이 맞는 좋은 차를 대접할 수 있다.

오랜 차 생활의 수련을 통해서 얻는 것이 가감(加減), 불교의 혜안(慧眼), 평등성지(平等性智)이다. 현대적으로 말하면 감(感)으로 얻는 직관지(直觀知)이다. 앞서 말했듯, 차의 간이 상징하는 것은 인간생활에서 시(時), 공(空), 인(人) 3대 간 맞추기, 즉 우리 생활을 유용하고 짜임새 있게 지내라는 교훈이다.

불기(不器)란 여느 때는 아무 데나 쓰지 않으면서도 필요할 때는 무엇보다도 중요한 역할을 한다. 그래서 우리 자식들이 간혹 말썽을 부린다든가 사회 동료 간에도 원만하지 못하더라도, 쓸모없는 사람은 없는 만큼, 평소에 아끼고 소중히 대하면 남이 못하는 구실을 한다.

다기는 달리 용도가 없지만 아끼고 소중히 다룰 때, 손님 오실 때 제 구실을 한다. 일기일회성(一期一會性), 즉 지금 이 순간이 영원히 돌아오지 않으니만큼 지금 대하고 있는 사람을 다시없이 소중히 여겨야 한다. 이렇게 보면 세상에 일회성 아닌 것이 없다. 다기를 소중히 다루는 태도를 통해서는 무엇이든 다시는 못 본다는 소중함을 기를 수 있다.

심일경성(心一境性)은 차 생활을 하다보면, 감정의 진실과 순화를 거쳐 주체와 대경(對境)의 경계가 없어지는, 즉 주체와 객체가 홀연히 하나가 되는 초월의 상태, 삼매의 지경에 들기도 하는 것을 말한다.

이를 다례일미(茶禮一味)라고 할 수 있다. 주부가 가정과 살림에서 알뜰히 정성을 들이는 것이야말로 훌륭한 생활례가 될 것이다. 다듬어 높인 차 생활이야말로 다신의 경지라 할 수 있다. 다삼매에 이르는 마지막 경지에서는 다도 또는 생활다도이니, 차로서 우주의 법도와 인생의 진리가 여실히 드러나게 된다.

4. 다례법을 익혀 선조 다인들의 차 정신 계승

여러 어른들을 모시고 여성 다례 시범을 보이게 되었다. 시범을 하기 전에, 특히 여성에게 다도를 널리 보급시켰으면 하는 이유를 먼저 얘기하고 싶다.

조물주께서 인간에게 주신 음식물 가운데 가장 신령한 맛을 지니면서 인간 생활의 고락인 오미를 갖춘 것이 차라고 생각한다. 차는 인간에게 복잡한 환경과 잡념을 정화시켜 주는 더 없이 소중한 도구이다. 차를 다루는 그 순간의 심정은 조용하고 순수한 경지에 몰입한다.

이때 대접받거나 대접하는 녹차 한 잔이 우리 목을 적시는 느낌은 실로 모든 물질과 차별을 초월하여 최고의 신성한 사념(思念)에 빠져들게 한다. 어디에도 비유할 수 없는 기쁨을 맛보며, 그 마음가짐이 대대로 선조 다인들이 지녀온 차 정신이다.

사람은 각자 지닌 지식과 소양에 차이가 있다. 의식의 움직임 역시 동일하지 않다. 따라서 차를 생활화한다고 하여 모두 인격이 일률적으로 수양된다고 확언할 수는 없지만, 적어도 인격이 온화해지는 것만은 사실이다. 특히 부녀자에게 정한(靜閑)한 기풍과 순량하고 우미한 숙덕(淑德)을 키우는 요소가 되리라 확신한다.

차를 배우고자 하는 사람이 가장 명심해야 할 사항은 다도란 결코 오락이 아니라는 것이다. 그저 남이 하니까 나도 배워볼까 하는 가벼운 마음으로 달려들면 차의 진미와 진가를 얻지 못한다. 종교적 철리(哲理)와 마찬가지로 다도는 궁극적으로 심안(心眼)을 여는 것이기 때문이다.

또 중요한 것은 절차에 따르는 예의범절이다. 차를 다루기 때문에 필요한 것이 아니라 천리이기 때문이다. 모든 인류가 국적이나 인종, 계급, 관습, 신조의 차이를 초월하여 적어도 자국의 법에 따라야 하듯이, 법 이전에 우리에게는 거역할 수 없는 천리가 있다. 생과 사에 한시도 소홀히 할 수 없는 예의범절, 이것이 천리다.

천리를 역행한다면 선로 없이 기차가 달리는 것과 마찬가지다. 사회 기강과 질서가 무너질 텐데 금수와 다를 바가 무엇인가. 학식 위주의 교육이나 종교적 철리보다 개인의 가정교육에서 기대할 수밖에 없다. 외형상의 질서와 범절이 상호의 사랑하고 존경하는 의사를 전하며, 친하고 화목한 결실을 가져오는 것이 인도의 극치라고 할 수 있다. 또한 예의범절은 시간이 흐르면서 고유의 전통문화를 대대로 계승해 나가게 된다.

5. 근대 서민에 뿌리 내리지 못해 맥 끊겨

탕과 차엽으로 우려내는 신령한 한 잔의 맛이야말로 자연과 사람이 만들어내는 조화의 작품이고 예술이며 다인들을 지탱해 주는 차 정신이다. 이 조화 속에 생활주변이 살아나 자녀에 대한 가정교육이 되리라고 확신한다. 다석에서 오가는 말은 인간의 가장 참되고 아름다운 마음을 주고받는 것이니, 현대병에 시달리는 마음의 해독제가 된다.

그렇다면 전통문화 다도 중에서도 선조의 정신을 지탱해온 차 정신과 범절은 왜 필요한가. 우리의 다도는 의식 다례로서 불가와 선비·사대부 집안으로 계승되어 왔다. 서민들에게 침투해 생활화되지 못하고 특수층에 국한되어 성왕한 양상을 보였다. 차정신과 범절이 서민생활 깊숙이 제대로 뿌리를 내리지 못한 탓에 조선 시대부터 쇠퇴해 이제는 모두 잊은 게 현실이다.

　　21세기를 맞아 또 50대 이상의 분들이 생존하고 있는 이 시점에 우리 고유의 범절과 차 정신을 되살리지 못한다면, 우리는 다도를 자국의 문화가 아닌 타국의 문화로 영영 착각하고 말 것이다. 경건한 마음과 태도를 지니지 않고는 녹차 역시 올바로 다룰 수 없다. 그런 마음가짐 없이 차를 다룬다면 당장 맛부터 달라질 것이다. 녹차 한 잔을 대접하고 대접받는 마음이 서로 일치했을 때 비로소 양쪽 모두 순수한 기분에 젖고, 자신만의 소양을 높이는 시간이 될 수 있다.

　　차 생활이야말로 종교적 철리를 떠나 일상 체험에서 인간의 진실됨을 스스로 깨치게 하여 참됨이 먼 곳이 아닌 일상의 차 생활로부터 얻는다는 오묘한 경지를 체득하게 해준다

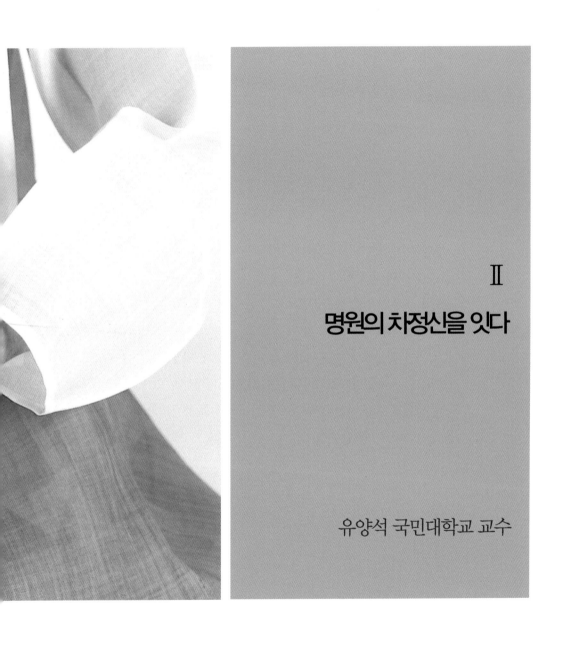

Ⅱ

명원의 차정신을 잇다

유양석 국민대학교 교수

01. 명원 김미희 선생으로 찾아 본 우리 차문화 복원과 부흥의 길

1. 서론

전통문화는 현대 생활방식의 변화로 우리 사회에서 소멸되는 경우가 많다. 역사 깊은 우리 차문화(茶文化)도 크게 다르지 않다. 사라져 가는 전통 차문화를 복원과 부흥의 길로 이끈 우리 차의 선구자가 명원 김미희 선생이다. 우리 차문화는 광복과 함께 '우리 문화 찾기' 운동으로 복원의 길을 걷기 시작했지만 경제적으로 궁핍한 현실에서 많은 어려움을 안고 있었다. 차문화의 비전과 헌신적인 노력이 필요한 시기였다. 초창기 다인(茶人)들의 사명감과 함께 한국 차문화와 전통다례 복원의 길을 이끈 명원 김미희 선생은 우리 차문화의 부활과 대중화의 초석을 놓은 한국 차의 선구자이다.

명원 선생은 1950년대 전통 차문화연구와 궁중다례계승, 1967년 명원다회 설립, 1976년 일지암복원추진회위원회 발족, 1979년 한국 최초 차 학술발표대회 〈한국전통다도 학술발표회 및 생활다도정립발표회〉 개최, 1980년 한국 최초 전통다례발표회 〈한국 전통의식 다례발표회〉로 궁중다례, 사당다례, 접빈다례, 생활다례, 사원다례를 한국 최초로 복원 발표하였다. 〈한국 전통의식 다례발표회〉는 1967년 설립된 명원다회 주최(명원 김미희 회장)와 문

화재관리국 후원으로 개최되었다.[1]

차문화 연구와 다인 육성을 위하여 1982년 국내 최초로 국민대학교에 정규 다도 강의를 개설하고 명원다도연구소를 설립하여 체계적이며 지속적인 차문화 학술연구와 다인 지도자 양성을 도모하였다. 안타깝게도 명원 선생은 1981년 9월 15일 61세로 타계하였다. 차의 기본의식과 예절을 사라져가는 역사 속에서 발굴하여 전통 차문화와 예절의 중요성을 인식시키고 한국 차문화의 대중화를 이끈 차의 선구자로서의 생애였다. 이러한 명원 선생의 공로를 국가가 인정하여 2000년 5월 차의 날에 명원 선생에게 보관문화훈장을 추서하였다. 명원 선생으로부터 시작된 한국의 초창기 차문화 부흥 운동은 현대에 들어 다양한 분야로 확산되었다. 차문화와 다례 교육, 청소년 교육, 예절 교육, 차문화 행사, 차문화 서적 출간, 차 학회와 학술대회, 다기와 다식의 발전, 차 산업 발전, 다인 인구 확산, 차문화의 세계화 등 꾸준한 발전과 결과를 내놓았다.

궁중다례의식은 1954년 순정효황후 윤 씨의 명으로 김명길 상궁으로부터 명원 김미희 선생으로 전수된 후 명원 선생의 차녀 김의정(명원문화재단 이사장)으로 계승되었다. 김 이사장은 2001년 12월 서울시 무형문화재 27호 '궁중다례의식' 보유자로 지정되었다.[2] 김의정 이사장은 차문화의 지도자로서 현대 차문화 부흥과 대중화, 다례교육과 다인 양성, 전통예절과 전통 문화 발전에 앞장서고 있다. 전통 차문화 보급, 우리 전통 문화발전에 기여한 공로를 국가가 인정하여 2011년 정부로부터 옥관문화훈장을 수여받았다. 우리나라 최초로 모녀가 문화훈장을 수훈하는 역사적 기록을 남겼으며 대를 이어 전통 차문화와 다례를 이어가는 한국의 다도 종가를 이루었다.

---

1) 신명호 외, 《조선 시대 궁중다례의 자료해설과 역주》, 민속원, 2008, pp.375~395. / 김의정, 《차의 선구자 명원 김미희》, 학고재, 2010, pp.318~323

2) 신명호 외, 《조선 시대 궁중다례의 자료해설과 역주》, 민속원, 2008, pp.386~393

우리 사회는 경제적 발전과 아울러 도시화, 양극화, 세계화 등 큰 변화를 거쳤다. 다가오는 4차 산업혁명 시대는 확산되는 인공지능과 디지털화로 사회는 물론 개개인의 삶에도 큰 변화를 일으킬 것으로 전망하고 있다. 인공지능의 윤리성·도덕성의 우려가 제기되고 양극화 같은 사회적 갈등이 심화되어 인성의 중요성이 더 확고해질 것이다. 차문화는 우리 민족 정서와 인성덕목을 내재하는 문화로서 앞으로 사회적 중요성이 더 높아질 것이다. 미래를 준비하고 우리 차문화가 더욱 큰 발전을 이루기 위해서는 우리 선조 다인의 신념과 차문화 발전 과정을 이해하는 것이 중요하다. 미래의 지속적인 발전을 위하여 어려운 시대와 사회에서 우리 차문화의 부흥을 이룬 명원 선생의 신념과 전통다례 계승의 관점과 체계를 찾아본다.

2. 차문화의 국가적 · 민족적 중요성 인식

명원 선생은 차의 정신을 일찍부터 중요시하였다. 우리 민족의 얼을 반영하는 선조 다인의 마음가짐을 후손에게 이어가야 한다는 시대적 사명감을 갖고 있었다. 명원 선생은 차정신을 다음과 같이 기술하고 있다.

차는 인간에게 복잡한 환경과 잡념을 정화시켜주는 더 없이 소중한 도구다. 차를 다루는 그 순간의 심정은 조용하고 순수한 경지에 몰입하며 차를 준비하고 대접하는 마음가짐이 대대로 선조 다인들이 지녀온 차정신이다.

현실적으로 멀어져가는 우리 차문화에 대한 안타까움이 일생을 바쳐 차문화를 복원하겠다는 결심으로 이어진다. 한 여인의 차에 대한 사랑이 차의 볼모지나 다름없는 우리나라에 새로운 찻잎을 움트게 하는 결과를 이루게 한다. 명원 선생은 당시 우리의 차문화 현실을 이렇게 회상한다.

여기저기에서 편편(片片)의 자료를 모으다가 우리 조상들도 훌륭한 차문화를 꽃피웠던 때가 있었음을 알게 되었다. 그렇게 잃어버렸던 소중한 문화를 어떻게 해야 지금 우리가 다시 접하게 될까? 아니 지금 우리의 생활에 다시 쓰이게 될까? 하는 안타까움이었다. 그렇다! 내가 평생에 부처님께 분에 넘치는 자비를 받은 것은 돌아보면 다 이웃과 민족에게 많은 사랑의 빚을 진 것이매 어떻게 탕감하랴! 내 여생에 이 조그마한 힘이나마 소중한 우리 다문화를 캐어 갈고 닦아 이웃과 후손에게 전해주리라. 몸과 마음을 다하기로 작정하였다.

그리고 사라져가는 전통문화를 보존하고 이어가기 위해서는 생활문화인 차문화만이 우리 조상의 정서를 가까이 실행하며 보존할 수 있다고 생각하였다. 상대를 존경하며 배려하는 마음을 기본으로 삼고 예절을 생활화하는 사회를 차로서 이룰 수 있다는 믿음이 담겨 있다.

흔히 우리 전통의 것이라면 박물관이나 민속촌에나 있는 것이고 특별한 장소에서나 들을 수 있고 볼 수 있는 것이라고 생각한다. 유리관 속에나 무대 위에서나 브라운관 속에서밖에 찾을 수 없다면, 피부로 느끼고 생활하고 친해지려 하지 않는다면, 전통 문화를 자연 우리 곁에서 한 발 두 발 멀어지게 된다. 그렇다면 사회와 가정의 한 부분이라도 우리의 것을 만지고 느끼고 가꾸는 보루(堡壘)가 만들어져야 할 것이다. 나는 그것이 반드시 조상이 남겨 놓은 다도(茶道)라고 자신 있게 이야기할 수 있다. 한 문화의 가장 기층(基層)은 식생활 문화이다. 먹고 마시는 생활이 일상생활에 얼마나 중요한 일인가?

명원 선생의 차의 관점은 화랑들이 차(茶)로서 심신을 갈고 닦으며 국가를 일으킨다는 범민족적인 정신과도 비유할 수 있다. 점점 찾기 힘든 한국 고유의 사상과 예절을 우리 차와 다례로 생활화하고 그 생활 속에서 바른 마음을 찾고, 바른 가정과 사회를 이루어 나라를 발전시키고자 했다. 명원 선생에게는 차와 차문화 부흥이 곧 국가와 민족의 발전이었다.

다선(茶禪)에서 우리 전통문화(傳統文化)를 찾으려는 운동(運動)은 가장 근본적(根本的)이며 아울러 자연스럽고 또한 필연적인 일이 아닌가?

명원 선생이 갖고 있던 우리차문화의 정서적, 국가적 중요성을 여러 문헌자료에서 찾을 수 있다. 《명원다화》에 수록된 '다인의 정신적 자세', '차에 대한 마음가짐', 《한국전통차문화자료전(韓國傳統茶文化資料展)》에 기재된 '차 생활의 역사적 발자취'와 함께 '차 한 잔의 정성', '한국의 생활다도', '한국 다도의 의식과 예절' 등의 문헌 속에서 명원 선생의 차에 대한 관점을 다시 찾아볼 수 있다.

3. 차문화 부흥의 필요성

한국 차문화 부흥의 필요성을 명원 선생은 네 가지로 제시하였다. 깨끗하고 화목한 사회, 한마음으로 단합하는 국민, 참다운 우리 전통문화의 계승, 우리 차 산업의 발전이었다. 차와 차문화로서 우리 생활을 정화하며 서로가 이해하고 협력하는 사회를 이루며 경제적 부흥을 이루는 일이다. 명원 선생이 제시한 한국 차문화 부흥의 필요성은 다음 네 가지이다.

첫째, 국민의 감정을 순화(純化)시켜 주는 매개체(媒介體)가 필요하다. 우리의 생활 양식은 시대적으로 급격히 변화하여 산업 사회가 고도로 전문화되어 가고 있는 것과 병행하여, 국민감정은 소위(所謂) 현대병이라 하는 파생

된 불안, 초조 등을 보편적으로 안고 있다. 술이나 담배는 감정을 정화시켜 주는 것이 아니라, 오히려 대중을 더욱 감각적으로 일시적 향락(享樂)주의에 몰두하게 한다. 이때 우리는 국민의 감정을 순화시키고 정화(淨化)시키는 매체를 찾아야 할 필요가 있다.

둘째, 국민에게 일체감(一體感)을 줄 수 있는 요소가 필요하다. 사상적, 종교적으로 사분오열(四分五裂)되어 가는 가치적(價値的) 혼돈(混沌)의 상황에서 국민의 일체감에도 균열(龜裂)이 생길 우려가 있다. 세대적으로도 전통적인 세대와 일제 식민지 교육을 받은 세대와 현대 교육을 받은 세대가 다 제각기 존립하고 있는 실정에서 일체감과 화합 감을 주는 구심적(求心的) 매개체가 요청된다.

셋째, 참다운 우리의 정신적인 전통문화의 계승발전이 아쉽다. 골동품을 무작정 수집하고 문화재를 보존하며, 탈춤을 유행시키고 고분을 발굴한다고 하여 그것이 우리 민족의 전통문화를 다시 재창조하는 전부는 아니다. 그 이면(裏面)에 있는 민족 고유의 정신적, 도덕적 가치의 문화를 발굴하고 재정립하는 것이 필요하다.

넷째, 차를 마시는 것이 일반화되었다. 어느 곳에 가나 옛과 같이 청정수를 이제는 찾을 수 없고, 도리어 환경오염으로 물을 끓여 마시지 않으면 안 되는 현실이다. 그래서 식후(食後)에도 냉수보다는 차, 특히 커피를 마시는 것이 보편화된 생활양식으로 변해가고 있는데, 거리에 즐비한 다방도 대중화된 커피 음용(飮用)의 좋은 증거라 할 수 있겠다. 이런 상황에서 일상적으로 음용되는 차를 전혀 외국의 것만으로 방치할 수는 없다. 그러므로 외국 차를 수입함으로써 발생하는 막대한 외화손실을 방지하여야겠다. 좋은 양질의 차를 생산하여 농촌의 수익 증대를 꾀하고 외화의 절약을 도모할 수 있다면 얼마나 다행한 일일까? 다원(茶園)의 조성과 차 생산도 적절히 개발하여 남녘의 산마다 품질 좋은 다수(茶樹)를 재배해야 한다. 동네마다 좋은 차를 생산할 수 있게 개발, 노력하여 오히려 양질의 차를 외국에 수출할 수 있도록 해야 할 것이다.

'차문화의 재흥과 다도로서 국민감정을 순화시켜 주고, 국민적 화합을 이루며, 한국의 정신적인 전통성을 찾고, 국민적 차원의 좋은 사업을 이룰 수 있다. 차문화를 복원(復元)하고 재정립하여 우리의 현재 생활에 적절히 도입 활용하며, 아울러 우리 후손들에게 잘 계승시켜야 한다'는[3] 명원 선생의 의지는 현대 차문화 부흥 운동의 기본 틀을 이루게 된다.

4. 전통 다례 계승과 차문화 대중화와 세계화

김의정 이사장은 명원 선생을 도우며 김명길 상궁을 비롯한 여러분들의 뒷바라지를 해야 했다. 그 경험은 궁중다례의 계승 그리고 한국전통문화와 예절의 발전으로 이어졌다. 김 이사장이 김명길 상궁을 처음 만난 것은 부산 피난시절 첫 인연이 되었다. 중학생 시절 서울 삼선교 인근에 있을 때 어머니인 명원 선생을 따라 가끔 인수재를 찾아갔다. 그곳에서 김 이사장은 윤황후와 김명길 상궁을 비롯한 조선 시대 상궁들을 만날 수 있었다. 그 이후 70년대 중반부터 80년대 초반까지 꾸준히 명원 선생의 조력자로서 역할을 하였고, 1990년 명원 선생을 기리며 각종 기록을 담은 《명원다화》를 출간하였다. 명원문화재단은 우리나라 다인을 육성하며 우리 차의 생활화와 세계화를 이루기 위해 다양한 노력을 기울이고 있다. 김의정 이사장의 전통차문화와 전통문화 보급 발전을 위한 헌신적 공로를 국가가

---

3) 金美熙, 《茗園茶話》, 1991, p.112

인정하여 2011년 옥관문화훈장을 수훈하게 되었다. 우리 차의 발전을 위한 2011년 우리차 두 배 마시기 운동에 이어 우리 차 산업의 새로운 발전의 기반이 되는 차산업 발전 및 차문화 진흥에 관한 법률 통과를 위한 추진위원회를 조직하여 100만인 서명운동을 벌이기도 했다. 차산업 발전 및 차문화 진흥에 관한 법률은 2016년부터 시행되어 우리 차산업과 문화의 새로운 도약이 기대되고 있다.

1) 우리 차와 차문화 교육

명원 선생이 복원한 전통다례는 선생의 차녀인 김의정 이사장에게 이어져 (재)명원문화재단에서 교육하며 보급, 전파하고 있다. 명원문화재단은 다례의 기본 과정부터 한국전통다도예절 지도자 교육까지 다인과 명인을 육성하고 있는 다례교육기관이다. 또한 국가가 지정한 차문화산업 교육훈련기관이며 전문인력 양성기관이다. 명원문화재단은 1967년 명원 선생이 설립한 명원다회를 이어가며 전국과 해외에 있는 지부 운영을 통해 다례교육과 다인 확산에 기여하고 있다. 다인을 위한 전문적 교육과 더불어 현대인의 교양, 건강, 에티켓을 함양케 하는 종합교육을 통해 차문화의 생활화를 이루는 데 일조하고 있다. 국립외교원, 서울특별시 인재개발원, 불교TV 〈다례과정〉(전통예절, 차 마시는 법, 차 고르는 법, 차역사, 꽃 육법공양 등 불교와 차에 관한 전반적인 내용), 서울대학교 보건대학원 보건사회복지 정책과정, 동국대학교 불교대학원, 한국토지공사, 국방대학원, 중앙공무원 교육원, 홀트 해외입양자 성년례 및 다례체험 정규 프로그램, 여명학교(탈북청소년) 전통다례교육 등 다양한 단체와 대중교육에 앞장서고 있다.

다례교육을 위한 각종 저서를 발간하였다. 대표서적으로 1999년《차 알고 마시면 맛과 향이 깊어집니다》, 2004년《명원다례 – 한국다도의 종가 전통다례법》 2005년《명원전집 8권》,《명원다화(1,2,3), 다도초의선사, 다도와 선 그리고 시, 명원다례(1,2)》, 2005년《다선일미》, 2005년《명원생활다례 – 한국다도의 종가 전통

다례법》, 2007년 《차와 더불어 삶》, 2008년 《명원 어린이 다례와 예절》, 2010년 《차의 선구자 명원김미희》, 2011년 《시대를 이끈 휴머니스트, 차의 선구자 명원김 미희 II》, 2014년 《한국 전통 다례와 예절》, 2017년 《다도예절인성교육교과서》 등 이 있다. 다서들 중 《명원생활다례》, 《어린이다례와 예절》, 《차와 더불어 삶》은 한 글 영문 혼용으로 제작된 서적으로 우리 차문화를 세계에 알리고 있다. 또한 '한 국다도의선구자 명원김미희' 국제학술대회를 개최하여 한국 차의 선구자인 명원 선생을 재조명하고 학술적으로 연구하며 차세대 다인들이 명원 선생의 차정신(茶 精神)을 이해하며 이어가도록 하고 있다.

2) 우리 차와 차문화의 생활화와 대중화

우리나라 최고 권위의 차문화상으로 인정받는 명원국제차문화대상은 지난 25 년 동안 이어져오고 있다. 우리 차문화, 학술, 연구 부문의 기여자를 포상함으로 써 우리 차와 차문화의 더 많은 발전을 이루고자 개최된다. 청소년의 다례·인성교 육을 권장하며 차문화의 중요성을 부각시키기 위해 개최되는 국제차문화대전도 25년간 진행하고 있다.

'차례 술 대신 차올리기' 캠페인 등 다양한 차와 다례 행사를 개최하여 우리 차 의 대중화를 위해 노력하고 있다. 1977년 고궁 차문화큰잔치, 2001년 중궁양로의 례재현, 2004년 대한민국 최초 차품평대회, 2004년 하동야생차문화축제, 2006 년 원효대사와 화랑다도 발표, 2007년 한국최초 덕수궁 정관헌 고궁 들차회, 2007년 해남 대흥사 초의선사 동다송비 건립, 2008년 제1회 대한민국 차인대회, 2013년 월드티포럼과 보성차문화축제, 2014년 명원세계차박람회, 2018년 우리나 라 최초 대한민국차패키지디자인대회, 2019년 세계최초 대한민국 茶 인성교육대 회 등 다양한 방면에서 우리 차의 대중화를 위해 앞장서 노력하고 있다.

3) 우리 차와 차문화의 세계화

우리 차의 세계화를 위하여 지난 20여 년 동안 세계 각국과 차문화교류를 이어가고 있으며 해외에 지부를 설립하여 세계인에게 우리 차문화를 알리고 있다. 2000년 교토 국제불교문화교류, 2001년 한중우호 조주선사 기념비, 2003년 하와이 이민 100주년 기념다례, 2006년 한일 차문화교류, 2009년 한아세아정상회담 궁중다례시연, 2014년 세계차박람회, 2016 월드티심포지엄, 2019년 K-Tea Festival 등 다양한 대형행사 개최를 통해 우리 차를 널리 알리고 있다. 세계 주요 차생산 국가와 소비자 국가의 차협회 회장들이 대거 참여하여 우리 차의 특징, 우리 차문화의 전통과 아름다움을 직접 느끼는 행사가 명원세계차박람회이다. 세계차위원회회장, 스리랑카 티보드회장, 영국, 독일, 캐나다, 덴마크, 미국, 말레이시아, 호주 등 여러 국가의 차협회 회장들이 대거 참석하고 있는 국내 유일한 박람회이며, 명원문화재단은 세계적 티네트워크를 갖고 있는 차문화교육기관으로 각국을 대표하는 차단체들과 교류하며 우리 차의 세계적 인지도를 높이고 있다.

5. 결론

한국 차의 선구자 명원 김미희 선생의 차문화 복원 공로는 국가가 인정하여 2000년 5월 차의 날에 보관문화훈장을 추서받았다. 11년 후인 2011년 차녀 김의정 이사장의 전통 차문화와 전통문화 보급 발전의 공로를 국가가 인정하여 옥관문화훈장을 수훈하였다. 모녀가 2대에 걸쳐 문화훈장을 수훈하는 대한민국 역사상 최초의 기록을 남겼다. 명원 선생과 김의정 이사장은 우리 차문화 역사에 차문화 부흥과 전통다례 계승이라는 역사적 공통점을 갖고 있으며 국가가 인정하는 차문화 발전의 공로자들이다. 한국의 근현대 차문화사의 중심에 자리하는 두

모녀의 대를 잇는 우리 차에 대한 사랑, 우리 차문화 발전을 향한 집념, 헌신적인 노력이 오늘날 우리 차와 차문화의 세계적 발전의 동력이 되었다. 오늘날 우리가 누리는 차생활의 즐거움이 명원 선생을 위시한 선고 다인들과 원로 다인들이 남긴 소중한 유산임을 기억하며, 우리 차와 차문화의 번영을 이루는 데 기여한 모든 분들의 숭고한 뜻을 이어가며 더 많은 발전을 이루도록 함께 노력하여야 할 것이다.

02. 한국 차문화와 명원 다인정신

1. 서론

차(茶)는 긴 역사를 거치며 의식과 예절이 수반된 차원 높고 독특한 문화를 갖춘 음료이다. 특히 우리 민족은 차를 제물로 예법을 갖춰 제사를 지냈으며, 화랑들은 차를 마시며 예(禮)를 지켰고, 사원에서는 차를 공양으로 올렸다. 우리 선조들은 차와 함께 풍류를 찾았으며 궁중에서 차 의식은 오례(五禮) 의식으로 진행되었다. 다례(茶禮)라는 우리나라 고유의 차 의식은 《조선왕조실록》에 600번 이상 기록되어 있고, 우리 선조 다인들은 많은 다시(茶詩)를 남겼다.

차문화는 조선 시대의 억불숭유(抑佛崇儒), 임진왜란 등 여러 수난과 함께 일제 강정기라는 우리 문화 말소의 시기를 걷게 된다. 광복과 함께 우리 문화 찾기 운동으로 차문화는 부흥의 길을 걷기 시작한다. 초창기 다인들의 사명감과 함께 한국 전통 다례 복원의 길을 이끈 명원 김미희 선생은 1979년 9월 6일 한국 최초 '한국 전통 다도 학술발표 및 생활다도 정립발표회'를 기반으로 1980년 12월 3일 세종문화회관 대회의실에서 '한국 전통다례의식 발표회'라는 한국 최초 전통다례 발표회를 가졌다. 이는 차의 기본의식과 예절을, 사라져가는 역사 속에서 발굴하였다는 데 큰 뜻이 있다.

명원 선생은 우리 전통 다례의 정립뿐만 아니라 선조 다인들의 다인정신의 이해와 계승을 중요하게 생각하였다. 삼국시대 우리 차문화 정착기 시대의 화랑들은 차를 생활의 기본으로 하여 통일 신라라는 큰 업적을 남겼으며 삼국 고려 조선의 선조 다인들은 우리 민족의 정신적 지도자 역할을 하였다. 다성(茶聖) 초의 선사(草衣禪師, 1786~1866)를 비롯하여 삼국시대 화랑, 원효대사, 고운(孤雲) 최치원, 고려 시대 백운거사(白雲居士) 이규보, 포은(圃隱) 정몽주, 목은(牧隱) 이색(李穡), 조선 시대 율곡 이이, 다산 정약용, 추사 김정희 등이 우리 선조 다인들을 대표하고 있다. 선조 다인들의 정신적 지도자 역할을 고려할 때 이들의 다인정신을 이해한다는 것은 우리 민족정신을 이해한다는 큰 뜻이 있으며 차 생활의 새로운 의미를 부여한다.

명원 선생은 선조 다인정신을 국가적이며 민족적인 관점에서 연구하였는데 이런 관점을 명원 선생이 남긴 여러 문헌자료에서 찾을 수 있다. 《명원다화》에 수록된 '다인의 정신적 자세', '차에 대한 마음가짐', 《한국전통차문화자료전(韓國傳統茶文化資料展)》에 기재된 '차 생활의 역사적 발자취'와 함께 '차 한 잔의 정성', '한국의 생활다도', '한국 다도의 의식과 예절'이 대표적 자료이다. 선조 다인정신의 연구를 기반으로 명원 선생은 우리 다인의 정신적 자세를 청정(淸淨), 검덕(儉德), 중화(中和), 예경(禮敬)이라 하였다. 다인정신은 우리 차가 갖고 있는 특유한 철학과 문화적 의미를 표현한 것으로 우리 차문화 기반을 형성하는 중요성을 갖고 있다.

2. 다인정신과 우리 고유사상

명원 선생은 선조 다인들의 사상을 유·불·도(儒·佛·道) 사상을 기본으로 하는 우리의 고유사상이라 하였다. 명원다화의 기록을 보면 '우리 한국사상이 바로 인(仁)을 중심으로 홍익인간(弘益人間)의 사상이고 인내천(人乃天) 사상이며 모든 것이 인(仁)으로 돌아가며 모든 12개 종파가 하나로 모이는 원효(元曉) 사상이 되는 것이다'라고 언급하였다. 화랑들이 차로서 심신을 갈고 닦으며 국가를 일으키는 지름길로 삼았던 것은 우연한 일이 아니었으며 삼국시대 우리 차문화 초창기에 화랑과 원효 대사가 차를 생활의 기본으로 하였다는 것은 차문화뿐만 아니라 우리 민족문화에도 큰 의미가 있다. 화랑정신과 원효사상과 함께 선조 다인들의 차의 정신을 이해하는 것은 우리 차문화를 바로 이해하는 것이며 우리 선조 다인정신을 계승한다는 큰 의미가 있다.

1) 화랑의 차문화와 풍류도

삼국시대 화랑제도가 생긴 것은 진흥왕 37년(576)이다. 화랑정신을 상징하는 화랑도는 '풍류도', '풍월도'라고도 표현되며 심화된 우리 민족사상과 주체성을 상징한다. 고운 최치원(857~)이 쓴 〈난랑비서문(鸞郎碑序文)〉에 의하면,

> 우리나라에 깊고 오묘한 도(道)가 있다. 이를 풍류라 한다. 이 교(敎)를 설치한 근원은 선사(仙史)에 상세히 실려 있거니와, 실로 이는 삼교(三敎)를 포함한 것이요 모든 민중과 접하여서는 이를 교화하였다. 집에서는 효도를 하고 나아가서는 나라에 충성을 다하는 것이 공자의 교지(敎旨)와 같다. 자연의 뜻을 따르며 말없이 실행하는 것은 노자의 교지(敎旨)와 같다. 모든 죄를 범하지 말고 모든 선행을 힘쓰는 것은 석가의 교화(敎化)와 같다 [4]

화랑도, 풍류도는 공자(孔子), 노자(老子), 석가(釋迦)의 가르침을 포함하고 선조 시대부터 있었던 우리 삶의 기본정신이다. 풍류도는 유교의 본질, '자기를 극복하고 예로 돌아간다', 도교(道敎)의 본질, '사심 없이 자연의 법도에 순응한다' 불교의 본질, '일심의 근원으로 돌아간다'는 가르침을 함께하여 실로 우리에게 사람다운 삶을 이루게 하는 우리 민족의 얼이다.[5] 우리 배달민족의 고유한 삼성과 이념 곧 얼을 담고 있기 때문에 그 기원은 삼국시대에서 배달 임금 단군 때까지 올라가는 것으로 인정해야 할 것이

---

4) 〈난랑비서문〉, 《삼국사기》, 진흥왕 37년
5) 유동식, 《풍류도와 한국의 종교사상》, 연세대학교 출판부, 1997, p.49

다. 풍류도를 삶의 기본으로 한 화랑은 우리 민족고유의 신앙과 전통을 토대로 한 현 묘하고 심원한 도를 삶에 반영하여 어느 종교적 편견에 사로잡히지 않고, 우리나라 주 체성 유지에 결속시켜 강력한 애국운동, 민족운동으로 발전했다.[6]

임신서기석(壬申誓記石)에 의하면 화랑들이 시, 상서, 예기 등을 공부하고 가락 (哥樂)을 즐기며 삼교의 가르침에 통달한 도리를 지닌다고 하였다. 화랑들이 가는 곳마다 차를 마시고 권면하며 독목을 쌓았는데 그런 소심은 차에서 나와 군자행, 곧 정행검덕(精行儉德)을 수행하는데 큰 힘을 주었다고 보며 묘련사(妙蓮寺)의 석지 조(石池竈)나 한송정의 다천(茶泉), 석구(石臼) 등으로 미루어볼 때 차도 간혹 마신 것이 아니라 일상적으로 마셨음을 알 수 있다.[7] 화랑들의 깊은 차 생활은 풍류정신 과 정행검덕(精行儉德)의 표현이라는 큰 뜻이다.

2) 원효사상

여러 종파 불교의 진리를 포괄적으로 수용한 원효대사는 불교학은 물론 유가(儒 家)와 도가자(道家者)에 이르기까지 광범한 학문을 닦는 수행자였으며 널리 알려진 삼국시대의 다인이다. 《남행일월기(南行日月記)》에는 사포스님이 원효대사에게 차를 달여 드리려 하였으나 돌산 높은 곳이라 생수(生水)가 없어 고민하던 가운데 갑자기 바위틈에서 물이 솟아나 차를 달여 드렸다는 문장이 있다. 다인들에게 많이 알려진 이 문장은 원효대사의 깊은 차 생활을 알리고 있다.

'원효대사의 염정불이 진속일여(染淨不二·眞俗一如), 즉 더럽고 깨끗함이 둘이 아 니고 진리의 길과 세속의 길이 본래 같다는 이해는, 진리의 근원인 우리들 일심(一心) 의 통찰에서부터 나온다는 가르침인데 원효사상을 일심사상(一心思想), 화쟁사상 (和諍思想) 무애사상(無碍思想)이라고 부른다. 일심사상은 귀일심원(歸一心源: 일심

---

6) 정두병, 《화랑도》, 홍익 출판사, 1991, pp.11~14

7) 류건집, 《韓國茶文化史 上》, 도서출판 이른 아침, 2007, p.74

의 원천으로 돌아가는 것)을 궁극의 목표로 설정하였다. 화쟁사상은 어느 한 종파에 치우치지 않고 조화를 중요시하는 것이며 무애사상은 걸림이 없는 마음으로 평온을 찾는 자유는 태연하기가 허공과 같고 잠잠하기가 오히려 바다와 같으므로 평등하여 차별상(差別相)이 없다라는 뜻이다.[8] 즉 우리 생활에서 편견과 집착을 인식하고 제 거해서 중도(中道)를 관찰하는 것이 바른생활을 이어가는 것임을 제시한다.

화랑과 원효대사는 우리 차문화의 초창기 다인으로서 우리 차문화의 정착과 함께 우리 고유 사상인 풍류도와 원효사상을 연관짓고 있다. 즉 우리 차문화와 다른 나라의 차문화 사이에는 기본적인 차이점이 있다는 데 큰 의미가 있다.

3) 선조 다인사상

여러 선조 다인의 발자취를 찾으면 선조 다인들은 승려, 학자, 관리 등의 직책을 떠 나 불가, 유가, 도가 가르침의 실행과 인생의 낙을 풍류로 하는 삶이었다. 신라 시대의 고운 최치원은 유학자로 자처하면서도 불교에도 깊은 관심을 가져 승려들과 교류하고, 불교관계의 글들을 많이 남겼으며 도교와 노장사상(老莊思想)·풍수지리설(風水地理 說)의 글을 많이 남겼다.[9] 바람과 함께하는 풍류의 생활을 이어갔던 고운 최치원이 바 로 화랑과 풍류도를 언급한 난랑비서문을 쓴 것은 우연이 아닐 것이다. 어머니께 차를 보내는 효(孝)의 정신은 널리 알려진 최치원 선생의 차의 일화이다.

고려 시대를 대표하는 선조 다인 이규보, 정몽주, 이색의 정신을 찾아본다. 백운 거사 이규보는 유가, 불가, 도가에 능통하였다. 장자(莊子)의 무하유지향(無何有之 鄕: 세상의 번거로움이 없는 허무자연의 樂土)의 경지를 동경하며 호를 백운(白雲)이 라고 지었다. 이규보 선생의 많은 다시는 차와 함께하는 삶의 순박함을 찾을 수 있 다. 그는 이권에 개입하지 않은 양심적이고 순수한 마음[10]을 지닌 풍류와 청정의 삶 이었다. 포은 정몽주의 단심가(丹心歌) '이 몸이 죽고 죽어 일백 번 고쳐 죽어, 백골

---

8) http://wonhyo.buddhism.org/wonhyo/wonhyo.htm, 원효대사
9) 한국역대인물종합정보시스템, 한국학 중앙연구원
10) 한국역대인물종합정보시스템, 한국학 중앙연구원

이 진토 되어 넋이라도 있고 없고, 님 향한 일편단심이야 가실 줄이 있으랴'[11]는 우리 민족의 충절 사상을 대변하고 있다. 목은 이색은 50여 수의 다시를 남겼고 차의 진미를 터득한 차인이었다. 점다삼매(點茶三昧)의 경지를 그의 시에서 찾을 수 있으며 차의 모든 것이 세속을 씻어내고 심신의 막힌 것을 없애주었다. 차를 마시는 것은 평상심으로 돌아가니 코로는 향기 맡으며 혀로는 감로의 맛을 보고 눈으로 나쁜 것을 보지 않으니 마음은 저절로 사악함이 가시고 맑아진다 하였으니 이것이 자기를 바르게 하는 것이라고 보았다.[12]

다성 초의선사와 함께 율곡 이이, 다산 정약용, 추사 김정희는 조선 시대를 대표하는 다인들이다. 율곡 이이(李珥)는 조선 중기의 사상가이며 교육자·애국자로 유비무환(有備無患), 보국안민(輔國安民)의 정신과 함께 무실역행(務實力行)을 강조하여 인간성의 평등과 인격의 존엄을 중시하기도 한 사상가이다.[13]《격몽요결(擊蒙要訣)》이라는 책에 차례(茶禮)에 관한 언급이 있다. 즉 전통적인 제사상에도 차가 오르는 풍습을 말해주고 있다. '제의초(祭義抄)'의 기록에서 시제(時祭)와 기제(忌祭)의 의식에 차를 올리는 풍습이 있다'고 전하며 이를 권장하고 있다.[14]

다산 정약용 선생은 우리나라의 대학자로 초의선사와 함께 조선 시대를 대표하는 다인이다.《목민심서(牧民心書)》등 여러 저서로 백성을 위한 새로운 사상과 개혁을 주장하였다. 다산의《아언각비(雅言覺非)》에 의하면 '우리나라 사람들이 차(茶)라는 글자를 마실 것으로 인식하여 강차, 귤피차, 모과차로 말하는 것은 잘못이다. 남쪽 여러 고을에서 산출되는 차는 매우 좋아서 차를 수출하며 나라의 쓰임을 넉넉하게 하기에 족할 것이다'라고 말할 정도로 차에 깊은 조예를 갖고 있었다. 단순히 차를

---

11) 정몽주, 포은집《圃隱集》
12) 류건집,《韓國茶文化史 上》, 2007, pp.244~251
13) 한국역대인물종합정보시스템, 한국학 중앙연구원
14) 천병식,《역사속의 우리 다인》, 도서출판 이름아침, 2004, p.125

음료로만 생각한 것이 아니라 국가적 경제 가치로 생각하였다.[15] 차를 마시는 백성은 반드시 흥한다고 역설하였으며 다신계(茶信稧) 등 국민들의 대중운동을 시도하였다.[16] 마음의 평화로움과 삶의 여유를 초당에서 차와 함께 보여주었다.

　추사 김정희는 단순한 예술가·학자가 아니라 시대의 전환기를 산 신지식의 기수로서 새로운 학문과 사상을 받아들여 조선왕조의 구문화 체제로부터 신문화의 전개를 가능하게 한 선각자로 평가된다.[17] 추사의 차 생활은 초의선사에게 보내는 차에 관한 여러 편지와 글로 많이 기록하고 있다. '참선과 차 끓이는 일로 또 한해를 보냈다', '명선(茗禪)'[18] 등은 차와 선(禪)이 생활의 기본이었던 학자의 삶을 볼 수 있다.

　다성 초의선사는 조선 후기 대선사(大禪師)이자 한국 다도의 중흥조(中興祖)이다.《다신전(茶神傳)》과《동다송(東茶頌)》으로 우리 차와 차문화 부흥을 이루었으며 우리 차의 고유성을 알리고 보존하는 데 큰 업적을 남겼다. 선과 교(敎)뿐만 아니라 유교와 도교 등 제반 학문에도 조예가 깊었고 범서에도 능통했다.[19] 선사상(禪思想)의 '평상심시도(平常心是道)', 바른 마음가짐과 바른 조화를 강조한 중정(中正)의 중요성을 후세 다인에게 남겼다.

　명원 선생은 선조 다인의 역사적 중요성과 정신적 지도자 역할을 관찰하여 차라는 매체를 국가적, 민족적 관점으로 접근하였다. 그런 역사적 중요성을 상기하여 '그렇기 때문에 차에 대하여서도 앞으로 다시 새롭게 보아야 하고 교양의 대상으로 연구하여야 할 것이다'[20]라고 지속적인 연구를 제시하였다.

15) 김명배, 〈茶道學論攷〉, 대광무화사, 1999, pp.218~219
16) 김의정, 《명원다화》, 하늘 숲. 2005, p.95
17) 한국역대인물종합정보시스템, 한국학 중앙연구원
18) 정영선, 《다도철학》, 다생활총서, 너럭바위, 2000, pp.41~43
19) 통광역주, 《草衣茶禪集》, 불광선문총서 7, 불광출판부, 2001
20) 金美熙, 《茗園茶話》, 1991, p.53

3. 차의 천성 [21]

선조 다인들이 말하는 차정신은 기본적으로 차의 천성(天性)을 함께하는 것이라고 볼 수 있다. 차의 천성을 이해하는 것은 선조 다인들의 차를 대하는 마음을 이해하는 일이다. 명원 선생은 이렇게 말하였다.

차는 인간에게 복잡한 환경과 잡념을 정화시켜주는 더 없이 소중한 도구다. 차를 다루는 그 순간의 심정은 조용하고 순수한 경지에 몰입하며 차를 준비하고 대접하는 마음가짐이 대대로 선조 다인들이 지녀온 차정신이다.

명원 선생은 차의 천성을 어떻게 보았는가. 차의 천성을 다음과 같이 인간관계에 비교하였다.

'쓰고 떫은 녹차가 무엇이기에'라고 의아해할 수 있겠지만, 차야말로 인간을 생각하게 하는 고고한 천성을 지니고 있다. 차나무는 원래 아무 곳에서나 자라지 않고, 상록수이며, 이식이 어렵고, 꽃이 피고 난 후 많은 종자를 맺으며, 잎에 향이 은은하고 깊이 있으며, 인체에 이롭고 오미(五味)를 갖추었다. 이는 자기 위치를 아는 것, 변절하지 않는 것, 지조가 굳은 것, 번영하는 것, 인간의 오식(五識 – 안이비설신 – 눈·귀·코·혀·몸)과 관계가 있어 우리들의 사고력을 일깨워 주는 것과 통한다.

명원 선생은 차와 함께하는 인간관계를 아래와 같이 관찰하였다.

1. 인간의 근본 생명체는 평등하지만, 살아가는 과정에 어른이 계시고 스승이 계시며 윗사람이 계시고 손아래가 있다. 각자가 자신이 어떤 위치에 있나를

---

21) 金美熙, 《茗園茶話》, 1991, pp.19~121

잘 헤아려 비굴하지 않게 위치를 지켜나가면 사회질서가 원만히 이루어진다.

2. 배신하지 않는 것, 이것은 인간의 가장 훌륭한 점이다. 이용만 하고 앞에서는 그런 척하다 돌아서서는 딴 짓 한다면 금수나 다를 바가 무엇이며 인간의 위치를 어찌 운운하겠는가?

3. 부부간이나 형제간이나 친족 간이나 이웃 간에도 지조를 지킬 줄 안다면, 우리는 발전하고 무궁하게 번영하는 민족이 될 것이며 지도적인 민족으로 발전하리라 확신한다.

4. 우리는 기필코 번영하는 민족이 되기 위하여 부지런하고 성실해야 될 시점에 와 있다.

5. 우리의 안이비설신(眼耳鼻舌身)이라는 오식의 소양을 높이자는 것이다. 이는 오미로도 비유하여 쓰고 떫고 달고 향내 나고 등으로 표현된다. 다시간이 맞으니 바로 우리의 중정(中正)한 인생사이기도 하다. 우리는 괴로워도 참으면서 성장해야 하고, 달다고 마시고 쓰다고 버리지 않는 바탕을 잘 다듬어야 되겠다.

바른 인격을 형성하며 덕을 키우고 자가발전의 안목을 키울 수 있는 매체가 차로서 차의 생활은 이런 생활의 진리를 찾을 수 있는 기회를 마련해 준다. 하지만 차의 생활 자체가 자동적으로 삶의 진리를 일깨워 주는 것은 아니다. 즉 차를 가깝게 하고 생활의 기본으로 하여 삶의 시야를 넓히고 차의 천성을 생활에 실천하여야 하는 것이 다인 생활이며 다도의 가르침이다.

차를 생활화한다면 일률적인 인격 수양이 되지는 않겠지만, 적어도 인격이 온화하게 되는 것은 사실이다. 차를 배우려는 사람이 가장 명심할 것은, 다도라는 것은 결코 오락이 아니라는 것이다. 그저 남이 하니까 나도 배워볼까 하는 가벼운 마음으로 달려들면 차의 진미와 진가를 얻지 못하고 말 것이다.

종교적 철리(哲理)와 마찬가지로 다도는 궁극적으로 심안을 여는 것이기 때문이다.

4. 다인정신

차를 대하는 자세를 명원 선생은 ① 청정(淸淨), ② 검덕(儉德), ③ 중화(中和), ④ 예경(禮敬)이라고 하였다. 명원 선생의 다인정신의 의미를 찾아본다.

① 청정

'청정'의 의미는 유·불·도 여러 표현으로 해석할 수 있는데, 노자의 말을 인용하면 '도를 체득하고자 할 때에는 마음을 깨끗이 씻어 내어 깊이 관찰하여 흠이 없도록 해야 한다. 마음을 극도로 허하게 하고 청정(맑고 고요하게 함)을 독실히 지켜라'라고 했다. 다성 초의선사의 《다신전》에 '다도(茶道)는 정(精), 조(燥), 결(潔)이 으뜸이다'라는 글이 있다. 차를 하는 것은 정성스럽게(精: 깨끗하다, 정성스럽다), 준비과정에 착실하고(燥: 건조, 마르다) 맑은 사욕 없는 마음(潔: 깨끗하다, 맑다)으로 대하는 것이다. 《동다송》에 '차는 홀로 마시면 신(神)이요, 둘이 마시면 승(勝)이요 세넷은 취미(趣)요, 대여섯은 덤덤할 뿐(泛)이요. 칠팔 인은 그저 나누어 마시는 것(施也)뿐이다'라고 하였다. 홀로 차를 마시며 마음을 깨끗이 정화하는 것이야 말로 신의 경지 즉 차와 선의 경지를 이룬다는 것으로 해석할 수 있다.

선은 고요히 생각한다는 정려(靜慮) 또는 생각하여 닦는다는 사유수(思惟修)인데 마음을 정화시켜 진리를 깨닫게 하는 경지에 도달하는 마음가짐을 일컫는 것이라 할 수 있다.[22] 즉 사욕 없는 맑은 마음 청정의 뜻이라고 본다. 이것은 차와 함께하는 생활은 잡념을 떨쳐 마음을 깨끗이 하고 온전히 하여 자신과 사물을 잊고 진리와 하나가 됨으로써 참된 정신적 자유와 즐거움을 얻을 수 있는 것으로

---

22) 金美熙, 《茗園茶話》, 1991, p.53

여러 선조 다인들로부터 청정의 삶을 찾을 수 있다.

청정은 허례, 허욕과 지나친 명예 의식으로는 모든 언행에 옳은 결과가 지어질 수 없으므로 건전하고 천연한 자세로 돌아가야 한다는 뜻이다. 차는 정신을 맑히는 데 기본적인 작용을 하므로 차를 마시면 민족의 정신이 모두 맑아진다는 큰 뜻이 있다. 청정은 선조 다인들의 삶의 기본이다.

첫째 보물이란 慈悲(자비)심이다.

② 검덕

신라 시대 화랑들은 가는 곳마다 차를 마시고 권면하며 덕목을 쌓았는데 그런 소심(素心)은 차에서 나와 군자행, 곧 정행검덕(精行儉德)을 수행한다고 하였다. 노자의 《도덕경(道德經)》에 '내게 삼보(三寶)가 있다'는 말이 있다. 삼보란 말은 '첫째 사람을 사랑하는 것이요, 둘째 검소한 것이요, 셋째 다른 사람보다 먼저 앞서지 않는다' 하였다. 이것을 노자의 가치관으로 보는데 유가적 해석으로는 '인·의·예'라고 하며 도가에서는 자(慈: 자비, 사랑) 검(儉: 검소함)으로 나타냈다. 육우(陸羽)의 《다경(茶經)》에서도 차를 말하길 '다성(茶性)은 간소하고 검(儉)한 것'이라고 하였다. 바른 행동과 함께 검덕지인(儉德之人)만이 차의 진 맛을 느낀다고 볼 수 있다. 차를 통한 자신의 수양을 통하여 차를 준비하고 베푸는 사람의 마음과 차를 검소하게 받는 사람의 마음의 일치가, 차의 진 맛을 알아가는 과정이며 명원 선생은 이것을 '득도'라 하였다.

검덕은 세간의 부귀영화나 생각하는 사람은 차의 참다운 의미를 맛볼 수 없다고 했다. 자신의 수양이 바로 차맛을 알아가는 과정이며 검덕지인만이 차를 즐길 수 있는 것이다.

③ 중화

명원 선생은 노자의 말을 기본으로 자연은 춘기(春氣)로 되는데 음양의 중화된 기운이 '차'라고 하였다. 춘기는 자연의 기운만이 아니라 인간의 심리에도, 인간과 인간의 관계에도 있다. 이들이 조화를 이룰 때 천지에서 감로수(甘露水)를 내린다. 감로란 원만히 중화된 상태를 말하며, 차의 맛은 중화가 되면 가장 원만한 상태, 최상의 상태가 된다고 했다. 중화는 한국 다성 초의선사가 강조한 중정과 같은 뜻이다. 초의선사의 《동다송》을 보면 이러하다.

> 차는 물의 신이요 물은 차의 본체라 하였나니
> 진수가 아니면 그 신이 나타나지 아니하고
> 진 차가 아니면 그 체를 감히 맛볼 수 없다네.
> 차의 체와 물의 신이 비록 온전하다 할지라도
> 오히려 중정을 그르칠까 두렵도다.
> 중정을 잃지 않아야지 건과 영이 아울러 얻어지나니.

중정은 바른 조화를 갖추지 못하면 차의 진실을 찾을 수 없다는 것이다. 바른 마음가짐과 화목함을 갖추지 못하면 차와의 결합을 이룰 수 없으며 차의 진실을 찾을 수 없다는 뜻으로 모든 매사에 사욕 없이 조화를 이루어가는 길이 다인 생활의 바른길이며 평상심시도의 길인 것이다.

④ 예경

우리나라는 동방예의지국(東方禮儀之國)이라고 알려질 정도로 예를 중요시 하였다. 유가에서는 인간관계의 기본을 인의예지신(仁義禮智信) 즉 사랑, 정의, 예절, 지혜, 믿음으로 하였으며 군자는 부모에게 효도하고, 나라에 충성하며, 부부가 서로 사랑하고 존경하며, 어른과 어린이가 질서를 지키며, 벗을 믿어 의리를 지킨다 하였다. 예를 갖추며 서로를 공경하는 것이 차의 기본이라는 뜻이다. 차를 준비하고 베푸는 사람의 마음과 차를 검소하게 받는 사람의 마음의 일치가 차의 중정이며 차의 진 맛을 느끼는 차의 경지라고 볼 수 있는데 예(禮) 없이는 이루어질 수 없는 것이다.

'예'를 행한다는 것은 단순한 격식으로 치르는 것이 아니라 마음을 곁들이고 서로의 인간성을 보여주는 데 뜻이 있다. 명원 선생은 우리 민족 사상은 인(仁)을 중심으로 한 홍익인간의 사상이고 인은 예의 기본이니, 마음에 깃들여져 있는 다례가 되어야 한다고 했다. 형식 위주가 아닌 마음이 함께 곁들인 예의로 차를 준비하고 나눌 수 있는 생활을 이루는 것이 예를 존중하는 예경의 가르침이다.

5. 결론

명원 선생이 여러 학자, 승려, 다인들과 함께 우리 차문화를 학술적이며 체계적으로 접근할 수 있었던 것은 명원 선생의 교육자적 자세가 큰 역할을 하였다고 본다. 명원 선생은 1937년 영흥초등학교 교사로 자리를 잡았었는데 이런 기본적인 교육자의 자세와 우리 민족 문화의 복원이라는 민족적 사명감이 차문화 계승의 핵심이 되는 차 의식(다례)과 차의 정신에 중점을 두게 되어 우리 차문화 부흥 운동에 큰 영향을 끼쳤다.

차의 경지는 삶의 경지며 마음의 경지이다. 이런 삶과 마음의 경지를 생활 속에서 성취하는 것이 다인들의 생활이라고 할 수 있다. 즉 차를 기본으로 하는 생활이다. 조선 역사상 최고의 문예 부흥기를 이끈 정조(正祖) 대왕이 '명절(명예와 절개)을 차(茶)나 밥처럼 여겨야 한다. 이것을 버리면 어떤 사람이 되겠는가?[23]라고 언급할 정도로 차는 생활의 기본이었다.

명원 선생은 우리 선조 다인들의 차의 생활과 정신세계를 기본으로 우리 다인 정신을 청정, 검덕, 중화, 예경이라고 하였다. 이런 선조 다인정신을 계승하고 더욱더 깊은 연구를 통하여 차와 함께하는 우리 다인정신과 민족성과 연관을 널리 알리는 데 노력하여야 할 것이다.

---

23) 남현희, 《일득록 정조대왕어록》, 문자향, 2008, pp.123〜217

Ⅲ

해외 차인이 명원을 말하다

01. 천년의 향기를 선차에 담아, 차향만리로 흘러간다

징후이 스님 (淨慧)

1933년 허베이성 출생. 1951년 허운대사 회하에서 비구계를 받고 그 다음해 법을 받아 임제종과 운문종의 법도자 됨. 1979년 중국불교협회에서 활동. 1988년 허베이성 불교 부흥사업 이끎, 임제사와 백림선사(柏林禪寺)를 중수함. 1992년 '각오인생(覺悟人生) 봉헌인생(奉獻人生)을 종지로 하는 생활선을 창도했다.

제9회 한국 명원차문화 공로상 수상소감

2004년 10월 18일 허베이성(河北省) 불교협회 회장이며 백림선사 방장(方丈) 징후이 스님이 제9회 한국 명원차문화상 공로상 수상식에 참여하기 위해 한국 땅을 찾았다

징후이 스님은 한국을 방한한 후 첫 절문에 "다선일미를 한국 땅에 전하기 위해 왔다"고 말문을 열렸다.

백림선사는 한국과 각별한 인연이 있다. 2001년 10월 백림선사에 〈조주 고불선차 기념비〉를 건립한 것을 계기로 한국과 중국은 돈독한 우의를 다져왔다.

기념비에는 '한국과 중국의 불교는 한 뿌리이니 예로부터 한집안이며 선풍을 함께 하니 법맥 또한 서로 전함이다'라고 기록하고 있다. 이렇게 천년을 이어온 한중의 인연은 흐르는 물결처럼 이어져왔다.

천여 년 전 조주 스님의 '끽다거'는 '선차일미(禪茶一味)' 정신의 시작이었으며 또한 백림사(拍林寺)는 '선차일미'의 발원지라고 말할 수 있다. 징후이 스님이 명원상을 수상하게 된 데는 각별한 인연이 있다. 2001년 10월 19일 한국 불교춘추 잡지사 대표인 최석환 선생과 징후이 스님이 공동 추진하고 한국 불교계와 차문화계가 참여하여 조주탑 앞에 〈조주고불 선차기념비〉를 세우고 한중이 공동으로 백림선사에서 차도표연(茶道表演)과 다선일미 학술대회를 거행했다. 징후이 스님은 천하조정인 조주선사의 부흥과 한중 선차문화교류를 부흥시킨 공로로 '명원차문화상' 수상이라는 특별한 영광을 얻었다.

수여식은 10월 19일 저녁 서울 하얏트호텔에서 진행되었다. 수여식에는 한국문화계, 불교계와 언론계 명사들 천여 명이 참가했으며, 징후이 노스님, 조계종 총무원장 법장 스님, 김의정 여사, 한국 수상자 임동권 교수가 단상 위 내빈석에 앉았다. 법장 스님과 김 이사장의 축사 발표 뒤에 김 이사장이 두 수상자에게 상을 수여하고, 징후이 노스님이 이어서 수상 소감을 간단명료하게 말했다. 그는 스스로 상을 받은 것에 송구해하면서 한중 양국 불교계 및 문화계의 우의를 위해 미약하나마 계속 힘을 보태겠다고 했다. 인사를 마치고 그는 금박으로 만든 불상과 조주 스님 석각 탁본을 김의정 이사장에게 증정하였다. 이때 참석자 전원이 열렬히 박수를 쳤다.

이어서 뛰어난 다도시연인 신라다례를 발표하였다. 시연에서는 선문화가 융합된 전통복식, 예의, 불교음악, 차문화 일체를 선보여 모든 내빈들의 시선을 사로잡았다.

시상식이 끝난 뒤 징후이 스님은 한중 선차문화가 영원하리라는 의미가 담긴 선시를 남겼다.

차의 글과 선의 뜻에 해동의 정 있으니
남은 생애 꿈속의 몸이 애석치 않도다.

천년 역사에 황금 같은 새로운 유대 맺으니

한 잔의 맑은 찻잎에 화평을 누리도다.

차의 도에 마음을 전하자니 조주에 부끄럽고

한맛을 받아 높은 길을 가지기 어렵도다.

서창에 남은 해는 다른 일이 없으니

앉아서 빙그레 웃으니 선의 강은 흐르고 흐르도다

조주의 차맛은 바로 선의 마음이니

한 가지로 평탄한 마음 고금을 꿰었도다.

말을 떠나 진실한 곳에 이르러 살아서 손잡으니

뜰 앞의 잣나무는 가장 신묘함을 전하도다.

2004년 9월

02. 평화의 상징이 되어
세계로 퍼져나가는 한국의 차문화

센 소시쓰 (千宗室)

1923년 출생, 센리큐 15대손, 1991년 중국 남개 대학 철학박사. 2005년 일본국외무성 일본 유엔친선대사 취임, (재)일본국제연합협회 회장, 한일문화교류회의 위원, 중국 천진상과대학 우라센케다도단기대학 학장, 중국예술연구원 예술고문, 베이징대학 일본문화연구소 고문, 국제적으로 폭넓은 분야에서 다도문화를 보급·발전시키고 세계평화를 위해 50여 년에 걸쳐 60여 개국을 200회 이상 방문하여 '한 잔의 차로부터 평화를'이라는 평화운동을 제창하였다.

일본 우라센케(裏千家) 15대 종가(宗家)인 센 소시쓰가 제7회 명원 국제차문화 공로상을 수상하면서 명원상의 국제적인 위상을 드높였다. 센 소시쓰는 명원상 수상의 소감을 다음과 같이 피력했다.

"차는 평화의 상징으로, 저에게 차는 마시는 음료일 뿐 아니라 사람과 사람, 마음과 마음을 교류하는 중요한 매개체입니다. 일상생활에서 사람과 사람이 서로 교류할 때 짧은 시간 안에 서로 잘 아는 정도에 이르고 싶어 하나 쉬운 일은 아닙니다. 하지만 서로 차를 올리고 마시는 과정에서 내가 상대에게 차 한 사발을 권하고, 상대가 이 차를 마시는 데는 많은 절차와 동작이 필요합니다. 주객 간에 차를 만들어 권하고 마시는 등의 동작은 서로의 감정과 마음을 교류할 수 있습니다. 국제적 규모를 갖춘 명원상이 거듭 발전해나가길 바랍니다." 하고 수상 소감을 밝혔다.

일본 다도의 계승자인 우라센케 15대 종가 센 소시쓰가 한국을 방문해 한국 다도를 대표하는 명원차문화 대상을 받았다는 것은 뜻 깊은 일이다. 한국을 오래 전 일본에 차문화를 전한 나라로 인식했음은 물론 그 문화를 계승하고 있는 현재 한국 차문화의 실태에 대해 상당한 경의를 표한다는 뜻이기 때문이다. 본인 스스로 선조 센노리큐(千利休)가 조선의 차문화를 존경했다는 사실을 잘 알고 있던 만큼 그 역시 이미 여러 번 우리나라를 방문해 일본 차문화의 근원을 천착(穿鑿)했었다.

일본 다도에서 김해다완(金海茶碗)이 차지하는 비중이 크다는 사실을 그는 너무나 잘 알고 있었다. 김해다완은 김해에서 만들어진 고양이가 할퀸 자국이 있는 다완으로, 일본에선 '김해 고양이다완'으로 불린다. 김해다완은 500년 전 김해인들이 대거 일본으로 이주해 만든 것으로, 오늘날까지 일본 다도를 의미하고 표현한다는 평가를 받고 있는 것 중 하나다. 김해다완을 만든 것이 바로 센노리큐이기 때문에 김해다완을 통해 일본 다도가 정립되었다고 할 수 있다.

그러니 센노리큐의 법손(法孫)인 센 소시쓰가 한국을 방문해 김해다완의 원형을 찾으려 하는 것도 무리는 아니다. 그는 또 일본 다도가 말차(沫茶)에 의해 성립한 반면 한국의 차는 주로 녹차라는 점을 잘 알고 있다. 그리고 일본의 끽다 절차가 오데마에(お点前)라면 한국의 차는 행다(行茶)이고 차례(茶禮)라는 점을 잘 알고 있다. 그 결과 일본 다도가 엄격한 규범과 절차를 강조하는 데 비해 한국의 행다는 그저 차를 맛있게 마시며 즐기는 것이라는 점도 잘 알고 있다.

하지만 평상심을 유지하며 주인과 손님이 자연스럽게 마주앉아 차를 나누는 한국의 생활차 습관에 익숙하지는 않을 것이다. 무사도(武士道)를 연상할 정도로 비장함이 있는 일본 다도에 익숙한 그로서는 너무나 당연한 일이다. 그럼에도 불구하고 그는 한국에 와서 명원차문화 대상을 흔쾌히 수상했다. 그리고 근현대 한국의 차문화를 새롭게 정립하는 데 큰 공로를 세운 고(故) 명원 김미희 여사의 업적을 높이 평가했다. 명원의 뒤를 이어 명원문화재단을 튼실하게 키우고 있는 그의 따님 김의정(金宜正) 이사장의 분투에도 경의를 표했다.

센노리큐는 차의 명인 다카노 조오(武野紹鷗)를 스승으로 섬기며 15년간 다도를 사사받은 후 그 시대 일본 최고 권력자인 도요토미 히데요시(豊臣秀吉)에게 차를 가르치면서 일본 전통다도를 정립하였다. 히데요시 시대의 무사들은 무(武)를 가지고 천하를 통일하고 그 다음엔 차를 가지고 천하를 통일했다는 이야기다. 바로 그 때문에 일본 다도는 무사도와 밀접하게 연관되어 성장했다. 일본 우라센케 종장인 센 소시쓰의 명원상 수상은 한국 차문화를 세계적으로 널리 알리는 계기를 마련했다고 말할 수 있다.

03. 쓰쿠다 잇카가 기리는 명원 선생

쓰쿠다 잇카 (佃一可)

현재 다도 잇사안(一茶菴)의 제14대 대종장, 구여당(九如堂) 예무직(藝務職) 제48대 계승자, 일반 사단법인 지식자원 기구 대표이사, 공익재단 법인 전세공(全税共) 문화재단 상무이사, 전다도(煎茶道) 문화협회 대표이사, NPO법인 IRI이사, 공익재단 법인도서관 진흥재단 조성 선고위원으로 활동하고 있다.

김미희 선생의 탄생 100주년을 기념하며

올해로 명원재단 창시자인 김미희(金美熙) 선생의 탄생 100주년을 맞는다는 이야기를 듣고 저도 축하 인사를 한 마디 드리려고 합니다.

김미희 선생과 잇사안류 교월회(一茶菴流皎月會)의 교류는 대략 50년 전인 1970년 가을부터 시작되었습니다. 당시 일본국부인의원연맹(日本國婦人議員連盟) 대표인 야마구치 시즈에(山口シズエ) 참의원(參議院) 의원이 단장을 맡아 방한(訪韓) 문화교류단을 꾸려 서울과 부산을 방문했을 때 저희 어머니도 동행했었습니다. 그때 당시 한국 대통령의 부인 육영수(陸英修) 여사가 세계플라워협회 대표를 맡고 있던 관계로 이 단체를 초빙하는 데 많이 힘쓰며 후의와 배려를 베풀어주셨습니다.

여사가 이벤트에 참가한 화도가(花道家), 다도인 여러분과 친근하게 이야기하며 참가자분들을 잘 알고 있는 모습이 매우 인상적이었다고 어머니께서 말씀하셨습니다. 그리고 여사가 한국의 전통 다도에 대해 말씀하시는데 어머니는 김미희 선생이 한국의 전통 다도를 숙지한 정당한 후계자라며 소개를 받았다고 합니다. 다른 다도가 분들이 몇 명 더 계셨는데 김미희 선생이 특별대우를 해주셨다고 어머니가 말씀하셨습니다.

일행이 부산에서 서울로 돌아왔을 때 어머니 일행 분들은 김미희 선생을 따라 강화도에 갔었습니다. 왜 강화도로 가는지, 처음 어머니는 이해가 되지 않았던 듯합니다. 아름다운 폭포 앞에서 김미희 선생이 컵으로 샘물을 떠서 어머니에게 마셔보라고 권했는데 맛있었다고 합니다. 그때 김미희 선생이 한국문화 중에서 물의 존재가 절대적이라는 이야기를 하셨다고 합니다. 그건 일본이나 중국, 서양 어디에도 없는 한국 독자적인 물문화론이었습니다.

이후 김미희 선생과 저희는 얼마간 교류를 이어갔습니다. 김미희 선생이 일본을 방문하시면 우리의 다도 시연장을 구경시켜 주거나 어머니가 도쿄(東京) 아카사카(赤坂)에 있는 자택으로 선생을 초대했습니다. 당시 한·일 문화교류에는 다도뿐만 아니라 꽃꽂이와 서예의 교류도 깊어 롯데의 시게미쓰(重光) 부인이나 이치조(一条) 부인도 자리를 함께한 화기애애한 교류였습니다.

2004년에는 한국 중앙박물관에서 명원재단과 일본민족예술학회에 의한 차문화학회가 개최되었습니다. 행사에 대한 사전 협의를 하기 위해 한국을 방문했을 때 저는 명원재단의 선생들과 재회했습니다. 학회 당일에는 김의정(金宜正) 선생이 한국 다도의 시연과 강연을 하고, 제가 일본 전다도(煎茶道) 강좌를 했습니다. 그 다회(茶會)가 열리기 바로 전날 저는 김미희 선생으로부터 어머니가 배운 마니산 기슭의 정수사 물을 다회의 물로 사용하고 싶다고 생각했었습니다. 중형 버스를 2대 준비해 강화도로 향했지요. 제자분들은 '거긴 왜?' 하고 의아해하는 표정을 짓고 있었습니다. 하지만 폭포 앞에 서자 모두, 와서 좋았다는 표정을 짓더군요.

무척 달면서도 저분저분한 맛이었습니다.

저는 말차를 끓일 때는 물을 잘 음미하지 않는데 전차(煎茶)를 우려낼 경우에는 신경이 매우 예민해집니다. 물을 구해 여행을 거듭하고 있습니다. 영국 맨 끝의 스카이섬(Skye I.), 발리섬(Bali I.)의 성수(聖水), 미국 서해안 마운트 샤스타(Mount Shasta) 기슭의 물, 저마다 대단한 물이기는 하지만 정수사에서 나는 물은 다른 물들과는 다르다는 느낌을 받았습니다. 일본민족예술학회 중진인 오하시 쓰토무(大橋力) 박사의 말을 빌리자면, '뭔가 유기물이 첨가된 듯하다'라고 표현할 수 있습니다.

이번 학회를 맡으면서 저는 처음으로 고려(高麗) 다도를 경험하고, 또 추사 김정희(金正喜) 선생의 차와 서예작품을 접하게 되었는데, 이후로 제 사고의 폭이 무척 넓어진 느낌입니다.

명원재단에는 김미희 선생의 뜻을 이어갈 많은 다인(茶人)이 계시리라 생각됩니다. 김미희 선생 그리고 김의정 선생의 공로에 다시 한 번 여기서 감사 인사를 드리며, 동시에 명원재단의 무궁한 발전을 기원하는 바입니다.

다도 잇사안의 제14대 대종장

잇사안 제14대 대종장

쓰쿠다 잇카

金美熙 先生 誕生 百周年を記念して

佃 一可

本年は茗園財団創始者であられる金美熙先生の生誕一〇〇周年に当たるというお話を伺い私も一言お祝いの言葉を述べさせていただきたいと思います。

金美熙先生と一茶菴流皎月会との交流の始まりは、おおよそ四〇年前、一九六〇年の秋からです。当時の日本国婦人議員連盟代表である山口シヅエ参議院議員が団長となり、訪韓文化交流団が組織され、ソウル・プサンに訪韓した際、わたくしの母も同行いたしました。その際、時の韓国大統領夫人陸英修先生が世界フラワー協会の代表をされていた関係から、この団体の招聘に一方ならぬご尽力をされ、手厚いご配慮をいただきました。夫人はイベントに参加された方々のことをよくご存じであった様子に一方ならぬご尽力をされ、手厚いご配慮をいただきました。母は金美熙先生が韓国の伝統茶道について語られ、母は話しておりました。そして夫人達も何人か茶道家の方がいられたようですが、金美熙先生は特別待遇であったと母は申しておりました。

韓国の伝統茶道を熟知した正当な後継者であると紹介を受けました。他に界フラワー協会の代表をされていた関係から、この団体の招聘参加された方々のことをよくご存じであった様子

一行が、釜山からソウルに戻った時、母たちは金美熙先生に連れられて江華島に参りました。なぜ、江華島に行くのか、はじめ母は合点がいかなかったようです。美しい滝の前で、金美熙先生は泉からコップに水を汲み、母は飲むように勧められました。その時、美味だったそうです。金美熙先生は韓国文化の中で水の存在の絶大なることをお話になられたそうです。それは、日本にも中国にも、欧米にもない韓国独自の水文化論でした。

その後、金美熙先生と私共とはしばらく交流が続きました。金先生が日本に見えたときには私共の稽古場にお見えになったり、また、東京赤坂のお宅にも母はお邪魔させていただきました。当時の日韓文化交流には茶道だけではなく、いけばなや書道の交流も深く、ロッテの重光夫人や一条夫人も、交わる穏やかな交わりであったと思います。

二〇〇四年に、韓国中央博物館において茗園財団と日本民族芸術学会による茶文化学会が開催されました。その打ち合わせのために訪韓した時、私は茗園の先生がたとの再会ができました。その学会の折には、金宜正先生が韓国茶道のパフォーマンスと講演を私が日本煎茶道の講座をいたしました。その茶会の前日、私は金美熙先生から母が教わった摩仁山の麓の浄水寺の水を茶会の水に使いたいと思い出かけました。中型バスを二台仕立てて江華島に向かいます。お弟子さんたちは「なんで?」みたいな顔をしています。しかし、滝の前に立つと皆、来てよかったという顔をしてくれました。

私は抹茶を点てる場合にはそれほど水を吟味をしませんが、煎茶を淹れる場合にはかなり神経質になってしまいます。水を求めて旅を繰り返しています。イギリスの最果てスカイ島、バリ島の聖水、アメリカ西海岸マウントシャスタの麓の湧水、それぞれ素晴らしい水ですが、浄水寺の湧水は他の水とは違った感じがします。日本民族芸術学会重鎮の大橋力博士の言葉を借りるなら、何か有機物が入っているようだ、という表現になります。

この学会の本番で、私は高麗茶道を初めて経験し、また金正喜師の茶に触れ、それ以降、随分と私の思考の幅が広がったように感じています。

茗園財団には金美熙先生の志を継ぐたくさんの茶人がいらっしゃると思います。金美熙先生そして金宜正先生のご功績にこ

こであらためて感謝申し上げるとともに、茗園財団のますますのご発展を祈念申し上げます。

茶道一茶菴宗家家元十四世

一茶菴家元十四世
佃一可
玄道

04. 명원의 차정신을 말하다

샹추 요 (游祥洲)

동양철학(東洋哲學)으로 본 명원(茗園)의 다도정신(茶道 精神)
– 문화의 세계화적 각도에서 본 명원 김미희 선생 차문화 논의 심층탐구 –

1) 전언

세계화 시대 속에서 현대 문화를 세계화적 각도에서 바라볼 때, 한국 차문화의 선구자인 명원 김미희 선생(1920~1981)은 한국 차문화를 거시적인 안목으로 전승하고 개발하였다. 그녀는 차문화 시대를 열었을 뿐만 아니라 인간의 생활을 풍요롭게 만드는 4대 다례, 즉 궁정다례(宮廷茶禮), 사원다례(寺院茶禮), 접빈다례(接賓茶禮), 생활다례(生活茶禮)의 방향을 제시하였다. 더욱 중요한 점은 그녀가 아시아의 3대 사상인 유불도(儒佛道) 사상을 차로서 동일 선상으로 끌어올려 자신만의 독자적인 '생활다례' 속에 훌륭하게 융합시켰다는 것이다. 21세기 '문화의 세계화' 속에서 명원 김미희 선생은 전 세계 사람들의 친구이자 문화를 대변하는 표본이라 할 수 있다.

오늘 우리는 대한민국의 수도 서울에 모여 차문화계의 정수, 차의 큰 스승이신 김미희 선생의 거시적 안목을 되돌아보아야 한다. 이는 매우 의미 있는 '일기

일회(一期一會: An Unique Occasion in this period of Life Time)'의 시간이 될 것이다.

한국의 유양석 교수가 명원에 관한 매우 귀중한 연구 자료를 제공하였다. 필자는 초보적 연구를 거친 후 명원 김미희 선생이 이룬 한국 차문화의 부흥과 관련해 다음 몇 가지 중요한 사항을 발견하였다.

첫째, 명원 김미희 선생은 차문화의 '생활화'와 '대중화'를 강조하였다. 그녀가 '생활다례'를 만들어 한국 차문화를 부흥시키려 했다는 것은 틀림없는 사실이다. 단순히 '차를 마시자'라는 캠페인으로 그치지 않고, 모든 한국 전통문화에서도 차문화를 한국인들의 핵심적 문화로 자리매김할 수 있게 하였다. 한국 차문화 부흥의 유일무이한 방법은 바로 대중생활에서 다시 새롭게 차문화를 실천하는 것이기 때문이다.

둘째, '문화적 민족주의'의 각성이다. 한국은 일본의 식민통치를 받았다. 명원 김미희 선생은 이러한 '식민지주의(殖民地主義)'에 대응하고 또 앞으로 '후(後) 식민지주의'를 막을 수 있는 가장 직접적 수단이 문화의 최상층 구조에 있다고 보았다. 그래서 한국 민족주의의 핵심 가치체계를 새로 구축하고, 그 체계가 '생활다례'에 의해 실현될 수 있다고 생각하였다.

셋째, 명원 김미희 선생은 유불도 각각 본위의 좁은 마음 세계를 초월하였다. '다인 사덕(茶人四德)'의 이념을 차에 투영하여 쉽고 실용적인 차문화를 위해 유불도 3대 문화를 조화롭게 결합·전승하였다.

넷째, 명원 김미희 선생은 한국 전통 차문화를 4대 다례의 다원화(多元化) 구조로 구체화하였다. 이는 한국 차문화의 다양성을 명확히 제시하고 있을 뿐만 아니라 동시에 한국 차문화가 발전할 무한한 가능성을 열어주었다. 특히 '사원다례'는 한국 차문화의 귀한 보물로, 명원 김미희 선생이 주장하던 '생활다례'와 서로 빛을 발하여 우리에게 토론할 만한 충분한 가치를 안겨준다.

이상 네 가지 사항은 서로서로 완전한 유기적 관계를 형성하고 있다.

2) 심층적 문화 각성

　'식민지주의'와 '후식민지주의'의 환경에서 심층적 '문화적 민족주의'의 각성은 명원 김미희 선생의 차문화 논의 특징 중 하나이다. 이는 명원 김미희 선생이 한국 차문화를 부흥시킨 주요 원동력 중 하나인 동시에 민족주의의 표상이다.

　일본군이 아시아 국가를 무력으로 침략한 것은 20세기의 큰 비극 중 하나이다. 일본군의 침략으로 아시아 각국에서도 민족주의가 일어나기 시작했다. 1910년 일본이 한국을 강제로 합병한 뒤로 이 같은 식민지 기간은 1945년 제2차 세계 대전이 끝날 때까지 지속되었다. 한국문화는 식민지 시기에 일본으로부터 극심한 핍박을 당했다. 한국인에게 이것은 비극적인 역사적 기록일 뿐만 아니라 한국이라는 위대한 민족이 한동안 '이등국민(二等國民)'으로 고난을 겪은 참혹한 시기이다. 식민지 시대를 되돌아볼 때 어떤 사람은 증오와 복수심을 가지고 있을 수 있다. 불타는 원한은 원한으로 되돌아온다는 말이 있는 것처럼 이러한 보복의 순환고리는 반드시 끊어버려야 한다. 그러지 않으면 인류는 영원히 전쟁의 고통 속에서 살게 된다.

　하지만 보복할 마음을 버린다고 해서 식민지 통치가 우리에게 안겨준 상처를 완전히 없앨 수는 없다. 결국 상처를 치료하고 고통을 없애는 가장 근본적인 방법은 바로 심층적 문화 관점에 있기 때문에, 문화 저변의 뿌리부터 바꾸어 새롭게 거대한 뿌리를 만들어나가야 한다. 명원 김미희 선생이 쓴 한국 차문화 부흥에 대한 논의의 핵심은 바로 한국인이 일본의 식민지 통치 중에 잃어버린 '문화의 뿌리'를, 전 국민이 '생활다례'를 통해 새롭게 되찾자는 데 있다.

　필자는 명원 김미희 선생의 일본 식민지주의에 대한 대처가 매우 바람직한 민족주의 본보기라고 생각한다. 하지만 명원 김미희 선생의 사명은 아직 모두 완성되지 않았다. 식민지주의 최대 위험은 '후식민지주의'로 변화할 수 있다는 것이다. 식민지 시대는 지나갔지만 식민지 시대로 왜곡되어 버린 문화 가치관은 오히려 지나갔다고 단언할 수 없다. 이것은 어쩌면 새로운 모습으로 여전히 활약하고 있을지도 모른다. 또 '정치적 식민지'는 끝났을지 모르지만 '문화적 식민지'는 여전히 배후에 숨어 장기적으로 사람들의 생활을 조작하고 있을 수 있다. 명원 김미희 선생은 이러한 본질적인 부분을 미리 간파한 것이다.

1945년 일본의 식민지 시대가 막을 내리자 명원 김미희 선생은 한국 다도의 부흥을 계획하고 1952년 본격적으로 활동하기 시작하였다. 명원 김미희 선생은 한국사회가 생활 속 '후식민지 시대'에 숨어있는 문화적 위기를 자각하고 있었다.

〈韓國茶道復興의 必要性〉이라는 논문에서 명원 김미희 선생은 전쟁 후의 한국은 반드시 다음의 몇 가지 중요한 사항으로 국민정신을 다시 새워야 한다고 주장하였다. 그녀가 말한 내용은 다음과 같다.

첫째, 술과 담배는 마음을 정화시킬 수 없고, 반대로 대중을 향락주의로 몰고 간다. 그래서 우리는 반드시 국민정서를 순화하고 정화시킬 수 있는 매개체를 찾아야 한다.

둘째, 전통적 세대와 일본식민지 교육을 받은 세대 및 현대교육을 받은 세대는 각자 독립적으로 존재하고, 이러한 상황에서 우리는 대중에게 단합과 화합을 향한 매개체를 제공해야 한다.

셋째, 우리의 아름다운 전통정신문화의 계승 발전의 현상은 여전히 만족스럽지 못하다. 내재적 측면의 민족전통정신, 도덕가치적 문화의 발굴과 새롭게 건립한 문화가 더욱 중요하다.

넷째, 차를 마시는 것은 이미 보편화되었다. 하지만 우리는 일상음용의 차 전부를 수입품으로 대체할 수는 없다. 만약 수입을 없애서 초래할 거대한 외화 유실을 막을 수 있다면, 국내에서 생산되는 양질의 차는 농촌 수익을 증가시키고, 외화 절약의 목적에 도달할 수 있다. 이것이야말로 모두에게 좋은 것이 아닌가? 그렇기 때문에 우리는 다원을 개발하고 차산업을 촉진시켜야 한다. 한국 남방의 산 위에 양질의 차나무를 심고, 마을 모두 좋은 차를 생산할 수 있도록 해야 한다. 이것은 우리가 개발하고 노력해야 할 방향으로, 만약 많은 발전을 이루어 수출까지 한다면 더욱 아름다운 꿈이 실현될 것이다.

이 네 가지 논지를 통해 우리는 명원 김미희 선생의 한국 차문화 부흥에 관한 가장 핵심적인 내용, 즉 '새로운 내재적 민족 전통정신의 창제, 도덕 가치적 문화 발굴과 문화질서의 새로운 건립'을 알 수 있다.

명원은 사회대중의 생활에서 뚜렷한 '문화단층'의 위기를 보았다. 필자는 명원 김미희 선생의 한국 차문화 부흥운동은 그녀가 남기고 간 가장 좋은 자산이라 생각한다. 다례의 보존뿐만 아니라 명원은 문화 전승에서 심층적 자성을 하였다.

어떠한 사람은 명원 김미희 선생의 차문화 부흥운동이 일본 것을 모방한 게 아니냐고 의문을 제기한다. 명원은 명백히 '아니다'라고 밝혔다. 물론 명원은 일본 다도를 체험한 적이 있기는 하지만, 일본의 난해한 다도에 대해 잘 알지는 못한다. 명원이 제창했던 모든 한국 다도는 대중생활 속에서 하나의 민족문화가 구체적으로 실천될 수 있는 방식으로, 차문화 부흥은 전체적인 한국문화 부흥을 위한 하나의 관문일 뿐이다.

2008년 5월 필자는 보성(寶城)의 넓은 유기농 다원을 돌아보았다. 동시에 하동(河東)의 유기다원 및 매우 까다롭고 정성스러운 제다(製茶) 과정을 참관하였다. 명원 김미희 선생은 30년 전 한국 남쪽 지방에서 차를 재배해야 한다고 말하였고, 마침내 실현되고 있음을 눈으로 확인하였다.

필자는 명원 김미희 선생의 논문을 읽고 연구하면서 특히 다음 문장에 가슴이 뭉클했다.

차를 마시는 순간에 그것을 매개체로 하여 우리 고유의 문화를 만난다. 나를 객관적인 나로 만나볼 수 있는 순간이 되고, 이 시간은 질서와 예절을 지키는 시간이 된다. 또한 주부들이 정신을 집중할 수 있는 공간이 되고, 이것은 생활다례의 지향하는 바를 새롭게 만드는 것이다.

이 한 문장의 핵심은 명원 김미희 선생이 갖고 있는 개인 생명주체성의 깊은 인식이다. 이것 역시 명원 김미희 선생의 또 다른 하나의 논점에 연결되어 한국 차문화를 부흥시킨 것이다. 반드시 한국 전통문화의 유불도 3대 주요 문화를 하나로 융합해야 한다. 이러한 부분에 대하여 명원 김미희 선생은 '다인 사덕'과 '사종다례(四種茶禮)'를 통해 유불도의 문화 이상을 다도에 접목시켰다.

3) 유불도, 대립에서 융합으로

명원 김미희 선생은 자신의 차문화 논에서 특히 유불도 3대 문화의 전승적 융합을 강조하였다. 이것은 매우 높은 거시적 안목이다.

사실, 2,000년 전 불교가 중국에 유입된 이후 유불도의 문화적 전승은 중국 역사·문화 속에 있었지만, 적어도 1,500년간의 장기적 대립 상태에 놓여 있었다. 그래서 역대 왕조들은 이 3대 문화를 전승하는 데 있어도 편중하는 사상이 서로 달랐다. 이를테면 한나라 때는 유교로 나라를 다스렸고, 위진남북조(魏晉南北朝)시대에는 유불도 3교가 각각 다른 것과 병행되어 발전하였다. 수나라 때는 불교, 당나라 때에는 불교와 도교가 병행하였지만, 유교는 억압받았다. 반면 이후 송나라 명리학은 불교와 반대 방향으로 진행되었다. 원나라는 불교의 보존과 전승에 편중되었다. 명나라 후기에 이르러 당시 유불도 3대 사상의 정신적 지도자는 서로 존중하고 포용하는 새로운 태도를 취해 유불도의 융합기라고 말할 수 있다. 중국 남방에서는 근 백 년 이래 가가호호 집에 들어갈 때 유불도 3대 종교가 융합된 그림을 종종 볼 수 있다. 그림은 최소 3개의 층으로 구성되어 있다. 가장 윗면은 관세음보살, 가운데 중앙은 마조신(媽祖: 항해의 수호 여신), 좌우 양측은 관공(關公: 삼국시대 촉나라 장군 관우)과 위타보살(韋陀菩薩), 가장 아래에는 토지공(土地公) 할아버지가 있다. 어떤 경우 좌우에 문창제군(文昌帝君: 학문의 신)과 주생(註生)마마를 넣기도 한다. 즉 유불도가 이곳 그림에 모두 나타나 있다. 세계에서 가장 빠른 종교적 조화는 중국 남방의 가가호호에서 받드는 이 한 폭의 그림에서 이미 완성된 것이다.

그러나 중국인은 1,500년 이상의 시간이 흐른 뒤에야 비로소 유불도가 대립에서 융합하여 조화를 이룬 한 폭의 종교심령 그림으로 완성시켰다.

명원 김미희 선생의 경우 유불도 융합에 대한 문제가 반드시 통합적인 사상에서 나온 것은 아니다. 명원의 논문 〈다인의 정신세계〉의 경우 한국문화와 함께 전개되는 유불도 3대 종교의 발전사를 자세히 논하고 있으며 마지막으로 '병행·발전'이라는 결론에 도달하였다. 이는 상당히 정확한 표현으로, 다시 말해 유불도가 저마다 각기 다른 특징을 지니고 있다. 명원 김미희 선생은 유교 경전인 《중용(中庸)》을 자주 인용한다. 바로 '도를 병행하되 어긋나지 않는다(道並行而不悖)'고 할 수 있다.

1964년 동서양 철학가 회의가 하와이 주에서 개최된 적이 있다. 필자의 은사 둥메이(方東美) 교수는 거기에서 어느 서양 철학가를 우연히 만났는데 그로부터 질문을 하나 받았다. "중국에는 유불도 세 종교가 있는데, 당신은 어떤 종교를 연구하고 있나요?" 교수님은 이렇게 대답하였다. "저는 집안에서 계승되는 종교로 보면 유가이고, 살아가는 정서로 봐서는 도가이고, 인생의 마지막 관점에서 보면 불가입니다." 이 세 문장으로 알 수 있듯, 실제 중국인들은 유불도가 함께 공존하는 근본적 구조에 진입하였고, 또 이로서 위에서 언급한 중국 남방에서 유행한 가정 종교 심령그림과도 완전히 일치한다는 것을 알 수 있다.

2009년 7월, 필자는 허베이성(河北省) 스좌장(石家壯) 조주(趙州) 선사의 조정(祖庭) 백림선사(柏林禪寺)에 계신 밍하이(明海) 주지 스님의 초청을 받아, 중국 대학생 300여 명이 참가하는 여름캠프에서 '선차 일일(禪茶一日)' 체험 학습을 주관하게 되었다. 참가생 중 한 명이 개인 면담을 할 때 나에게 물었다. "중국 문화는 분명히 유교가 중심인데 왜 불교를 논하고, 선(禪)을 논합니까?" 나는 학생에게 대답하길 "우리의 선조는 2,000여 년이 지나서야 비로소 유불도를 하나의 완전한 체계로 융합시켰지요. 이는 선조가 우리에게 남겨준 문화적 유산입니다. 그런데 우리는 왜 그 사실을 부인하고 뒷걸음질쳐 또다시 계속해서 이런 무의미한 논쟁을 이어가야 할까요?"

이러한 대화는 종교적 대립이 현재 사람들의 마음속에도 여전히 짙게 그림자를 드리우고 있음을 반영한다. 공자가 말하길 '지자불혹(智者不惑)'이라 하였다. 슬기로운 사람은 도리를 잘 알기 때문에 어떤 일에도 홀리지 않는다는 의미다.

명원 김미희 선생은 문화사를 심층적으로 이해하고 유불도를 서로 결합하여 병행·발전시켰다. 이는 역사적 사실과도 부합할 뿐 아니라 유불도 3가의 '존이구동(存異求同)'의 공생원칙을 나타낸다. 더 놀라운 점은 한 잔의 차에 유불도가 모두 공존한다는 사실을 명원이 발견했다는 것이다.

4) 유불도와 한 잔의 차

명원 김미희 선생은 〈다인의 정신세계〉에서 특히 체험적 관점에서 한 잔의 차를 마시던 중 무언가를 이야기했고 동시에 유불도의 문화적 의미를 나타냈다.

명원 김미희 선생은 먼저 《중용》에서 나오는 '사람이 너나없이 먹고 마시기는 하나 진실로 맛을 아는 자는 없다(人莫不飮食也, 鮮能知味也)'라는 글귀를 인용하고, 그 다음으로 "차와 음식의 좋고 나쁨을 가려내는 소질 역시 차를 마시는 사람의 수준, 자태, 마음 상태에 따라서 차이가 매우 크다"고 말했다.

노자는 자연주의 관점에서 말하고 있다. 맛있는 음식은 사실상 맛없는 것이고, 사실 맛이 없어야 비로소 음식 본연의 맛이다. 나이 든 사람은 음식 중 다섯 가지

맛이 나는 것을 좋아하지만 실은 본연의 맛을 지닌 것이 더 좋다. 여러 맛이 동시에 존재하면 우리의 미각은 마비될 수 있다. 단지 밥만 먹는 아이들이 마찬가지로 매우 맛있게 먹고, 건강한 사람은 일반인이 맛없다고 생각하는 음식에서도 자연의 맛을 찾아낼 수 있다. 물 역시 이와 같아, 맛 좋은 물이나 음료수보다는 맑고 깨끗한 물을 좋아하는 사람이 더 건강할 수 있다. 그중 더 뛰어난 사람은 물을 마셨을 때 순수하고 맑은 물인지 아닌지를 가려낼 수 있는 자이다.

그 밖에 노자의 철학을 논하고 이를 다도의 핵심경계에 영입시켰다.

노자가 말하길 "춘기일화, 우주야충만료화기(春氣一和, 宇宙也充滿了和氣)"라 하였다. 노자의 사상은 차의 진리에까지 녹아들어 자연지기(自然之氣)뿐만 아니라 사람의 심리와 사람과 사람의 관계 속에서도 역시 춘기(春氣)가 있다. 오직 이러한 화합이 함께할 때에 천지는 비로소 감로(甘露)를 번식할 수 있다. 이는 물리적 감로일 뿐만 아니라 심리적 감로이다. 감로는 원만중화(圓滿中和)의 상태이다. 차의 맛은 중화(中和)이고 무(無)의 상태로, 즉 지극히 완전하면서도 높은 상태이다. 다경풍로(茶經風爐)의 이러한 글이 바로 철학이다.

이러한 '오행중화상태(五行中和狀態)'는 '무이(無味)'를 말한다. 하지만 이러한 무미지중(無味之中)의 맛은 반드시 무(無)가 아니다. 즉 무궁무진하기 때문에 '무'의 개념은 매우 의미심장한 표현이다.
또 유가에 대하여 명원 김미희 선생의 감성적 논이 있다.

어머니가 끓인 차는 무미(無味) 역시 좋은 것이고, 유미(有味) 역시 좋은 것이다. 이는 어머니의 마음이다. 다시 말해 어머니의 자식에 대한 인도주의 사상이다. 이처럼 추앙과 존경의 사상은 전체 우주에 충만해야 한다. 모든 사물을 대할 때 측은지심이 있어야 비로소 사랑하는 마음이 생길 수 있고, 너와 내가 비로소 일체가 될 수 있다. 이는 유가예의이고, 역시 차의 성질을 해석하고 분석한 또 하나의 관점이다. 넓은 의미에서 보면 이것이 중화주의이며, 이러한 중화주의는 유가뿐만 아니라 도가와 불가 중에도 역시 상통한 사상을 가지고 있다.

《다선일미(茶禪一味)》에서 명원 김미희 선생 역시 다선(茶禪) 체험에 대해 기술하고 있다.

한 잔의 녹차 속에는 무한한 철학과 교훈이 담겨 있다. 다구오미(茶具五味), 이 오미(五味)는 바로 인간의 근본을 가리키는 것이다. 우리 인간의 오식(五識), 즉 눈, 코, 귀, 혀, 촉각 등의 오식은 우리 인류가 죄인이 되게 하기도 하고, 또 우리를 각성하게 만들기도 한다.

명원 김미희 선생은 이 짧은 문장을 통해 이미 '다선'의 중요한 핵심 내용을 언급하였다. 필자는 연구를 하면서 《잡아함경(雜阿含經)》 중 '명상응촉(明相應觸)'의 가르침이 불타(佛陀)와 관련이 있음을 발견하였다. 다시 말해 '다(茶)'와 '선(禪)'은 하나로 연결된 구조이다. 그래서 '명상응촉'은 바로 육근(六根: 안[眼], 이[耳], 비[鼻], 설[舌], 신[身], 의[意])과 육진(六塵: 색[色]·성[聲]·향[香]·미[味]·촉[觸]·법[法])이 서로 만나는 그때에 정념(正念)이 분명하게 유지된다. 이러한 선수이념(禪修理念)은 실제로 모든 불교수행에 통하는 내용이다.

명원 김미희 선생은 인간의 눈, 코, 귀, 혀, 촉각 등의 오식(五識)이 우리 인류를 죄인으로 만들기도 하고, 또 우리를 각성시킨다고도 하였다. 바로 《잡아함경》의 법문에 상응하는 내용이다. 만약 마음이 일어날 때 상응한 것은 탐진치(貪瞋痴) 등 '무명(無明)'이다. 이 '무명상응촉(無明相應觸)'은 바로 사람이 업을 만들고 죄를

짓도록 유도할 수 있다. 반대로 '명상응촉'은 사람이 '배진합각(背塵合覺)'을 인도한다.

한 문장이 유불도를 말하고 한 잔의 차가 나와 내가 아닌 바로 지금 이러한 일념각(一念覺) 또는 불각(不覺)에 있는 것이다.

5) 다인 사덕의 유불도 실현

1952년 명원 김미희 선생은 차문화를 연구하면서 동시에 한국사와 고대사를 연구하였다. 1960년에는 한국 전통문화 부흥을 확립하였다. 특히 명원은 개인적으로 유불도 문화를 확실히 함양할 수 있는 문화 참여의 기회를 넓혔다. 구체적으로 살펴보면 '다인의 4가지 마음가짐'에 잘 나타나 있다.

명원 김미희 선생은 다인으로서 마땅히 갖추어야 할 덕목을 '청정(淸淨), 검덕(儉德), 중화(中和), 예경(禮敬)'으로 규정하였다.

이것으로 이미 유, 불, 도의 정신은 하나로 융합되었다. '불'교는 청결을 중시하고, '도'는 검덕을, '유'는 예경을 중요하게 여기며, '중화'는 3대 종교 모두가 존중하는 덕목이다. 따라서 명원 김미희 선생은 '중화'란 '차맛이 중화에 이르렀을 때가 가장 완만하고 아름다운 상태이다'라고 정의하였다. 이는 아주 심오한 표현이다. 차의 맛에는 농담(濃淡), 즉 진함과 연함이 있다. 너무 연하면 아무 맛이 없고, 너무 진하면 쓰고 떫은맛이 난다. 다인은 어떠한 행다(行茶) 과정 중에서도 차의 성질을 올바로 알고서 차의 양, 물의 온도, 차를 우려내는 시간을 조절해야 하고, 나아가 해발고도가 다르거나 계절적 차이가 나는 환경에서도 심오하게 차를 우려내 천지인(天地人) 화합·공명의 다탕(茶湯)을 만들어내야 한다. 이는 다인이 중화 경계에 어느 정도 도달했는지를 보여주는 진정한 지표이다.

당대 일본의 도쿄(京都)학파 학자 히사마쓰 신이치(久松眞一, 1889~1980)는 일본 다도의 정신을 '화(和), 경(敬), 청(淸), 적(寂)' 4글자로 나타냈다. 이는 명원 선생이 주장하는 바와 매우 유사하다. 다른 점은 히사마쓰 선생은 '적(寂)'을 택하였다. 이것은 선(禪)의 경계이다. 반면 명원 선생은 '검덕'을 중시하였다. 이 역시 한국 민족의 소박한 특징을 반영한 것이다.

중국대륙 허베이성 스좌장 백림사(柏林寺)의 방장 징후이 스님은 '정(正), 청(淸), 화(和), 아(雅)' 네 글자를 중국 선문다도(禪門茶道)의 주요 정신으로 여겼다. 이것이 한·일의 정신과 다른 점은 '正'과 '雅' 두 글자이다. '正'자는 정도요, 정념이요, 정각이며 광명정대(光明正大: 말이나 행실이 떳떳하고 정당함)이다. 이는 성자(聖者)의 인격기상(人格氣象)이다. '雅'자는 풍아(風雅)요, 전아(典雅)요, 문아(文雅)이며, 아비아언(雅譬雅言)이고, 아치아기(雅緻雅器)이고, 아복아인(雅服雅人)이다. 이것은 문명화 사회를 살아가는 사람들의 행동 방식이다.

한중일 삼국의 다도 문화에 나타나는 서로 다른 3가지 방식은 아시아 차문화가 갖는, 다원성 및 상호 보완적 관계를 보여준다. 3자간에 우위를 가리는 것은 무의미하다.

6) 4대 다례의 다원 구성

명원 김미희 선생이 쓴 차문화 논에서는 한국의 '다례'를 크게 4가지로 구분하고 있다. 즉 궁정다례(宮廷茶禮), 사원다례(寺院茶禮), 접빈다례(接賓茶禮), 생활다례(生活茶禮)이다.

첫 번째, 궁정다례는 한국 전통 귀족화 사회의 정치문화를 나타낸다. 귀족문화가 소실된 지 이미 오래되기는 했지만 인류 정치문화의 일례로 이러한 궁정다례는 그 보존적 가치가 크다. 명원 김미희 선생의 딸 김의정 여사는 현재 명원문화재단 이사장으로 한국 서울무형문화재 제27호 '궁정다례'의 전승자이다. 궁정다례 중 다례법은 '다(茶), 예(禮), 악(樂), 가(歌), 무(舞), 의(衣), 식(食)' 등과 관련된 종합문화이다. 이는 궁정의 거대한 등급 순으로 표현되는 종합예술이다.

둘째 항목 '사원다례'의 두드러지는 점은 한국 차문화의 귀중한 보배라는 것이다. 명원 김미희 선생은 한국 남방불교의 사찰을 접한 후 이처럼 소중한 전승문화를 발견하였다. 이 전승은 '다례'를 '다선(茶禪)'으로 끌어올렸다. 한국 산림불교는 지극히 정련되고 순수한 선종을 보존하였고, '禪'과 '茶'의 결합은 중국 제5세기의 천태산(天台山)으로 거슬러 올라간다. 미래 한국 차문화가 세계 차문화에서 가장 귀중한 특징의 하나로 꼽을 수 있는 것이 바로 이 '사원다례'이다.

셋째 항목인 '접빈다례'는 문명사회의 필수 예절로, 차문화가 인간관계의 윤활제 역할을 한다.

넷째 항목은 '생활다례'로, 명원 김미희 선생이 논을 통해 강조하는 내용 중 가장 뛰어난 부분이다. 이는 명원 김미희 선생이 생활화를 통해, 생활 속에서 가장 간편하고 실용적이며 간단하게 표현할 수 있는 다도 행위로 만들었다.

필자는 이전에 일본 다도는 대부분 접빈다례라고 생각했었다. 명원 김미희 선생은 오히려 이러한 접빈다례보다 생활다례를 통해서 광범위하게 전통문화를 가장 직접적으로 실천할 수 있다고 생각하였다. 이런 점에서 명원 김미희 선생의 다도 철학은 틀림없이 미래 세계적 차문화 발전의 가장 중요한 방향이 될 것이다.

문화의 이상은 반드시 대중의 생활 속에 존재해야 한다. 아니면 이러한 문화는 추상적 개념 또는 생명력이 없는 표본에 지나지 않는다. 대중의 생활에 만약 문화가 존재하지 않는다면 우리 인간은 동물과 별 차이점이 없다. 따라서 문화적 이상과 대중 생활의 표면적 관계 역시 민족문화와 밀접하게 관련되어 있어야 한다.

근래 20년 사이 유네스코는 '문화전승교육(Cultural Heritage Education)'을 대대적으로 제창하였다. 이는 명원 김미희 선생의 차문화 논과도 상통하는 부분이다. 현재 세계 곳곳에서 차문화 전승교육이 행해지고 있다. 이러한 현상은 문화유적을 보전하는 데도 과도하게 편중될 수 있다. 사실상 '차문화'처럼 살아있는 문화전승(Live Culture Heritage)의 경우 문화유적을 보전하는 일보다 더 중요한 가치가 있다.

명원 김미희 선생은 〈다인의 정신세계〉에서 사회에 보전된 고대 문물의 방식에 대해 강하게 비평하였다.

우리의 매우 아름다운 전통적 정신문화의 계승, 발전적 현상은 매우 불만족스럽다. 무분별하게 골동품을 사고, 문화유산을 보존한다. 가면극의 성행, 고분의 발굴 등등. 이러한 것은 우리 민족 전통문화의 전체를 재창조한다고 할 수는 없다. 내재적 측면의 민족 전통정신, 도덕적 가치가 있는 문화의 발굴과 건전한 문화질서를 새롭게 만드는 것이 더 중요하다.

명원 김미희 선생은 유불도의 문화 이상을 '상층 구조'로 여겼다. 그렇다면 이러한 문화 이상이 '하층 구조'에서 실현되는 것은 필연적으로, 하나의 다원화 구조이다. '궁정다례'와 '접빈다례'는 유교와 비교적 가깝지만, '사원다례'는 당연히 불교의 다선공간(茶禪空間)이다. '생활다례'에는 유불도가 모두 내포되어 있다.

7) 차와 사람의 관계

필자 개인은 차와 사람의 관계는 적어도 다음의 여섯 가지를 내포하고 있다고 생각한다.

첫째, 차와 해갈(解渴), 이것은 인류 생리적 욕구를 만족시킨다.

둘째, 차와 양생(養生), 이것은 인류 건강적 욕구를 만족시킨다.

셋째, 차와 대인관계, 이것은 인류 사회적 욕구를 만족시킨다.

넷째, 차와 예술, 이것은 인류가 유형의 세계에서 무형의 세계로 전향되는 다원화 전개이다.

다섯째, 차와 인격, 이것은 인류의 도덕적 측면에서 자아의 실현이다.

여섯째, 차와 오도해탈(悟道解脫: 도를 깨우쳐 해탈하다), 이것은 인류의 '제오향도(第五向度, The Fifth Dimension: An Exploration of the Spiritual

Realm)'의 요구이다.

이와 같이 여섯 가지 관점에서 바라봤을 때 세 번째 '대인관계' 부분이 바로 명원 김미희 선생이 주장한 '접빈다례' 범주에, 그리고 다섯 번째에서 말하는 '도덕적' '인격'은 바로 '생활다례' 범주에 속한다. 여섯 번째 '오도해탈'의 경우 '사원다례' 범주에 속한다. 사실상 '생활다례'에서는 첫 번째 '해갈' 및 두 번째 '양생'의 단계까지 확대할 수 있다. 완전한 차문화 체계를 형성하기 위해서는 현재의 동서양 의학 및 문화의 폭넓은 연구를 통해 이 여섯 가지 모두를 유기적으로 결합해 심층적으로 다방면을 내포할 수 있어야 한다.

8) 차문화 생활과 대중화

명원 김미희 선생이 차문화 중에서도 특히 독자적으로 심도 있게 다룬 내용은 바로 '생활다례'라고 생각한다. 명원 김미희 선생은 한국 차문화 부흥에 힘쓴 위대한 인물 중 한 명이라고 앞에서도 이미 밝혔듯이, 그녀는 한국 전통문화의 부흥과 차문화가 직접적으로 대중의 생활 속으로 융화하는 데 이바지했다.

명원 김미희 선생은 공연식이나 본보기식 문화 부흥은 반대하였다. 명원은 다음과 같이 말했다.

나는 전통 물건이라면 박물관과 민속촌처럼 특별한 장소에서나 구경할 수 있는 것으로 항상 생각했다. 하지만 만약 우리가 유리관 속이나 무대 위 또는 조명 위에서만 그 자취를 찾아야 하고 실제 생활 속에서 직접 피부로 느낄 수 없다면 전통문화는 자연스레 우리와도 점점 멀어질 것이다. 그래서 가정과 사회에 존재하는 하나로서 평소에 문화를 느낄 수 있어야 한다. 나는 확실히 선조가 우리에게 다도를 남겨주었다고 생각한다. 문화의 가장 근간

(根幹)을 이루는 것이 바로 음식문화이다.

간단히 말하면, 일상생활에서 음식문화는 모든 문화의 전승과 실천으로, 매일 아침, 점심, 저녁을 중단할 수 없다. 이는 살아있는 생활 문화이다. 또한 가장 진실한 문화 생태이다. 어떠한 문화적 이상, 어떠한 높고 뛰어난 정기를 막론하고 모두 이러한 진실된 문화 생태 속에서 실현된다. 이것은 명원 김미희 선생의 문화적 간파이다.

명원 김미희 선생은 단도직입적으로 다음과 같이 제시하였다.

나의 식탁에는 여전히 김치와 간장이 있다. 그러나 사실상 우리가 가지고 있는 것은 단지 허무한 껍데기에 불과하다. 식탁예절, 구첩반상, 칠첩반상, 테이블 격식 등 의식과 예절 모두 종적을 감추어 버렸다. 우리의 예전 식사 시간은 장유(長幼)의 질서를 가르치는 시간이었고, 경로(敬老) 예절을 가르치는 시간이었다. 주부들끼리 솜씨를 발휘하는 공간이었다. 하지만 지금의 음식생활 중 김치와 간장을 제외한 모든 것들이 완전 판판이 되어버렸다. 모든 것을 간편화하여 가장 기본적인 예삿일조차 다른 사람이 대신하게 되었다. 이런 상황에서 우리가 무슨 다른 문화를 말하겠는가?

이러한 문화 이념으로 명원 김미희 선생은 '생활다례'의 중요성을 명확히 제시하였다. 이와 같은 그녀의 문화 사명감을 통해서도 명원 김미희 선생이 말하는 우리 다문화와 일본 다문화가 서로 다르다는 구체적 의미를 찾을 수 있다.

9) 전 세계 차문화 발전의 새로운 전환점

현재 아시아 차문화 발전에서 일반인들은 보통 이런 생각을 가지고 있다. 이를

테면, 한국은 유교의 영향을 받아 예(禮)가 중심인 '차례(茶禮) 문화'를 발전시켜 일반 대중의 생활 속에 그 보편성이 있다고 말이다. 그러나 일본은 선종(禪宗)의 영향을 받아 선(禪) 위주의 다도문화이다. 차는 일본에서 생활적 소비일 뿐만 아니라 문화적 소비이다. 그러나 '선'과 '예'의 발원지인 중국으로 거슬러 올라가면 정치와 전란으로 인해 '문화적 단층' 상태에 놓여 있다.

중국의 '도통(道統)'과 '혈통(血統)'이 긴밀하게 연관된 대만은 현재 '선'과 '예'의 대부분의 전통이 잘 보존되고 있기는 하지만, 전체적인 차산업을 봤을 때 '다예(茶藝)' 면에 편중되어 있다는 게 조금은 염려스럽다. 몇몇의 의식 있는 사람들은 현재 근본을 찾아 보호하려고 노력하고 있다.

한국·중국·일본·대만 4개 지역이 차문화를 발전시키려면 반드시 더 많은 교류를 통해 서로 보완하고 흡수해야 한다.

게다가 필자는 선종이 고도로 발달한 한국의 '다선(茶禪)' 문화에 깊은 인상을 받았다. 하지만 여전히 불교 사원 중에 묻혀 있다. 이러한 '예'의 '현(顯)' 그리고 '선'의 '은(隱)' 현상은 한국 차문화의 전체적 발전을 거스르는 것들이다. 명원 김미희 선생은 '사원다례'를 통해 사실상 한국 '다선문화'의 심층적 의미를 실현하였다. 이는 분명 매우 의미 있는 업적이다.

일본의 다도 문화는 비록 선 위주의 체(體)이기는 하지만, 역사 발전 속에서 '이화(異化)' 현상 역시 나타났다. 가장 큰 이화는 바로 과도하게 '의식'을 중시하고, '선'의 무작위성(randomness), 자유성과 융통성이 소홀해졌다는 것이다. 다기(茶器)를 과도하게 숭배하여 선의 소박함 및 흥미와 멀어졌다. 'Tea Master'의 권위를 과도하게 강조하여 선의 평등성과 대중성이 상실되었다. '전통'을 과도하게 지키고자 하여 선의 창조성과 시대성이 간과되었다. 위의 이러한 비평은 일본 다도가 인류문화 세계에서 고도성취에서 반드시 부정적인 측면만을 가진 것은 아니지만, 반드시 한번 되돌아보아야 할 것이다.

도쿄의 우라센케 차실은 건설 가치만 해도 백만 달러 이상에 달한다. 그리고

'종가(宗家)'의 신분적 가치는 더 놀랍다. 거의 이미 차계의 귀족이다.《다선록(茶禪錄)》(1828년 출판)에서는 이미 200년 전에 이러한 현상이 나타났다고 매우 날카롭게 비평하고 있다. 현재 전 세계의 차 소비량을 살펴보면, 홍차가 약 85% 이상을 차지하고 있고, 아시아 지역에서 주로 생산된 차종은 최소 300종 이상이다. 찻잎 재배는 전 세계의 건전한 생태적 측면에서 마땅히 다원화되어야 지구 온난화로 겪게 될 위험을 면할 수 있다.

2010년 봄날, 중국 서남지역 변방의 보이차를 생산하는 윈난(雲南) 지역은 4개월 동안 계속해서 비가 내리지 않아 막대한 손실을 입었다. 이러한 문제는 장래 반드시 전 세계의 다른 지역에서도 발생할 것이다. 2010년 여름날, 미국 옐로스톤파크(Yellowstone Park)에 있는 한대성 나무품종의 70%가 지구 온난화로 죽는 바람에 숲에 살던 큰곰이 산 아래로 내려와 사람을 해쳤다. 이런 소식은 사람들에게 많은 것을 시사한다. 차산업은 생태 환경적 보호를 중시함으로써 차 다원화의 조정 메커니즘에 힘써야 한다.

그 밖에 차문화와 차산업은 서로 필연적 관계에 있다. 차산업이 없으면 차문화는 의미가 없고 차문화가 없으면 차산업은 단지 저속한 생활성 소비에 불과하다. 그래서 차문화와 차생산은 반드시 상부상조하여야 하고, 이는 전 세계 차문화 산업개발의 중요한 전환점이 될 것이다.

10) 전망과 도전

전 세계 차문화와 차산업의 미래적 도약에 대한 전망으로 다음의 6가지 방향을 제시할 수 있다.

1. 다원성(多元性). 전 세계의 가장 큰 특색은 오래된 지역적 경계가 무너진 것이다. 다문화를 받아들이는 것은 도전이다. 이는 각종 지역 문화의 독특성을 없애라는 의미가 아니고, 모호하고 허구적이며 표준화된 것, 심지어 추상적 가치체

계를 맹목적으로 따르지 말아야 한다는 의미이다. '글로벌라이제이션 (globalization, 세계화)' 이 한 단어는 학자들의 장기적인 연구 끝에 이미 '글로컬리제이션(glocalization: 세계화와 현지화[지역화]를 동시에 추구하는 경영전략을 일컫는 말)'으로 다시 새롭게 정의되었다. 이는 명확한 '현지' 특색의 구역성 문화가 있어야 비로소 글로벌라이제이션의 대 환경 속에 존재할 수 있고, 자기의 분명한 입장을 찾을 수 있음을 의미한다. 필자는 문화적 민족주의가 글로컬리제이션의 문화적 대 추세와 서로 잘 조화되는 공간이 있다고 여긴다. 이러한 관점에서 볼 때 명원 김미희 여사의 차문화 부흥은 자연히 시간이 오래될수록 사랑을 받을 수 있다.

2. 보완성(補完性). 전 세계 차 지역에는 지역별 특색이 있다. 그래서 전지구 차 산업의 발전 정책에서 마땅히 '블루오션 전략(blue ocean strategy)'을 채택하고 '레드오션(red ocean)'은 선택하지 말아야 한다. 전자는 블루오션에서 공존공영 (共存共榮)을 향해 나아가고 후자는 서로 흠집을 내어 결국 모두 사라지게 될 것이다. 발전 보완성을 지닌 블루오션 전략은 각기 다른 차지역 간의 교류 및 대화에 의한 합작 무대에 달려 있다.

3. 현대성(現代性). 이것은 고도 현대화 시대이고 또 고도 '후현대화' 시대이다. 전자는 이성우위, 구조 중시를 강조하는 것이고, 후자는 감성 우위, 분석을 단절하는 것이다. 차문화가 어떻게 이런 신국면을 받아들일 것인가는 아주 큰 도전임에 틀림없다. 대만의 경우 전통적으로 '공부차(功夫茶)' 다예관을 중시하였고 현재 이미 빠른 속도로 감소하고 있다. 이를 대체하여 거리에는 맥도날드와 같은 패스트푸드점 및 자판기 형식의 음료판매기가 거리를 장악하고 있다. 명원 김미희 선생이 말한 것처럼 이 사회는 이미 길을 잃은 매우 바쁜 거리 속에 놓여 있다. 이러한 소비 형식에서 티백차 및 냉포차(冷泡茶: 차가운 차)는 차문화를 대중화하는 하나의 방법이 될 것이다.

4. 심층화(深層化). 차문화의 순서는 앞에서 기술한 6가지와 같다. 오직 이 6가

지 순서에 따라 차례차례 그 내용에 충실하며 단계적으로 심층화함으로써 차와 사회대중의 정신적 대화가 비로소 감동 속에서 지속적으로 발전할 수 있다.

5. 유기화(有機化). 화학적 비료와 제초제는 토지에 이미 매우 심각한 피해를 입혔다. 신토불이의 관점에서 우리가 알아야 할 문제점은 화학적으로 오염된 토지는 반드시 화학적 오염이 신체에 영향을 준다는 것이다. 유기화의 차산업은 미래적 주류이고, 역시 미래 차산업의 유일한 활로이다. 한국 차산업은 처음부터 유기화 방향으로 나아가고 있고, 이는 한국 차산업 미래의 세계화 발전을 위한 우세점이 될 것이다.

6. 생태화(生態化). 차 소비량이 날로 증가해 차산지가 발전하면서 역시 생태 환경의 안전성이 점차 영향을 받고 있다. 특히 일부 높은 지대의 차산지는 이미 토석류의 위기에 직면해 있다. 만약 차 소비와 생태 환경의 문제가 서로 대립하는 상황에 놓인다면, 우리는 반드시 '생태 우위'를 선택해야 한다. 왜냐하면 생태 우위는 이미 전 세계인의 공동책임으로서 결코 간과해서는 안 되기 때문이다.

명원 김미희 선생의 차문화 논은 빠른 속도로 발전하는 문화 세계화에서 지금 그 중대한 전망적 의미를 지닌다. 시대적 환경은 바뀔 수 있지만 누구보다 앞서 인식한 높은 견해는 해와 달처럼 밝게 빛나는 인류지혜의 하늘에 영원할 것이다. 김미희 선생에 관한 자료를 제공해준 한국의 유양석 교수께 깊이 감사드린다. 나는 연구하고 저술하면서 한국 차문화 하늘에 뜬 보름달을 발견하게 되어 정말 기쁘다. 이 얼마나 감사한가!

2010년 9월 2일 초고는 북부 대만 쉐산 산(雪山) 동록불광(東麓佛光) 대학교 향운거(香雲居)에서 쓰다.

천쥔(陳駿) 거사는 문서 작업과 고견(高見)으로 많은 도움을 주었다. 특별히 감사의 마음을 전한다.

2010 09 11 Paper for "The Pioneer of Korean Tea Ceremony Myung Won Kim Mi Hee 茗園 金美熙 International Academic Conference"

從文化全球化的角度看

茗園 金美熙老師
茶文化論述的深層蘊涵

(初稿)

游祥洲

Dr. Yo, Hsiang－Chou

台灣 佛光大學 生命與宗教研究所 副教授

Associate Professor, Instituteof Lifeand Religious Studies,

Fo Gung University, Taiwan

關鍵詞：茗園, 金美熙, 茶禪, 茶禮, Cultural Heritage

前 言

這是一個全球化的時代。從文化全球化的角度來看，韓國茶文化的先驅者—茗園金美熙老師(1920-1981)所傳承與開啟的茶文化論述，的確有其卓越的遠見。她不但把茶文化的開展，擴大為人類生活的四大面向，也就是宮廷茶禮，寺院茶禮，接賓茶禮，生活茶禮，更重要的是，她把亞洲文化三大體系儒，佛，道的理想，以茶為平臺，巧妙地融合在她獨到的「生活茶禮」之中。在二十一世紀「文化全球化」的平台之中，茗園金老師是一位全人類的朋友，也是一位無可替代的文化典範之一。

大韓民國茶文化界的精英，今天聚集在首都漢城，來共同回顧這樣一位茶大師的遠見，這是非常有意義的「一期一會」(An Unique Occasion in this period of Life Time)。本人對於主辦單位的承擔，非常敬佩。本人也非常榮幸，得以參加此一盛會。

承蒙韓國 Prof. Yoo 提供了極其珍貴的茗園研究資料，筆者初步研究之後發現，茗園金老師對於韓國茶文化復興的論述，至少包含以下幾個重要的面向：

第一，茗園金老師強調茶文化的「生活化」與「大眾化」。她創建了「生活茶禮」，目的就是為了彰顯，復興韓國茶文化，不只是為了提倡喝茶，而是在整個韓國傳統的茶文化習俗中，茶文化已成為韓國人民最核心的文化實踐。因此，復興韓國茶文化，其不二法門，就是從大眾生活中重新體現韓國文化的實踐性蘊涵。

第二，「文化的民族主義」的覺醒。韓國曾受到日本的殖民地統治，而茗園金老師回應這個「殖民地主義」乃至於「後殖民地主義」的最直接手段，就是從文化的最上層結構，來重新建構韓國民族主義的核心價值體系，而這個體系，可以直接落實在全民的「生活茶禮」之中。

第三，茗園金老師超越了儒佛道各自本位的狹隘心態，透過「茶人四德」的理念，圓融地把儒佛道三大文化傳承，結合為一個平易的，可操作的茶文化。

第四，茗園金老師把韓國傳統茶文化，具體地展現為四大茶禮的多元建構，不但彰顯出韓國茶文化的多樣性，同時也保留了韓國茶文化向上提昇的無限空間。特別是「寺院茶禮」這一部份，這是韓國茶文化的天王星鑽石，它與茗園金老師所提倡的「生活茶禮」正好相互輝映，值得我們更虛心地去探討。

以上這四個面向，彼此相攝，是一個完整的有機體。

一個深層的文化覺醒

在「殖民地主義」與「後殖民地主義」環境下，一個深層的「文化的民族主義」的覺醒，是茗園金老師茶文化論述的特色之一，這也是茗園金老師復興韓國茶文化的主要動力之一，同時更是良性的民族主義的典範。

日本軍閥對亞洲國家發動軍事侵略，這是二十世紀最大的悲劇之一。因為日本的侵略，亞洲各國的民族主義也普遍興起。1910年，日本併吞了韓國，這一段殖民地歷史，一直延續到1945年二次大戰結束。韓國文化在這一段殖民地的歲月裡，受到日本極大的破壞。對韓國人民而言，它已不只是一頁文字記載的歷史而已，而是韓國廣大民眾一段被視為「二等國民」的痛苦經歷。

回應殖民地主義有很多種方式，有的可能是懷抱著仇恨與報復的心，這樣的回應，用佛陀的話來講，「以怨報怨何時了」。這種報復的循環必須中止，否則人類將永遠活在戰爭的痛苦之中。但是放棄報復，並不能中止殖民地統治所帶來的創傷。療傷止痛最根本的方法不是別的，就是從深層的文化層面，也就是從文化的根部，來重新灌溉養份，重新壯大這個根部。茗園金老師復興韓國茶文化的核心論述，就是透過全民的「生活茶禮」，來重建韓國人民在日本半個世紀的殖民地統治中那個受傷的「文化之根」。

筆者以為，茗園金老師對日本殖民地主義的回應，乃是一種良性的民族主義的回應典範。更重要的是，茗園金老師的使命，並未全部完成。殖民地主義最大的危害，乃是它會變形成為「後殖民地主義」。殖民地的時代過去了，但殖民地時代那些被扭曲的文化價值觀卻未必過去。它可能被貼上新的標籤而仍然活躍著。換一句話說，「政治殖民地」雖然終結了，但「文化殖民地」卻可能仍然躲在幕後，長期地操縱著人民的生活。茗園金老師深刻地看到了這一點。

日本對韓國的殖民地統治，1945年結束，而茗園金老師復興韓國茶道的行動，則是從1952年開始。茗園金老師從大眾生活中警覺到韓國社會在「後殖民地」時代所潛藏的文化危機。

在一篇題為〈韓國茶道復興的必要性〉的文章中，茗園金老師提到戰後的韓國，需要幾個重要的元素來重建韓國的國民精神。她說：

第一，酒和煙並不能淨化情感，反而令大眾沉迷於感官性的享樂主義。因此，我們需要找到一個可以純化和淨化國民情感的媒介。

第二，傳統的一代和受過日本殖民地教育的一代以及接受現代教育的一代各自獨立存在，在這一狀態下，我們需要為人們提供一種具有集體感和和諧感的向心性媒介體。

第三，我們美好的傳統精神文化的繼承發展的現狀令人不滿。——內在層面的民族傳統精神，道德價值的文化挖掘和重新建立良好的文化秩序，更為重要。

第四，飲茶現象已經普及化。我們不能任由日常飲用的茶全部被舶來品所替代。如果能阻止因進口外國茶而導致的巨大的外匯流失，在國內生產優質茶葉，增大農村收益，並達到節約外匯的目的，這不是兩全其美嗎？因此我們要開發茶園和促進茶產業，在韓國南方的山上種植優質的茶樹，使每一個村莊都能產出好茶，這是我們開發和努力的方向，如果能更進一步，出口到國外，更是我們的美好夢想。

在這四段論述中，我們看到茗園金老師復興韓國茶文化最核心的關切乃是：「重新創造內在層面的民族傳統精神，道德價值的文化挖掘和重新建立良好的文化秩序。」她在社會大眾的生活中，清楚地看到了「文化斷層」的危機。筆者以為，茗園金老師在韓國茶文化復興運動上所留下來的最大資產，不只是茶禮的保存而已，而是她在文化傳承上的深層覺醒。

有人質疑，茗園金老師的茶文化復興運動是模仿自日本？她明白地回答說，不是。她提到了她接觸過日本茶道，但她對於日本艱澀的茶道並不認同。她所提倡的韓國茶道，是要從大眾生活中做為一個民族文化的具體實踐的方式。與其說她要復興韓國茶文化，不如說茶文化復興只是整體韓國文化復興的一個切入點而已。

2008年5月，筆者應木浦大學茶文化研究所趙紀真所長之邀，到寶城地區參觀當地廣大的有機茶園，同時又應漢城成均館大學朴希峻教授之邀，參訪了河東地區欣欣向榮的有機茶園以及精益求精的製茶工藝。茗園金老師三十年前提倡在韓國南方種茶的遠見，終於實現了。

在筆者研讀茗園金老師的論述時，以下這一段話，讓我非常感動。

> 在飲茶的那一瞬間，用我們自己的茶，接觸我們自己的文化，成為審視真我的瞬間，讓這一時間，成為遵守秩序和禮節的時間，成為主婦們傾注精誠的空間，這也是創建生活茶禮的志向所在。

這一段話的精義，乃在於茗園金老師點出一個人生命主體性的深層依託。人跟動物的最大不同，乃是人從「文化」的傳承中建構了一個文化的「真我」。而這個從文化層面上所建構的「真我」，它的內涵可以無限大。這也就連結到茗園金老師另外一個論述的重點，也就是復興韓國的茶文化，必須把韓國傳統文化的三個主要支柱一次帶進來。對於這一部份，茗園金老用「茶人四德」與「四種茶禮」的架構，把儒佛道的文化理想帶入茶道。

儒, 佛, 道：從對立到融合

茗園金老師在她的茶文化論述中，特別強調儒, 佛, 道三個文化傳承的融合。這是極重要的遠見。

事實上, 佛教在公元之初傳入中國之後, 兩千年來, 儒, 佛, 道三個文化傳承在中國文化史上, 至少有一千五百年處於一種長期對立的狀態, 所以歷代的王朝對於這三個文化傳承也各有偏重。漢朝以儒治國, 魏晉南北朝則儒佛道三玄各自發展, 到了隋朝則專崇佛教, 唐朝則是佛道並行, 但受到壓抑的儒家, 則醞釀了後來宋明理學對佛教的反動。元朝偏重藏傳佛教, 至於明朝後期, 當時儒佛道三方面的精神領袖, 開始採取了一種相互尊重與包容的新姿態, 可說儒佛道的融合期。在中國的南方, 近百年來可以廣泛地看到, 幾乎家家戶戶一進門, 您第一眼看到的就是一幅儒佛道三教融合的圖像。圖像最少有三層, 最上層是觀世音菩薩, 中間一層中央是媽祖, 左右兩側則為關公和韋陀菩薩, 最下一層則為土地公爺爺, 有時左右還加上文昌帝君和註生娘娘。儒佛道在這裡都有了。全球最早的宗教對話, 在中國南方這一幅家家戶戶供奉的圖像中, 早就已經完成了。

但不要忘了, 中國人花了一千五百年以上的時間, 才完成了儒佛道從對立而融合的這一幅和諧的宗教心靈圖像。

茗園金老師對於儒佛道的融合, 並非出於籠統想像。她在一篇題為〈茶人的精神姿態〉的論述中, 詳細地探討了儒佛道三家在韓國文化史上的發展史, 最後她得出一個結論:「縱覽我們國家思想傳統的發展, ──不難看出, 儒佛道三教並不是對立存在, 而是並行發展的。」這裡提到「並行發展」四個字, 這是非常精準的表達。換句話說, 儒佛道各有愛好者, 用茗園金老師喜歡引用的《中庸》這一部儒家經典的話來說, 那就是:「道並行而不悖」。

1964年, 東西方哲學家會議在夏威夷大學召開, 筆者的恩師方東美教授碰到一位西方哲學家問他一個問題:「中國有儒佛道三家, 您究竟屬於那一家?」方教授的回答是這樣的:「從家庭傳承來說, 我是儒家; 從生命情調來說, 我是道家; 從生命的終極關懷來說, 我是佛家。」這三句話如實地點出中國人把儒佛道融合為一的根本架構, 這個架構與筆者上文所敘述的中國南方流行的家庭宗教圖像, 基本上是完全一致的。

2009年7月, 筆者應河北省石家莊趙州禪師的祖庭柏林禪寺方丈明海大和尚之邀, 在一個來自中國大陸各省三百多位大學生的夏令營中, 主持了一項「禪茶一日」的體驗性教學。與會學生在一次「小參」(personal interview)之中問我:「中國文化應當以儒家為主, 為什麼要談佛談禪?」我回答學生說:「我們的老祖宗花了兩千年的時間, 才把儒佛道融合為一個完整的體系, 這是老祖宗給我們的文化遺產, 我們為什麼要把它倒退, 又繼續延長那個無謂的諍論呢?」

這一些對話清楚地反映出, 儒佛道的對立在當代人的心目中仍然有一個很大的陰影。孔子說:「智者不惑」, 的的確確, 唯有「智者」才能夠「不惑」。

茗園金老師通過文化史的深刻理解, 用「並行發展」來總結儒佛道的關係, 不但切合歷史的真象, 而且也點出了儒佛道三家「存異求同」的共生原則。更巧妙的是, 她發現, 在一杯茶當中, 儒佛道都一次到位了。

儒, 佛, 道, 一杯茶

茗園金老師在〈茶人的精神姿態〉一文中, 特別從體驗的觀點, 談到她如何從品飲一杯茶當中, 同時體現儒佛道的文化蘊涵。

茗園金老師首先引用《中庸》的話說:「人莫不飲食也, 鮮能知味也」, 然後從這裡點出:

> 食物或茶好壞, 也會因飲茶者的水準, 姿態, 心法而大相徑庭。

茗園金老師對於老子的哲學, 有著獨到的體會。以下這一段「無味是為真味」的敘說, 很有意思:

> 老子的自然主義中提到, 認為好吃的東西其實是不好吃的東西, 無味的東西其實才是食物的原味。年齡較大的人喜歡在飲食中添加五味, 但實際上原味的食糧更好, 各種味道混雜會使我們的味覺麻痹。小孩只吃米飯也吃得很香, 健康的人面對一般人認為不好吃的東西, 也能品出自然之味。水亦是如此, 與甜水或飲料相比, 更喜歡清水的人通常會更加健康。其中的

佼佼者要喝水也能辨別出純淨與否的人。

　　另外一段闡釋老子哲學的論述，同樣展現了把老子哲學融入茶道的深刻境界。

老子說：「春氣一和，宇宙也充滿了和氣」。老子的思想融入到了茶的真理，不僅在自然之氣中，在人的心理，人和人的關係中也存在春氣。只有這些和諧相容時，天地才能滋生甘露。這不僅是物理上的甘露，也是心理上的甘露。甘露是指圓滿中和的狀態。因此茶味就是既中和又無的狀態，即最完滿的狀態，最至上的狀態，茶經風爐中的那些文字就是哲學。

這裏的「五行中和狀態」，是指這個味道「無味」，但這個無味之中的滋味並不是無。即，因太多無邊無垠，因此「無」的概念是意味深長的表現。

　　對於儒家，茗園金老師也有一段感性的論述。

媽媽泡沏的茶無味也是好的，有味也是好的，因為這是媽媽的心意。換句話說就是媽媽對兒子的仁道主義思想。如此這般愛戴和尊敬的思想要充滿整個宇宙。對待所有事物都懷有惻隱之心，才能滋生愛心，你我才能合為一體，這便是儒家禮儀，也是解析茶性的一個角度。大的方面說這是中和主義，這一中和主義不僅是儒家，在道家和佛家中也有相通的思想。

　　在一篇題為〈茶禪一味〉的文字中，茗園金老師也點出她對茶禪的體驗。

在那一杯綠茶裏，承載著無限哲學和教訓。茶具五味，這五味就是教誨我們的人之根本。即我們人的五識，眼，鼻，耳，舌，觸覺等五識令我們人類成為罪人，也令我們覺醒。

　　在這一段簡短的文字中，茗園金老師已經觸及「茶禪」的精要處。筆者在研究中發現,《雜阿含經》中有關佛陀對於「明相應觸」的教示,可說是「茶」與「禪」相互連結的關鍵。所謂「明相應觸」,就是在六根 (眼,身,鼻,舌,身,意) 與六塵 (色,聲,香,味,觸,法) 相接觸之當下,保持正念分明。這樣的禪修理念,實際上貫穿了整個佛教的修行。

茗園金老師所謂「人的五識,眼,鼻,耳,舌,觸覺等五識令我們人類成為罪人,也令我們覺醒。」正好呼應了《雜阿含經》的法門。如果念頭生起的當下,相應的是貪瞋痴等「無明」,那麼,這個「無明相應觸」就會引導人們造業造罪; 反之,「明相應觸」則引導人們「背塵合覺」。

一句話說到底,儒佛道,一杯茶,悟與不悟,就在當下這一念覺或不覺了。

從茶人四德中體現儒佛道

1952年,茗園金老師開始研究茶文化的同時,她也著手研究韓國史和上古史,而在1960年,她確立了復興韓國傳統文化的方向。尤其是隨著她個人文化參與層面的擴大,她更清楚地把儒佛道的文化蘊涵,具體地展現在「茶人的四個精神面貌」上。

茗園金老師對於茶人所應具備的精神面貌,定義為: 清淨,儉德,中和,禮敬。

這當中已經融合了儒,佛,道的精要。「佛」重清淨,「道」重儉德,「儒」重禮敬。而「中和」之道則為三教所共尊。而在茗園金老師對於「中和」一詞所給予的定義,乃是:「茶味達到中和即是最完滿的狀態,最佳的狀態。」這是非常深刻的表達。茶味有濃有淡,過淡則無味,過濃則苦澀,茶人如何在行茶過程中,熟悉茶性,適度掌握茶量,水溫與浸泡時間,乃至於在不同的海拔高度與季節,精微地泡出與天地人和諧共鳴的茶湯來,這就反映出茶人本身是否已達到身心「中和」境界的真實指標。

當代日本京都學派學者久松真一 (1889 - 1980) 在總結日本茶道的精神內涵時,用「和,敬,清,寂」四個字來概括。這個表達,與茗園老師所主張者相近,其不同者, 久松先生拈出一個「寂」字, 這是禪的境界, 而茗園老師則重視「儉德」, 這也正反映了韓國民族樸實的性格。

中國大陸河北石家莊柏林寺的老方丈淨慧法師則以「正, 清, 和, 雅」四個字做為中國禪門茶道精神的主要內涵, 其與韓日主張之不同者, 就是「正」與「雅」這兩個字。「正」者, 正道也, 正念也, 正覺也, 光明正大也, 這是聖者的人格氣象。「雅」者, 風雅也, 典雅也, 文雅也, 雅譬雅言也, 雅緻雅器也, 雅服雅人也, 這是文明化社會的一種行為模式。

在中韓日三國的茶道文化裡, 這三個不同的表達, 正可以彰顯亞洲茶文化的多元性與互補性。如果要在這三者之間, 強分是非高下, 那不但沒有必要, 而且徒增無謂的紛擾。

四大茶禮的多元建構

茗園金老師在她的茶文化論述中, 把韓國的「茶禮」, 分為四個建構, 此即: 宮廷茶禮, 寺院茶禮, 接賓茶禮, 生活茶禮。

第一項的「宮廷茶禮」, 是韓國傳統貴族化社會精緻文化的呈現。雖然貴族社會早已消失, 但做為人類精緻文化的一個面向, 這樣的宮廷茶禮, 自有其保存的價值。茗園金老師的二女兒, 現任茗園文化財團董事長的金宜正女士, 是韓國漢城無形文化財第27號「宮廷茶禮」的傳承人。「宮廷茶禮」中的茶禮法, 包括了茶, 禮, 樂, 歌, 舞, 衣, 食等綜合文化, 它是通過宮廷龐大的等級秩序和協調機制而表現出來的綜合藝術。

第二項的「寺院茶禮」, 顯然是韓國茶文化中的瑰寶。茗園金老師在她接觸了韓國南方佛教的寺剎之後, 發現了這個貴重的傳承。這個傳承, 把「茶禮」提昇到「茶禪」的層次。韓國山林佛教保存了極其精粹的禪宗傳承, 而「禪」與「茶」的結合, 可以追溯到中國第五世紀的天台山。未來韓國茶文化在全球茶文化環境中, 最可貴的特色之一, 就是這個「寺院茶禮」。

第三項的「接賓茶禮」,是一種文明社會的必要儀節,也是茶文化做為一種人際關係潤滑劑。

第四項的「生活茶禮」,這是茗園金老師最精彩的發揮。在這個生活化的面向中,茗園金老師深刻地點出生活中最平實,最真實,最簡易的茶道修行。

筆者以為,當前日本的茶道,大部份著力在「接賓茶禮」上,而茗園金老師則透過「生活茶禮」的開顯,使得茶道更為廣泛地成為整個社會承襲傳統文化最直接的實踐。在這一點上,茗園金老師的茶道哲學,顯然地點出了未來全球茶文化開展,一個最重要的面向。

以上這四個面向,彼此相攝,是一個完整的有機體。文化的理想一定要落實在大眾的生活之中,否則這個文化只是一些抽象的概念或是沒有生命的標本而已。同樣地,大眾的生活如果沒有文化的導引,那麼,大眾生活跟動物也就沒有兩樣了。而這個文化理想與大眾生活互為表裡的關係,也必然要跟民族文化緊密地連結在一起。

最近二十年來,聯合國教科文組織(UNESCO)大力提倡「文化傳承教育」(Cultural Heritage Education),與茗園金老師茶文化論述,可說相互呼應。目前全球各地在文化傳承教育方面所呈現的現象,可能過度傾向於文化遺跡的保存,事實上,像「茶文化」這樣一種「活的」的文化傳承(Live Culture Heritage),比起文化遺跡的保存,實在是重要多了。

茗園金老師在一篇題為「茶人的精神」的論述中,對於社會上保存古文物的方式有著強烈的批評。她說:

> 我們美好的傳統精神文化的繼承發展的現狀令人不滿。無計畫地購入古董品,保存文化遺產,面具舞盛行,發掘古墓等等,這些並不能代表重新能夠創造我們民族傳統文化的全部。內在層面的民族傳統精神,道德價值的文化挖掘和重新建立良好的文化秩序,更為重要。

茗園金老師既然以儒佛道的文化理想做為她的茶文化論述的「上層結構」，那麼，落實這個文化理想「下層結構」，必然就是一個多元架構。「宮廷茶禮」與「接賓茶禮」顯然與儒教比較接近，而「寺院茶禮」當然就是佛教的茶禪空間，「生活茶禮」則儒佛道兼而有之。

茶與人的關係

　　筆者個人以為，茶與人的關係，至少包含以下六層：

　　一，茶與解渴，這是滿足人類生理面的需求。

　　二，茶與養生，這是滿足人類健康面的需求。

　　三，茶與人際關係，這是滿足人類社會面的需求。

　　四，茶與藝術，這是人類從形而下的世界轉向形而上的世界的多元開展。

　　五，茶與人格，這是人類在道德層面上的自我實現。

　　六，茶與悟道解脫，這是人類開展「第五向度」的需求。

　　從這六個層次的角度來看茗園金老師的茶文化論述，我們可以看到，第三個層次，也就是人際關係這一部份，正是「接賓茶禮」的範疇。而第四個層次，所謂道德人格，這正是「生活茶禮」的範疇。至於悟道解脫，那就是「寺院茶禮」的範疇了。事實上，從「生活茶禮」中，也可以延伸到第一層次的「解渴」以及第二層次的「養生」這兩個面向。要建構完整的茶文化體系，這六個層次都有待結合當代的東西方醫學以及跨文化的研究，來深化其多面向的內涵。

茶文化的生活化與大眾化

　　筆者以為，茗園金老師整個茶文化論述，最獨到而深入的發揮，就是她創建了「生活茶禮」這個重要的範疇。筆者在上文中已經指出，茗園金老師復興韓國茶文化的最大推力之一，是為了復興韓國傳統文化；而其直接的切入點，就是將茶文化融入大眾的生活之中。

茗園金老師反對表演式或是標本化的文化復興。她說：

> 我們通常想，傳統的東西只有在博物館或民俗村才能見到，只有在特別的場所才能一睹風
> 采。如果我們只能在玻璃櫃中，或在舞臺上，或在螢屏上才能找尋到蹤跡，而不能在生活中
> 與之有肌膚上的親近，傳統文化自然會漸漸離我們遠去。那麼，作為社會和家庭的一份子，
> 我們就要創造時常能觸摸到，時常能感覺到的文化平臺，我自信地認為這個就是祖先留給
> 我們的茶道。一個文化的最基層就是飲食文化。

簡單地說，常民生活中的飲食文化，是整個文化傳承與實踐中，每天都不可能中
斷的「早課」，「午課」與「晚課」。這是活生生的文化。這是最真實的文化生態。任
何文化理想，無論說得如何高妙精彩，都必須回到這個真實的文化生態中來落實。
這就是茗園金老師的文化洞見。

茗園金老師直接了當地指出：

> 我們的飯桌上還是泡菜和醬湯，我們都說我們的飲食生活沒有改變，但事實上，我們所擁有
> 的只是一個虛殼。與飯桌相伴的餐桌禮儀，九碟飯床，七碟飯床，飯桌格式等儀式和禮節都
> 已經銷聲匿跡了。我們古老的就餐時間是教導長幼有序的時間，教授敬老尊老禮節的時間，
> 是主婦們發揮手藝的藝術空間。但在今天的飲食生活中，除了泡菜和醬湯之外，其他的都面
> 目全非了。一句話就是一切都是為了方便，最為基本最為常見的茶飯事也用別人的來取代。
> 在這種情況下，我們還談什麼其他文化呢？

基於這樣的文化理念，茗園金老師明確地提出「生活茶禮」的操作重點，由此貫
徹她的文化使命感，也是從這裡讓我們看到茗園金老師與日本茶文化相互區隔的
具體蘊涵。

全球茶文化開展的新契機

在目前亞洲茶文化的開展中，一般人都有這樣一個印象，韓國受到儒家的影響，因此開展出以禮為主體的「茶禮」文化，並且在常民生活中，有其普遍性。而日本受到禪宗的影響，則開展出一個以禪為主體的茶道文化，茶在日本，不但是生活性的消費，更是文化性的消費。然而追溯到「禪」與「禮」之發源地的中國，則因為政治與戰亂的因素，反而處在一種「文化斷層」的狀態中。

與中國大陸「道統」與「血統」緊密相連的台灣，目前還保存著「禪」與「禮」的大部份傳統，但在茶產業的整體表現上，則有過度向著「茶藝」面向傾斜的疑慮，有心之士正在積極從事固根護本的努力。

顯然地，韓日中台四個地區的茶文化發展，彼此必須透過更多的交流來互補相攝。

再者，筆者有一個印象，那就是禪宗高度發達的韓國所形成的「茶禪」文化，卻仍然隱藏在佛教的寺院中。這種「禮」甚「顯」，而「禪」甚「隱」的現象，對於韓國茶文化的整體性開展，是一個不平衡的現象。如何透過茗園金老師所強調的「寺院茶禮」來如實呈現韓國「茶禪文化」的深度內涵，這將是令人十分期待的大事。

日本的茶道文化，雖然是以禪為主體，但在歷史發展中，卻也出現了「異化」的現象，最大的「異化」，就是過度重視「儀式」而忽略了「禪」的隨機性，自由性與靈活性；過度崇尚「茶器」而背離了「禪」的簡樸性與拙趣；過度強調「茶大師」的威權地位，而迷失了「禪」的平等性與大眾性；過度地保守「傳統」而錯失了「禪」的創造性與時代性。以上這些批評，並非否定日本茶道在人類文化世界裡的高度成就，而是提供一個反省的面向。

東京一個裡千家的茶屋，其造價可以達到一百萬美金以上；而「家元」的身價，更是驚人，幾乎已經成了茶世界的「貴族」。「茶禪錄」（1828年出版）早在兩百年前就對此現象，有著極其嚴厲的批評。

環顧目前全球茶消費量，紅茶佔百分之八十五以上的比率，而在亞洲地區所生產的主要茶種，至少在三百種以上。就全球生態的健全而言，茶葉的種植應該走向多元化，才能夠避免地球暖化可能造成的不可知的威脅。2010年春天，中國西南邊盛產普洱茶的雲南地區，連續四個月不下雨，由於茶種過於單一化，因此，損害慘重。這一類的問題，將來必定發生在全球不同的茶區。2010年夏天，美國黃石公園的寒帶樹種，百分之七十因為地球暖化而死亡，造成森林裡的大熊下山傷人。這一些訊息正在警告人們，茶產業不但要重視生態環境的維護，同時還要注意到茶種多元化的調整機制。

此外，茶文化與茶產業是一體的兩面，沒有茶產業，茶文化是空的；沒有茶文化，茶產業，只是低俗的生活性消費。因此，茶文化與茶產業必須相輔相成，這將是全球茶文化產業開展的重要契機。

前瞻與挑戰

前瞻全球茶文化與茶產業未來的挑戰，筆者以為，至少包含以下六個面向：

1, 多元性。全球化的最大特色就是打破舊的疆界，接受多元文化的挑戰。這並不是說，破除各種在地文化的獨特性，而去盲目地追求一種模糊的，虛擬的，標準化的，乃至於抽象的價值體系。「全球化」一詞，在學者長期研究之後，已經被重新定義為「全球在地化」。這正意味著，唯有具有明顯的「在地」特色的區域性文化，才有可能在「全球化」的大環境中，找到自己真正的立足點。筆者以為，文化的民族主義，在這裡與「全球在地化」的文化大趨勢，有著極大的相融空間。從這個觀點來看茗園金老師的茶文化復興論述，自然可以感受到一種歷久彌新的歡喜。

2, 互補性。筆者以為，全球不同茶區各有特色，因此，在全球茶產業的發展策略上，應該採取「藍海策略」，而不是「紅海策略」。前者是在一片藍海之中，共存共榮，後者則是相互撕殺，最後可能同歸於盡。如何發展互補性的「藍海策略」，有賴於各個不同茶區之間，建立交流對話的合作平台。

3, 現代性。這是一個高度現代化的時代,也是一個高度「後現代化」的時代,前者強調理性優位,重視結構,後者則是感性優位,斷裂解構。茶文化如何迎接這樣一個新局面,的確是一個很大的挑戰。就台灣而言,傳統講究「功夫茶」的茶藝館,已經快速減少,代之而起的是滿街麥當勞式的速飲茶舖以及投幣式的冷飲購買機。正如茗園金老師所說的,這個社會已經迷失在「匆忙」之中。面對這種消費形式,茶包的供應以及冷泡茶的泡茶法,的確是推廣茶文化的另外一種思考。

4, 深度化。茶文化的層次,一如筆者在上文中所敘述的,有六個層次。唯有在這六個層次上,逐層逐層地充實其內涵,並且層層深化,「茶」與社會大眾的心靈對話,才會從感動中持續地開展。

5, 有機化。化學肥料與除草劑對土地的破壞已經到了很嚴重的地步。從「身土不二」的角度來看待這個問題,我們更要覺知到,有化學污染的土地,就一定要發生化學污染的身體。有機化的茶產業是未來的主流,也是茶產業未來唯一的活路。韓國的茶產業一開始就朝著有機化的方向走,這是韓國茶產業未來全球發展的優勢之一。

6, 生態化。由於茶的消費量與日俱增,因而茶區的開發,也逐漸影響到生態環境的安全性。尤其是部份高山茶區,已面臨土石流的威脅。如果茶的消費與生態環境的平衡造成對立,我們必須選擇「生態優先」。因為「生態優先」已成為「全球責任」不可缺少的內容。

茗園金美熙老師的茶文化論述,在文化全球化快速發展的今天,有其重大的前瞻性意義。時代的環境會改變,但先知的卓見則是跟日月一樣,永遠閃亮在人類智慧的天空。感謝韓國 Professor Yoo 為我提供了金老師的資料,本人在研讀與寫作過程中,很高興能夠抬頭看見韓國茶文化天空中的一輪明月。感恩!

本文之末,特別附上一篇本人與韓國朴希峻教授互動的文章,與有緣人分享。

2010年9月2日 初稿寫成於北台灣雪山東麓佛光大學香雲居。

'한국 차문화 천년의 숨결'의 맥을 짚었다

공종원 (언론인)

명원문화재단 김의정 이사장과 《차의 세계》 발행인 최석환 씨가 이번에 신저 《한국 차문화 천년의 숨결》을 세상에 내놓았다. 이 소식을 접하고 우선 코로나19 라는 파국적인 지구적 재난의 와중에 저자가 그간의 연구연찬의 결과물로서 걸 출한 차문화 연구업적을 삼 백 페이지가 넘는 상당한 저술로 상재한 것을 보고 감복하지 않을 수 없다.

물론 저자는 그간에도 《천년의 차향》이나 《세계의 차인》 등 차서를 통해 중국 의 대표적 차연구가 커어단(寇丹)으로부터 '동아시아 차학자'라는 칭송을 받아왔 기 때문에 차에 관한 새 저술을 발행하는 것이 새삼 이상할 건 없다.

하지만 필자는 이번 《한국 차문화 천년의 숨결》을 보고 저자가 이 책에서 우리 차문화 천년의 역사를 부감하면서 자신의 관점과 체계로 우리 차의 주요 인물들 과 사건들을 독특하게 설명하고 있다는 점에 주목하고자 한다.

저자는 1장에서 '천년의 한국 차문화 향기'를 서술하면서 우리 차가 언제부터 시 작되었는가에 조명을 보내고 허황후 이래 신라, 고려, 조선, 현대로 이어지는 차문화의 맥락을 짚어간다. 이어 2장 '한국 차문화와 선차 문화의 전개'에선 무상선사의 선차지법과 중국 백림선사의 조주선차기념비를 조명하면서 우리 땅으로 건너온 조주다풍을 거론하고 그 차맥 속에서 함허득통과 매월당 김시습의 초암다법에 초점을 맞춘다.

그러니 3장 '조선 후기 차문화와 대흥사 다풍'이 4장 '조선 시대에 성행했던 궁중다례'나 5장 '한국 차의 선구자 명원 김미희'는 그 부수물이 된다. 그리고 부록 '명원 김미희 다화', '명원의 차정신을 잇다', '해외 차인이 명원을 말하다'는 과외의 소득인 것 같다.

저자가 신라왕자 출신 무상선사를 중국과 한국을 포함하는 선차의 비조로 선양하면서 그 의미를 부각한 것이나 조선 시대 우리 선차의 맹점으로서 함허득통을 부각하고 있는 것, 그리고 매월당 김시습을 초암차의 시원으로 보고 있는 점은 남다른 혜안이라 하겠다. 이는 앞으로 우리 차연구가들이 앞다투어 연구하고 자료를 발굴, 개척해야 할 차인들 모두의 과제가 아닐까 한다.

참고문헌

1. 資料

돈황본, 《역대법보기》

《구화산지》

《전당시》(송동자하산)

일연, 《삼국유사》

김부식, 《삼국사기》

정몽주, 《포은집》

《고려사》

《고려사절요》

《국조오례의》

찬녕, 〈송고승전〉

〈기림사사적기〉

《석봉산석왕사기》

《선화봉사고려도경》, 권38 기명 편

《조선왕조실록》

문일평, 《다고사》, 휘종(대관다론(大觀多論))

장지연, 《농학신서》

《매월당집》

2. 碑銘

최치원, 〈진감국사대공덕 탑비〉
〈무사선사기념비〉, 쓰촨 대자사, 2005
〈조주고불선차 기념비〉, 백림선사, 2001
〈태고보우현창기념비〉, 중국 후저우 하무산, 2008
왕리아왕(王家陽), 〈갈현다포 기념비〉

3. 저서

2010천병식, 《역사속의 우리 다인》, 도서출판 이름아침, 2004
고전연구회, 《정조이산어록》, 포럼, 2008
김리언, 《차의 정신을 가르쳐주신 선생님, 차의 선구자 명원 김미희》, 학고재, 2015
김명배, 《茶道學論攷》, 대광문화사, 1999
김미희, 〈다구(茶具)〉, 《韓國傳統茶文化資料展》, 한국방송공사, 1983
김미희, 〈차생활의 역사적 발자취〉, 《韓國傳統茶文化資料展》, 한국방송공사, 1983
김미희, 《茗園茶話》, 茗園記念事業會, 1991
김미희, 《한국 다도의 의식과 예절》, 1980
김미희, 《한국의 생활다도》, 1980
김의정, 《명원 김미희》, 학고재, 2015
김의정, 《명원다화》, 하늘 숲. 2005
김의정, 《차의 선구자 명원 김미희》, 학고재 2010
김의정, 《한국의 차문화와 궁중다례》, 도서출판 솔바람, 2001

남현희, 《일득록 정조대왕어록》, 문자향, 2008

류건집, 《韓國 茶 文化史》, 도서출판 이른아침, 2007

모로오카 다모스·이에이리, 《조선의 차와 선》

문창로·김동명, 《명원 김미희, 다향의 삶》, 국민대학교 출판부, 2015

박정희, 《한국 다도학과 명원 김미희, 명원민속관 : 명원의 다향을 품다》, 국민
대학교 출판부, 2015

불교전기문화연구소 편, 《정종 무상대사》, 불교영상 회보사, 1993

신명호 외, 《조선 시대 궁중다례의 자료해설과 역주》, 민속원, 2008

유동식, 《풍류도와 한국의 종교사상》, 연세대학교 출판부, 1997

이승신(李增新)·고수선(高秀仙), 《오백나한(五百羅漢)》, 베이징연산출판사, 1998

이우성, 《해남학술조사 보고서》

장청(張菁), 《끽다거》, 허운인경공덕장, 2005·12

정두병, 《화랑도》, 홍익출판사, 1991

정영선, 《다도철학(다생활총서)》, 너럭바위, 2000

최규용, 《금강다화》, 금당다우, 1978

최석환 편저, 《석옥태고평전》, 불교춘추사, 2010

최석환, 《다선일미》, 한국콘텐츠진흥원, 2005

최석환, 《정중무상평전》, 차의세계, 2010

최석환, 《천년의 차향》, 차의세계, 2013

최석환, 《한국의 차인 I》, 차의세계, 2017

통광스님, 《草衣茶禪集》(불광선문총서 7), 불광출판부, 2001

4. 정기 간행물

〈대흥사에 동다송비 세워졌다〉, 《차의세계》, 2007·9

〈명원문화재단 김의정씨 서울시 최고 인기 강사〉, 《한국일보》, 2012·4·15

김미희, 〈차 한 잔의 정성〉, 《여성동아》, 1981

김미희, 〈한국 다도의 의식과 예절〉, 1980

김미희, 〈한국의 생활다도〉, 1980

석천, 〈다승 초의를 논하다〉, 《차의세계》, 2013·6

석천, 〈매월당 초암 차정신 되살아난다〉, 《차의세계》, 2007·3

석천, 〈백월산 중국차〉, 《차의세계》, 2003·2

석천, 〈신라의 차와 가야의 차가 만나다〉, 《차의세계》, 2005·8

석천, 〈조선의 차문화에 일지암이 있다〉, 《차의세계》, 2013·5

석천, 〈중국 땅에서 되살아난 무상의 선차〉, 《차의세계》, 2005·11

석천, 〈초의 사후 100년을 뒤돌아본다〉, 《차의세계》, 2013·6

염주엽, 〈무상선사 사리탑 1200년만에 찾았다〉, 《문화일보》, 2019·4·18

운암, 〈일완다로 함허스님께 차를 올리다.〉 《차의세계》, 2007·6

유양석, 《정조대왕과 궁중다례의 의미 연구》, 創刊號, 한국 차문화학회, 2010

최계원, 〈우리에게 차문화가 있는가〉, 《월간 마당》, 1980

최석환, 〈대렴의 차종 천태산에서 왔다〉, 《차의세계》, 2006·8

최석환, 〈조선의 차문화에 초의가 있었다〉, 《차의세계》, 2013·8

최석환, 〈한국 다선의 조정 대흥사〉, 《차의세계》, 2004·10

최석환, 〈한국 최고의 차문화 성지 기림사 급수봉다의 수행 2천년을 이어오다〉,
《차의세계》, 2016·1

최석환, 〈허황후를 차로 만난 망산도〉, 《차의세계》, 2013·2

최석환, 〈김지장차의 뿌리 신라인가 중국인가〉, 《차의세계》, 2010·11

최석환, 〈무상선사 사리탑 발견〉, 《차의세계》, 2019·4

최석환, 〈신라의 김두타를 만나다〉, 《차의세계》, 2019.6

펑저우(彭州)시민정국, 〈김두타 사리탑 복구에 관한 보고〉, 《차의세계》, 2019·4

5. 학술논문

〈한국다도의 선구자 명원 김미희의 국제 학술대회〉, 명원문화재단, 2010·9

〈해상차로 연구논문〉, 중국농업출판사, 2014

〈해상차로 연구논문〉, 중국농업출판사, 2015

따이은 스님, 〈대자사와 선차〉, 제12차 세계선차문화교류대회, 2012, 서울 명원다회, 한국전통다도 학술발표회, 1980

박정희, 〈다도학 발전에 대한 명원김미희의 공헌〉, 한국 다도의 선구자 명원 김미희 학술대회, 2011

유양석, 〈궁중다례와 풍류사상〉, 차문화학회 창립학술회, 한국 차문화학회, 2009

유양석, 〈정조대왕과 궁중다례의 의미 연구〉, 創刊號, 한국 차문화학회, 2010

이은경, 〈생물유전학과 비교형태학을 통해 본 중국 천태산과 지리산 차수의 비교 연구〉

최석환, 〈김지장 연구와 그 과제〉, 구화산 한·중국제학술연토회, 2004

최석환, 〈무상선사와 그 이후의 선풍〉, 〈중한무상학술연토회〉, 중국쓰촨 대자사, 2005

최석환, 〈쓰촨에서 정중종연 무상선사〉, 〈중한무상학술연토회〉, 중국쓰촨 청두 대자사, 2004

최석환, 〈중국 차문화가 신라로 전파된 경로를 통해 밝힌 한국 차문화의 원류〉

최석환, 〈중국 차문화를 한국에 전한 주요인물〉, 닝보 국제 해상차로연토회, 2008

최석환, 〈한국차와 절강차의 문화사적 의의〉, 동아시아 선학연구소·후저우 육우 차문화연구회, 2006

6. 웹 사이트 및 기타

<김의정 중앙신도회장 문화훈장 옥관 훈장 서훈>, BBS, 2011·10·17
http://wonhyo.buddhism.org/wonhyo/wonhyo.htm
한국학 중앙연구원, 한국역대인물 종합정보시스템

색인

〈 한국 차 문화사 연표 〉

연도	주요 내용
B.C. 48	인도 아유타국(阿踰陀國)의 공주인 허황옥(許黃玉)이 가야(伽倻) 김수로왕과 국제 결혼을 하기 위해 김해로 오기 직전, 중국 쓰촨(四川) 지역의 안웨(安岳)의 보주(普州) 지방에 머물다가 쓰촨 차를 혼례품으로 가져온 것이 전래되었을 가능성이 크다. 이능화(李能和)의 《조선불교통사(朝鮮佛教通史)》에는 백월산(白月山)에 죽로차(竹露茶)가 있는데 '허왕후의 차'라고 기록되어 있다.
A.D. 527	이차돈(異次頓)의 순교.
532	가야 멸망.
544	화엄사(華嚴寺) 창건(신라, 연기조사).
613	원측법사(圓測法師) 출생.
617	원효대사(元曉大師) 출생.
632	신라 선덕여왕(善德女王) 때부터 차가 성행했다.
635	원효대사가 원효방(元曉房)에서 차를 즐긴 '다천(茶泉)' 기록.
661	신라 문무왕 때 가락국 시조의 제사에 다과를 올림.
668	백제 도래인 행기(行基) 스님이 태어남. 말세 중생을 위해 차나무를 심고 일본에 차 문화를 전함.
684	무상선사(無相禪師)가 신라 성덕왕(聖德王)의 세 번째 왕자로 태어남.
696	신라왕자 출신인 김지장(金地藏) 스님, 경덕왕(景德王)의 근친으로 태어남. 만세통천(萬歲通天) 원년 측천무후(則天武后)가 검남(劍南) 지선선사(知詵禪師)에게 가사를 하사.
719	김지장 스님이 당나라로 입당하여 신라에서 가져간 차씨를 중국 안후이성(安徽省) 구화산(九華山) 화성사(化城寺) 주변에 심음.
736	성덕왕 27년 무상선사가 신라 군남사(群南寺)에서 득도한 뒤 당나라로 들어감. 장안에서 당(唐) 현종(玄宗)과 첫 대면한 후 선정사(禪定寺)에 머무름.
742	천보년간(天寶年間, 742~756)에 신라 고승 원표(元表) 대사가 입당 유학하여 천축(天竺)을 거쳐 중국 푸젠성(福建省) 닝더(寧德) 지제산(支提山)에서 차를 달여 마시며 수행.
745	충담(忠談) 선사, 삼월 삼짇날에 경주 남산의 삼화령에서 미륵세존(彌勒世尊)에게 차를 공양함.
755	원표대사는 회창법란 시기 신라로 귀국해 고가지사(보림사寶林寺)을 창건하고 차와 선을 실천했다.
757	당숙종(唐肅宗, 711~762) 황제가 지장스님에게 지장이성금인(地藏利成金印) 내림.
759	동선(董璿)이 무상선사에게 준 차아(茶芽)를 받고 기뻐함《역대법보기(歷代法寶記)》에 기록).

761	다성(茶聖) 육우(陸羽) 《다경(茶經)》의 초고 집필.
762	무상선사 입적(5월 19일).
766	다연원(茶淵院), 창림사지(昌林寺址)에서 명(茗)이 찍힌 기와 발견.
774	진감국사(眞鑑國師) 대공탑비에 '한명(漢茗)' 기록.
775	《역대법보기(歷代法寶記)》편찬.
778	묘련사(妙蓮寺) '석지조(石池竈)'에 차 관련 기록.
798	철감도윤(澈鑑道允) 출생.
804	육우 사망.
821	도의국사(道義國師) 귀국해 가지산문(迦智山門) 개창.
825	철감도윤 선사가 사신행차의 배를 타고 중국에 들어가 남전보원(南泉普願) 선사를 만났을 때 "우리 宗이 모두 동국으로 돌아간다(五宗法印歸東國矣)"고 말한 바 있다.
826	홍척(洪陟) 대사 귀국해 실상산문(實相山門) 개창.
827	도선국사(道詵國師) 출생.
828	신라 흥덕왕(興德王) 3년, 사신 대렴(大廉)이 당(唐)에서 차 종자를 가져와 지리산 일대에 심음.
830	혜소(慧昭) 귀국해 옥천사(玉泉寺) 창건하고 범패와 차를 전함.
844	보림사 보조선사 체징 창성탑비(普照禪師 體澄 彰聖塔碑)에 '차약(茶藥)' 기록.
845	무염선사(無染禪師) 귀국해 성주산문(聖住山門)을 개창.
850	김립지(金立之)의 《성주사사적기(聖住寺寺蹟記)》에 왕이 성주사에 차와 향을 내림.
860	왕이 보림사에 다약(茶藥)을 내림.
863	도선국사가 백계산(白雞山) 옥룡사(玉龍寺)를 개산하고 무설지설무법법(無設之說無法法)의 진리를 전함.
874	실상사(實相寺) 수철(秀澈) 화상 차를 즐기다.
888	무염(無染) 국사 입적.
898	도선(道詵) 국사 입적.
931	태조가 경순왕(敬順王)에게 차를 선물함.
989	최승로가 별세하자 왕이 뇌원차(腦原茶) 2백각과 대차 10근을 하사.
1055	대각국사(大覺國師) 의천(義天) 출생.
1085	대각국사 송나라로 구법(求法).
1086	대각국사는 송나라에 유행한 용단승설차(龍團勝雪茶)를 송나라 황실로부터 하사받음. 대각국사 의천이 귀국해 고려에 뇌원차를 왕실의 차로 승격함.
1112	예종(睿宗)이 용봉차(龍鳳茶)를 대신들에게 하사.
1115	이자현(李資玄)에게 다약을 하사.
1123	서긍(徐兢)의 《고려도경(高麗圖經)》〈다조(茶俎)〉편에 차에 관한 기록 남김.

1158	보조지눌(普照知訥) 출생.
1159	다정(茶亭)을 현화사(玄化寺)에 설치.
1168	백운거사(白雲居士) 이규보(李奎報) 출생.
1178	진각국사(眞覺國師) 혜심(慧諶) 출생.
1205	진각국사가 출가하여 억보산(億寶山: 지금은 백운산)에서 스승 보조지눌을 모시고 수행할 때 "자명향전(煮茗香傳)"이라는 게송(偈頌)을 올림.
1206	일연(一然) 스님 출생.
1241	이규보의《동국이상국집(東國李相國集)》《남행월일기(南行月日記)》 원효방의 차 기록 남김.
1254	《선원청규(禪源淸規)》 간행.
1281	일연선사가《삼국유사(三國遺事)》를 편찬해 차에 대한 기록을 남김.
1298	《동유기(東遊記)》의 저자 가정(稼亭) 이곡(李穀) 출생.
1301	태고보우(太古普愚) 스님 출생.
1320	나옹혜근(懶翁慧勤) 화상 출생.
1328	목은(牧隱) 이색(李穡) 출생.
1330	운곡(雲谷) 원천석(元天錫) 출생.
1337	포은(圃隱) 정몽주(鄭夢周) 출생.
1347	태고보우 국사가 원나라에 구법, 임제의현(臨濟義玄)의 적손은 석옥청공(石屋淸珙)으로부터 임제의 정맥(正脈)을 받음.
1349	도은(陶隱) 이숭인(李崇仁) 출생.
1376	함허대사(涵虛大師) 출생.
1388	태재(泰齋) 유방선(柳方善) 출생.
1392	조선(朝鮮) 건국.
1401	명나라 사신에게 다례(茶禮)를 행함.
1402	명나라 사신에게 작설차(雀舌茶)를 내림.
1405	사헌부에서 다시(茶時)를 행함.
1407	제사에 술을 쓰지 말고 절약 방안으로 차를 쓰도록 함.
1417	명나라 사신이 찻종(茶鐘)을 가지고 옮.
1419	사사(寺社)에 딸린 노비 폐지.
1421	묘제(墓祭)에서 차를 사용하게 함(예조(禮曹)에서).
1426	일본 사신 자완(磁椀) 천 개를 올림.
1429	삼국시조묘(三國始祖廟)에 다례를 올림.
1431	점필재(佔畢齋) 김종직(金宗直) 출생.
1435	다성(茶聖) 매월당(梅月堂) 김시습(金時習) 출생.
1438	전라, 경상에 공법(貢法) 시행.

1445	대마도주에 차와 삼을 줌.
1447	다방(茶房)을 사존원(司尊院)으로 개칭.
1461	공물 대납 금지.
1467	사옹방(司饔房)을 사옹원(司饔院)으로 개칭.
1471	한재(寒齋) 이목(李穆) 출생. 점필재 김종직이 함양군수로 갔을 때 함양 다원을 조성하여 백성들의 고통을 덜어줌.
1473	봉선전 다례(대왕대비와 인수대비).
1477	사찰 창건 금지.
1478	서거정《동문선(東文選)》완성. 용재(容齋) 이행(李荇) 출생.
1481	《동국여지승람(東國輿地勝覽)》완성.
1486	양곡(陽谷) 소세양(蘇世讓) 출생.
1489	화담(花潭) 서경덕(徐敬德) 출생.
1492	김종직, 남효온(南孝溫) 죽음.
1493	김시습《중편조동오위요해(重編曹洞五位要解)》찬술. 같은 해에 죽음.
1495	이목(李穆)《다부(茶賦)》완성.
1498	점필재 제자 중 많은 차인들이 희생됨.
1501	퇴계(退溪) 이황(李滉) 출생.
1503	승려의 도성 출입금지.
1504	사사전(寺社田) 폐지.
1509	보우(普雨) 대사 출생.
1520	휴정(休靜) 서산(西山) 대사 출생.
1544	유정(惟政) 사명당(四溟堂) 출생.
1570	청음(淸陰) 김상헌(金尙憲) 출생.
1584	율곡 이이 타계.
1587	고산(孤山) 윤선도(尹善道) 출생.
1592	임진왜란(壬辰倭亂) 발발.
1653	중국이 우리 사신에게 차를 전함.
1745	김홍도 출생.
1762	다산(茶山) 정약용(丁若鏞) 출생.
1769	자하(紫霞) 신위(申緯) 출생.
1772	아암(兒庵) 혜장(惠藏) 출생.
1785	이덕리(李德履)《기다(記茶)》씀.
1786	초의(草衣) 의순(意恂) 스님 출생. 추사(秋史) 김정희(金正喜) 출생.
1788	이규경(李圭景), 김명희(金明喜) 출생.

1793	해거도인(海居道人) 홍현주(洪顯周), 숙선옹주(淑善翁主) 출생.
1800	조선 정조(正祖) 24년에 시작되다. 궁에서 산차를 비롯하여 화차를 마시기 시작.
1804	이상적(李尙迪) 출생.
1805	정다산(丁茶山, 정약용丁若鏞)이 아암 혜장(兒庵惠藏)과 만남, 다산은 걸명소(乞茗疏) 지어 아암 혜장에게 차를 청함.
1808	박영보(朴永輔) 출생.
1809	다산 초의(草衣)와 만남.
1812	아암혜장 입적.
1814	귤산(橘山) 이유원(李裕元) 출생.
1815	초의가 추사를 만남.
1818	다산(茶山) 해배(解配).
1820	범해각안(梵海覺岸) 출생.
1830	금령 박영보(朴永輔)《남다명서(南茶幷序)》저술함. 초의《다신전(茶神傳)》집필.
1831	초의 일지암(一枝庵) 조성.
1836	다산 타계.
1837	초의《동다송(東茶頌)》완성.
1839	소치(小癡)가 추사(秋史)에게 그림 배움.
1840	추사 제주도 유배.
1859	초의 추사 영전에 제문 씀.
1861	다송자(茶松子) 금명보정(錦溟寶鼎) 선사 출생.
1864	위암(韋庵) 장지연(張志淵) 출생.
1866	초의 입적.
1869	상현(尙玄) 이능화(李能和) 출생.
1878	범해 각안 스님이 초의차 시를 통해 초의 제다법을 남김.
1879	만해(萬海) 한용운(韓龍雲) 출생.
1884	이유원의 임화필기에 보림사 죽전차와 다산의 구증구포설 언급.
1888	호암(湖巖) 문일평(文一平) 출생.
1890	육당(六堂) 최남선(崔南善) 출생.
1892	응송(應松) 박영희(朴暎熙) 출생. 경봉 정석(鏡峰靜錫) 출생.
1903	금당 최규용 출생. 노산(鷺山) 이은상(李殷相) 출생.
1904	효당(曉堂) 최범술(崔凡述) 출생.
1905	안종수의《농정신편(農政新編)》편찬.

1908	돈황(敦煌)에서 출토된 자료 중 무상선사와 관련된 자료인 Stein6077호 사본으로 알려진《무상오경전(無相五更轉)》과 Pelliot 116에 실린《무상어록(無相語錄)》과 김화상 어록 일부가 티베트어로 번역된 티베트 고사서《바세》전이 돈황본 자료 속에서 속속 발견됨. 무주계통을 중심으로 편찬한《역대법보기》는 영국의 탐험가인 폴 펠리오(Paul Pelliot)에 의해 돈황 석굴에서 발견되어 세상에 알려졌다.
1911	무등산 다원 조성.
1912	서옹(西翁) 스님 출생.
1913	정읍 천원차(川原茶) 재배.
1914	백학명선사와 일본 원각사 석종연선사와 선문답 거량(擧量).
1920	음력 9월 21일 명원(茗園) 김미희(金美熙) 경북 안동에서 안동 김씨 가문의 아버지 김양한(金亮漢)과 어머니 박필연(朴必連) 사이에서 1남2녀의 맏이로 출생. 아버지는 도청에 근무한 공직자였고, 어머니는 수예가로 이름이 높았다. 후에 가족이 자녀교육을 위해 포항으로 이사.
1922	이환영의 백은옥판차 생산. 금릉 원산차 상표 등장.
1925	백용성 스님이 서울 도봉산 망월사에서 선(禪)만일회 결사하다. 후석(後石) 천관우(千寬宇) 출생, 〈호남기행〉(동아일보) 집필.
1926	여학교 다도교육 실시.
1927	청구 제30호에 무등산 기슭 중심사 부근 무등차밭 소개.
1929	다업계에 전남 해안 지방의 청태전(靑苔錢)을 찾는 기록 소개.
1931	5월 5일 야나기 무네요시(柳宗悅) 기자에몬 오이도(喜左衛門井戶)를 보다 공예 제5호에 기고.
1932	명원 김미희 포항초등학교 졸업.
1936	문일평 〈다고사〉를《조선일보》(1936.12.6.~1937.1.17) 연재.
1937	일본 총독부 회의실에서 남차랑 총독에게 일할한 만공선사에게 만해 한용운 스님이 찾아와 차와 선을 논함. 이에이리 가즈오(家入一雄) 씨가 전라남도 차산지를 1937~39년 3년간 조사. 명원 김미희 경북여고 졸업 후 포항 영흥초등학교 교사로 근무. 6월 17일 학교 강당에서 보성전문학교(고려대학교의 전신)를 졸업한 성곡(省谷) 김성곤(金成坤)과 결혼.
1938	천 년 전승된 불회사(佛會寺) 돈차 발견《경성일보(京城日報)》에 첫 소개. 불회사 천 년 전 돈차 발견을《동아일보》에서 보도. 친매선사(親昧禪師, 1888~1970) 단신으로 폐허로 남겨진 백림선사를 찾아 복원을 발원.
1940	모로오카 다모쓰(諸岡 存)·이에이리 가즈오 공저로《朝鮮의 茶와 禪》출간.
1941	조선총독부 학무국이 이화여전 등 47개 학교에 일본 다도를 보급.

1942	석당 최남주 씨는 경주 단석산 신선사 화랑 차유적 조사.
1945	일제 식민지에서 광복. 의재(毅齋) 허백련(許百鍊)은 일본인 오자키가 운영하다가 버려둔 다원을 삼예다원으로 개명하다.
1946	일제 강점기 일본인이 경영한 무등산 다원을 의제 허백련이 인수해 춘설다원(春雪茶園)으로 가꾸었다.
1950	명원 전통 다례, 궁중 예절고증.
1952	제15회 필란드에서 개최한 헬싱키 올림픽이 열려 성곡 김성곤 명원 부부가 참여한 뒤 일본의 차회에 초대되어 '한국의 다도가 있습니까?'라는 질문을 받고 한국차문화 복원에 나섬.
1953	명원 김미희 일본 차회를 돌아보고 차 관련 서적을 구입.
1954	마지막 황후인 순정효황후 윤씨와 김명길 상궁을 만나다. 그 후 황후가 김 상궁에게 궁중다례를 명원에게 전수해 줄 것을 지시.
1956	신헌(申櫶)이 쓴 대흥사 〈초의 비〉가 처음 《경향신문》에 소개.
1960	명원다회 설립.
1963	11월 영친왕(英親王) 이은(李垠)과 함께 이방자(李方子) 여사 영구 귀국.
1964	6월 언론인 천승복 씨는 이방자 여사의 아들 이구 씨를 초빙하여 조촐한 다회를 개최. 명원 차 도구 제작에 나서다.
1972	한국 차문화 대중화 선언하다. 파리국립도서관 펠리오 돈황문서 속에서 〈무상오경전〉 발견. 니시베 분조(西部文凈)《선과 차》 발간.
1977	의재 허백련 타계. 한국 차도회 발족
1978	11월 한국차인회 결성 발기인 대회.
1979	효당 입적. 1월 20일 최범술·박종환·김미희·박태영 등이 발기인으로 한국차인회 출범. '한국차도회'가 '한국차인회'(1월 20일)로 확대 개편. 궁중다례(宮中茶禮) 복원과 최초의 차 학술대회 개최. 9월 명원다회가 우이동 쌍용연수원에서 한국전통다도 학술발표회를 개최 – 한국 최초 차학술대회 개최.
1980	4월 6일 전남 해남군 대흥사(大興寺) 일지암(一枝庵) 복원. KBS와 공동으로 〈우리 창조예술과 다례〉 프로그램을 제작하고, 세계 공관으로 배포. 5월 문화재관리국 문화재연구소 전통 다도 풍속 조사 보고서 발간. 12월 3일 세종문화회관 대회의실서 '한국 전통다례의식 발표회' 열다. 《다경(茶經)》, 《동다송》, 《다신전》 영인본을 발간.

1981	'차(茶)의 날' 5월 25일 제정. 대렴공(大廉公) 차시배지 추원비(追遠碑)가 건립(경남 하동 쌍계사).
	9월 15일 명원 김미희 61세로 타계.
1982	7월 17일 경봉(鏡峰) 선사 열반.
1983	2월 김봉호 발행인으로 월간《다원》창간.
1984	60년대 차인 천승복(千承福, ?~1983)의 영문유고집《한국인 사상가들-실학의 선구자들(KOREAN THINKERS-Pioneers of Silhak(Practical Learning))》발간.
	4월 한일 친선 문화교류단 불국사 헌다식.
1986	9월 법주사 미륵보살계 헌다의식 거행
	11월 한일협회 15주년 기념 우라센(裏千) 가(家)의 센 소시쓰(千宗室) 다도 강연.
1987	4월 차생활 전문지 월간《다담》창간.
1989	6월 9일 한국 말차연구회가 라마다르네상스 호텔에서 한국 현대말차 발표.
1990	《명원다화(茗園茶話)》발간.
1995	명원문화재단 설립.
	1월《불교춘추》창간.
1996	9월 5일 태고보우(太古普愚) 법손들 최초로 하무산(霞霧山) 천호암(天湖庵) 답사 석옥청공(石屋淸珙)의 차 선다일미 확인.
1997	5월 문화부가 초의선사(草衣禪師)를 이달의 문화인물로 선정.
	5월 3일~5월 31일 중앙승가대 초의선사 관련 유물 특별전 개최.
1999	중국 구화산 노호동(老虎洞) 바위에서 김지장 차나무로 추정되는 노차수 발견.
	9월 일본 고지마 다이잔(小島岱山)에 의해 허난성(河南省) 삼문협(三門峽)시 협현(陝縣) 서이촌(西李村) 웅이산(熊耳山)에서 달마묘탑 발견.
2000	8월 월간《선문화》창간.
2001	서울시 무형문화재 27호로 궁중다례보유자로 김의정(명원문화재단 이사장) 지정.
	무상선사 중국 오백나한 중 455번째 무상공존자로 추존함이 발견.
	궁중양로의례(宮中養老儀禮) 재현.
	8월 남창 우민사(佑民寺)에서〈한중 공동 신라선종과 홍주선 학술대회〉최초 개최.
	10월 중국 오백나한 중 455번째 조사에 오른 무상선사 처음 발견. 허베이성 백림선사(柏林禪寺)에〈한중 우의 조주고불 선차일미 기념비〉건립.
	10월 14일 다송자 학술회의 개최.
	12월 27일~12월 31일 한국 불교춘추사와 후저우(湖州) 육우(陸羽) 차문화연구회와 공동으로〈제1회 중국 원대(元代) 선종과 차문화 학술대회〉후저우에서 개최.

2002	경희궁 개관 기념 중궁(中宮) 명부회(命婦會)의례 발표하다. 1월 월간 《차의 세계》 창간. 5월 중국 무호시(芜湖市) 정부 일급 유물인 김지장(金地藏) 금인(金印) 한국인으로 공개. 11월 〈제2회 한중 국제학술연토회〉 후저우시에서 개최.
2003	12월 〈제11회 남전보원선사 학술연토회〉를 안후이성(安徽省) 츠저우시(池州市)에서 지주사범대와 한국의 차의세계 공동으로 개최.
2004	제1차 무상과 사천 韓·中 학술문화교류대회 주최. 〈신라왕자 무상선사 선다례〉 발표. 9월 17일 청두(成都) 대자사(大慈寺) 무상 열반 이후 1,200여 년 만에 처음으로〈한중 무상선 사 학술연토회〉를 중국 대자사와 한국 《차의 세계》와 명원문화재단이 공동으로 개최. 10월 쓰촨성 아안시(雅安市) 명산현(名山縣) 인민정부가 〈제8기 국제 차문화연 토회〉 개최.
2005	〈제1회 세계선차문화교류대회〉 개최. 중국 허베이성(河北省) 불교협회(佛敎協會)와 한국의 《차의 세계》가 공동 주최한 〈천하 조주선차 문화교류 대회(天下趙州禪茶文 化交流大會)〉가 10월 18일부터 21일까지 하북성(河北省) 자오현(趙縣, 옛 조주)의 백림선사에서 열렸다. 8월 쓰촨성 시방(十方)시 인민정부국회 마조(馬祖)와 중국 선종문화 학술연토회 개최. 10월 〈한중 무상 학술연토회〉 대자사와 《차의 세계》가 공동으로 개최. 쓰촨성 대자사 경내에 한중 공동으로 〈무상선사 행적비〉 건립. 10월 항저우시 불교협회가 의뢰한 학술대회 개최. 〈제2차 한중 무상학술연토회〉 쓰촨성 대자사에서 개최. 10월 18일 백림선사에서 〈제1차 세계선차문화교류대회(世界禪茶文化交流大會)〉 개 최. 〈제1차 선차학술대회(禪茶學術大會)〉를 중국 최초로 개최.
2006	제1회 불교 박람회 〈원효성사와 화랑다도〉 발표. 백제 성왕 '궁중다례' 시연.
2007	창경궁 영조대왕 '궁중다례' 시연. 4월 대만 불광산사(佛光山寺)에서 〈제2차 세계선차문화교류대회〉 개최. 《차와 더불어 삶》 (명원문화재단) 발간. 7월 후저우 묘서진 인민정부와 한국의 동아시아선학연구소와 공동으로 태고보우 현창기념비 조인식 거행. 11월 3일 장시성(江西省 여산(廬山) 동림사(東林寺)에서 〈제3차 세계선차문화교류대회〉 개최. 장시성 여산 동림사에 〈세계 선차문화교류 대회비〉 건립.

2008	12월 〈석옥과 태고 선사상 학술연토회〉 후저우에서 개최. 후저우 하무산에 〈한중 우의 태고보우 현창기념비〉 건립. 《조선시대 궁중다례의 자료 해설과 역극》(기획 명원문화재단·민속원) 발간.
2009	5월 부처님 오신 날 기념 KBS 역사추적 〈선의 황금시대를 열다, 신라승 무상〉 방영. 5월 푸젠성(福建省) 푸딩시(福鼎市) 자국사(資國寺)를 〈제4차 세계선차문화교류대회〉 개최지로 결정.
2010	경복궁 자경전(慈慶殿) 전통문화다례체험(6~10월). 아름다운 한국전통문화 2000년 다(茶) 기(器)전. 《정중무상평전》(차의세계) 발간. 3월 《정중무상평전》 발간. 4월 23일 저장성(浙江省) 닝보시(寧波市) 칠탑선사(七塔禪寺)에서 〈5차 선차문화교류대회〉 개최. 저장성 닝보시 칠탑선사에 〈세계 선차문화교류대회 기념비〉 건립. 10월 《차茶의 선구자 명원 김미희》(학고재) 발간. 11월 16일 항저우(杭州) 영은사(靈隱寺)에서 〈제6차 세계선차문화교류대회〉 개최.
2012	10월 18일 서울에서 〈제7차 세계선차문화교류대회〉 개최.
2013	순천만 국제정원박람회 일지암 증축. 6월 2일 장흥 보림사(寶林寺)에서 〈원표대사 국제학술대회〉 개최. 7월 중국 닝더(寧德) 화엄사에서 〈원표대사 국제학술대회〉 개최. 닝더 지제사(支提寺)에 〈원표대사 기념비〉 건립. 11월 송광사에서 처음 세계 선차아회 개최. 이후 중국과 일본을 돌며 19여 회 개최.
2014	신라의 구법승 〈대당 칠천사 고혜각선사(大唐漆泉寺故慧覺禪師) 행적비〉 싱타이시(邢台市) 사허(沙河) 광양산 칠천사에서 발견. 7월 상산 혜각(常山慧覺) 선사 흔적을 찾아 칠천사에서 헌다의식 거행.
2015	11월 백장사(百丈寺)에서 〈제9차 세계 선차대회〉 개최. 《명원의 다향을 품다》(국민대 교사자료위원회) 발간.
2016	10월 백림선사에서 〈제10회 세계 선차대회〉 개최.
2017	10월 후베이(湖北) 오조사(五祖寺)에서 〈제11회 세계 선차대회〉 개최.
2018	10월 서울에서 〈제12회 세계 선차문화교류대회〉 개최.
2019	신라왕자 무상선사 중국 쓰촨 펑저우(彭州) 금화사(金華寺)에서 무상선사 사리탑(舍利塔) 발견.
2020	명원 김미희 탄신 100주년.

한국 차문화
천년의 숨결

편저자 | 김의정 · 최석환
펴낸곳 | 월간 〈차의 세계〉
편 집 | 문헌정
디자인 | 장효진

2020년 8월 5일 초판 발행
2020년 10월 5일 2쇄 발행

등록 · 1993년 10월 23일 제 01-a1594호
주소 · 서울시 종로구 율곡로6길11 미래빌딩 4층
전화 · 02) 747-8076~7
팩스 · 02) 747-8079
ISBN 978-89-88417-79-9   03300

값 35,000원